江苏联合职业技术学院院本教材
经学院教材审定委员会审定通过

立德崇能

（活页版）

高等职业教育商务类专业精品课程系列规划教材

广告策划

（第2版）

GUANGGAO CEHUA

主　编　尹　彬

副主编　张格余　叶梦洁

编　者　韩慧茹　周玮玮

陶卫东

苏州大学出版社
Soochow University Press

图书在版编目(CIP)数据

广告策划：活页版／尹彬主编. —2 版. —苏州：苏州大学出版社,2022.4
高等职业教育商务类专业精品课程系列规划教材
ISBN 978-7-5672-3908-1

Ⅰ. ①广… Ⅱ. ①尹… Ⅲ. ①广告-策划-高等职业教育-教材 Ⅳ. ①F713.81

中国版本图书馆 CIP 数据核字(2022)第 047785 号

广告策划(活页版)
(第 2 版)
尹　彬　主　编
责任编辑　管兆宁
助理编辑　施　然

苏州大学出版社出版发行
(地址：苏州市十梓街 1 号　邮编：215006)
苏州市深广印刷有限公司印装
(地址：苏州市高新区浒关工业园青花路 6 号 2 号厂房　邮编：215151)

开本 787 mm×1 092 mm　1/16　印张 16.5　字数 361 千
2022 年 4 月第 2 版　2022 年 4 月第 1 次印刷
ISBN 978-7-5672-3908-1　定价：48.00 元

图书若有印装错误,本社负责调换
苏州大学出版社营销部　电话：0512-67481020
苏州大学出版社网址　http://www.sudapress.com
苏州大学出版社邮箱　sdcbs@suda.edu.cn

前言

20世纪50年代广告策划概念的提出,标志着广告作为独立学科的成熟,改变了广告对营销的简单依附,使广告成为一种相对独立、具有自身独特学术体系的人文社会学科。现代广告发展史证明,广告策划不仅是广告运动的核心和灵魂,更是一种创造性的精神活动。无论是广告创意的设想,广告表现形式的确立,还是广告文案的撰写与广告媒介的选择取舍,无不充满着灵感的火花。广告策划在矛盾中统一,在对立中协调,在看似随意中演绎着产品信息的系统逻辑。

本教材以广告策划领域新知识、新技术、新方法的应用为基点,设计了广告策划概述、广告调查分析、广告战略策划、广告定位与广告主题策划、广告创意与广告表现策划、广告媒介策划、广告预算策划和广告效果测评八个项目,共二十三项学习任务,突出广告策划的知识性、趣味性、科学性、实践性和可操作性。本教材在编写过程中,坚持以学生职业能力的形成为核心,从教材的体例设计、内容安排、案例选取、综合训练等方面均着力体现高职教育"能力本位""项目引领""任务驱动"的本质特色。此外,本教材本着知识的系统性与技能的实用性紧密结合的原则,力求系统、准确地展示广告策划的基本原理和操作实务,并尽可能多地联系现代广告策划的实际,由浅入深,循序渐进,环环相扣,力求做到理论与实践并重,普及与提高兼顾,使学生既能深刻地领会广告策划的思维、方法及主要内容,也能深切地感受广告策划实践一线的真实环境。

本教材是为适应高等职业教育商务类专业课程改革和精品课程建设的需要而编写的。本教材的特色体现在以下四个方面:一是采用活页式编写体例,以满足"活教""活学""活用"需求,方便教师和读者根据实际情况进行调整;二是在确定教材内容取舍时,通过走访不同的企业,分析广告策划等相关岗位群的岗位任职要求及所应具备的能力,立足于职业岗位能力结构构建教材内容,删除陈旧重复的课程内容和大量单纯为了提升学科知识的系统性而讲授的内容,及时补充了最新的广告理论和广告实践方面的内容;三是本教材紧紧围绕高职人才培养目标,从编写指导思想,到构建课程内容体系,都以培养学生职业胜任能力为出发点和归宿,以真实工作任务为依据进行整合、序化教学内容,反映广告策划工作岗位对高素质人才培养的要求;四是设计协作性的训练内容和学习环境,注重教与学的互动,注重培养学生自主学习意识和良好的探索性学习习惯，使学生能够在动态的职业情境中学会将储备的学科性知识与实践经验进行融合、内化。

本教材由尹彬教授任主编并负责全书的体例设计和总纂定稿，由张格余、叶梦洁任副主编，参与编写的人员还有韩慧茹、周玮玮、陶卫东。具体编写分工如下：尹彬（徐州工程学院）负责项目一、项目五、项目六的编写，张格余（江苏联合职业技术学院徐州经贸分院）负责项目二的编写，叶梦洁（徐州工程学院）负责项目四的编写和教材中案例的收集与整理，韩慧茹（江苏联合职业技术学院徐州经贸分院）负责项目三的编写，周玮玮（徐州工程学院）负责项目七的编写，陶卫东（常州刘国钧高等职业技术学校）负责项目八的编写。

本教材的形成与对既有研究成果的继承是分不开的。在编写过程中，编者参阅了大量有关广告的文献、资料，但由于篇幅所限，所引用的研究成果，相当部分没有在正文中及时列出，只是列在辅文参考文献中。在此，特向有关文献的作者表示谢意！

本教材在编写过程中，得到了苏州大学出版社编辑、徐州工程学院和江苏联合职业技术学院徐州经贸分院领导的大力支持，在此特致谢意！

由于编者水平有限，加之时间紧促，教材难免存在疏漏或错误之处，恳请各位同仁和广大读者斧正。

编　者

2021 年 10 月

目录

CONTENTS

项目一

广告策划概述

项目思维导图

- 广告策划概述
  - 学习建议
    - 学习目标
    - 学习指导
  - 广告策划概述
    - 导入案例——《啥是佩奇》，一夜刷屏的年关广告
    - 广告与广告策划
    - 广告策划的特征
    - 引入广告策划观念的现实意义
  - 广告策划的原则与内容
    - 导入案例——蒙牛酸酸乳："酸酸甜甜就是我"
    - 广告策划的原则
    - 广告策划的内容
    - 广告策划的学科依据
  - 广告策划的运作过程
    - 导入案例——"迪奥抗皱美容霜"广告策划过程
    - 广告策划团队
    - 广告策划的工作流程
  - 项目小结
  - 项目综合训练
  - 学生自我评价

学习目标

知识目标

掌握广告策划的含义和特点；

掌握广告策划的原则和内容；

掌握广告策划的程序和工作流程；

了解广告策划团队构成及广告策划人员的素质要求；

了解广告策划的学科依据。

能力目标

能够正确理解现代广告策划观念对企业营销与发展的重要作用；

能够正确地分析一则广告策划所包括的主要内容；

能够正确地分析市场营销学、消费者行为学、传播学与广告策划的关系。

素质目标

培养学生广告思维和营销意识，使其在专业领域具备创造性学习能力、研究能力。

学习指导

■ 本项目主要介绍广告策划的基本知识以及广告策划的程序、工作流程等。

■ 广告策划应在遵循一定程序的基础上，按照工作流程、岗位职责对广告内容进行全面规划。广告策划是把广告的一系列内容转化为实际操作的过程，策划人及策划团队是策划的主体，研究和掌握广告策划的过程是本项目的重点内容。

■ 学习过程中要注意联系实际，联系实际是学好理论的重要途径。在生活中我们能够随时随地接触到广告，广告就在我们身边，要养成利用自己所学的知识观察广告、思考广告的好习惯。

■ 学习要循序渐进，注意运用正确的学习方法。要注意“知识链接”的相关内容并结合教学内容有针对性地阅读一些相关资料。在明确概念、理解内容的基础上，按要求完成“项目综合训练”。

任务一　广告策划概述

导入案例　**《啥是佩奇》，一夜刷屏的年关广告**

2019 年 1 月 17 日晚，《啥是佩奇》短视频刷爆了朋友圈。短片讲述了一位大山里的爷爷给城市里的孙子准备“佩奇”作为新年礼物的过程。《啥是佩奇》拍摄仅用时两天，是贺岁电影《小猪佩奇过大年》的广告宣传片。那么，为何一部电影广告宣传短片能做到一夜爆红？

《啥是佩奇》作为一支时长为5分40秒的短视频广告，讲述了李玉宝为了孙子，发动全村寻找“佩奇”的故事。该短片拍摄地点位于河北张家口怀来县的一个村庄，片中的李玉宝大爷就是当地的一名村民。

短片内容看上去很简单：城里孙子一句“我想要佩奇”，让留守农村的爷爷愣了——啥是佩奇？

先是翻查字典，“佩戴”“配种”……咋就没有“佩奇”呢？

然后开始发动村民，打听到了昵称是“佩奇”的网红主播、“佩琪”洗发水、叫“张佩奇”的小伙子……但这些都不像是孙子所说的佩奇。

一直找到晚上，才终于找到可靠情报：去过北京当保姆的隔壁大姐告诉他，佩奇是一只猪，红色的！爷爷便拿着油漆和刷子冲向了猪圈，试图把家里的大花猪画成红的……但是，这头猪好像不怎么配合，无奈继续找大姐问个究竟，才得知“佩奇不是真的猪，而是动画片里一只长得有点像鼓风机的猪”。

终于弄清状况的爷爷赶紧动手制作，如愿在新年前夕给孙子送上了礼物——硬核鼓风机佩奇！

一部短视频广告是否能给观众带来代入感，细节是关键。农村墙上刷的广告语“大年初一不收礼，全家进城看佩奇”，爷爷和孙子通话时中国移动推出的新年彩铃，短片结尾唢呐滴滴答答吹奏的《小猪佩奇》主题曲……这些看似自然的剧情，实则都是导演精心设计、品牌嵌入的结果。这些品牌广告随着剧情的发展渗透到短片的每个细节，广告主既达到了宣传效果又不会让观众觉得生硬。所谓无形胜有形，正是短视频广告的魅力所在。

《啥是佩奇》作为一部先导预告片，不仅为《小猪佩奇过大年》电影的上映成功造势，更重要的是短片还从侧面反映出了一定的现实问题，比如城乡文化落差、代际关系中的情感表达、农村空巢老人的孤独等主题，极具社会现实意义，体现了一部成功的短视频广告中该具备的人文情怀以及对社会现实问题的深入思考。

短视频广告逐渐取代传统电视广告和纸媒广告而成为广告界的新宠，无数企业开始通过这种形式对产品进行宣传，使网络短视频广告快速发展起来。短视频广告的出现，对广告主而言，意味着更多元、更立体的广告载体的选择；对受众而言，意味着更多样、更个性化的理解和接受习惯；对投放平台而言，意味着需要具有更持续的高质量内容输出与传播的能力。

（资料来源：卢雪莹.新媒体短视频广告的取胜之道：以《小猪佩奇过大年》宣发短视频广告《啥是佩奇》为例[J].视听，2019(11)：243-244.）

案例思考

《啥是佩奇》为什么会爆红？谈谈你对成功的广告策划的理解。

一、广告与广告策划

（一）广告

1. 广告的含义

“广告”顾名思义就是“广而告之”。但是，这个家喻户晓的广告定义仅仅表述了广告的传播属性。随着时代的发展，“广告”一词的词性也在发生着变化。“广告”早期主要是用作名词“Advertising”，指推销商品或服务的“信息”，比如用作招揽顾客的旗幌招牌等。自17世纪末，随着英国大规模商业活动的出现，“广告”一词开始广泛地流行并被使用。“广告”不再单纯地指推销商品或服务的“信息”，而是指一系列的广告活动，静态的名词“Advertising”开始转化成为动词“Advertise”。至此，广告才有了现代广告的意义。广告是商品经济的产物，它顺应市场的发展而发展；广告是一种经济活动，必须遵循经济规律；广告是一门跨学科的边缘学科，广告活动的全过程涉及和影响到社会生活的各个方面；广告的对象是人，它离不开人的感知、认识、思维、情感、兴趣、记忆、意志等许多的心理现象；广告是一种文化，它通过一定的艺术形式达到传播的目的。

广告可以分为广义广告和狭义广告两种。其中广义广告泛指一切向公众传播信息并引起人们注意的手段，如布告、声明、启事、通知、演讲等。广义广告可理解为将广告主付出某种代价的信息，经过艺术加工并通过不同媒介向大众传播，以期改变或强化人们观念和行为的信息传播活动。广义广告的“广义”主要体现在广告的内容和对象都比较广泛，包括营利性广告和非营利性广告。而狭义广告就是我们通常所说的“商业广告”或“经济广告”，是由明确的出资人通过各种媒介采取艺术手段和非人际传播方式，传播企业及其产品（商品、劳务和观念）信息，塑造品牌形象以满足消费者需求的营销传播活动。

狭义广告在各类广告中所占比例极高，而且其社会影响和经济功能又非常强大，因此本书以狭义广告为研究对象。在本书中，广告是广告主以付费的方式，通过各种媒介对其商品或劳务进行宣传，借以向用户和消费者有计划地传递信息，影响人们对所广告的商品或劳务的态度进而诱发其行动，最终使广告主得到利益的活动。

知识链接

不一样的“广告”解读

广告作为商品经济最活跃的产物，已成为一个社会现代化文明的标志。公元前3000—前2000年，巴比伦商人每逢运载贵重商品的船只靠岸，为了吸引顾客，就雇佣人叫喊，宣传商品，招徕买主。我们现在所能看到的最早的广告实物是公元前一千多年在古埃及首都散发的“广告传单”。由于仁者见仁、智者见智，人们对广告的定义也是众说纷纭，没有定论。

广告是印刷形态的推销手段（Salesmanship in print, driven by a reason why）。这个定义含有在推销中劝服的意思。

——美国现代广告之父阿尔伯特·拉斯克尔（1894）

广告是由可确认的广告主,对其观念、商品或服务所作之任何方式付款的非人员式的陈述与推广。

——美国营销协会的定义委员会(1948)

广告是付费的大众传播,其最终目的为传递情报,改变人们对广告商品之态度,诱发其行动而使广告主得到利益。

——美国广告协会

广告是一种传播工具,能有助于推广商品、劳务或观念。单凭广告本身并不能达到销售的目的。最好的广告是和产品开发、分销渠道、定价、包装、人员销售、调研和售后服务等环节相互影响、互相补充的。因此,广告是全面市场营销的一部分,当广告中的商品或劳务能满足客户的需要时,它会有最好的结果。

——美国《管理手册》(1981)

广告被认为是运用媒体而非口头形式传递具有目的性信息的一种形式,它旨在唤起人们对商品的需求并对生产或销售这些商品的企业产生了解和好感,告之提供某种非营利目的的服务以及阐述某种意义和见解等。

——《韦伯斯特辞典》(1988)

广告是传播信息的一种方式,其目的在于推销商品、劳务服务、取得政治支持、推进一种事业或引起刊登广告者所希望的其他的反应。广告信息通过各种宣传工具,传递给它所想要吸引的观众或听众。广告不同于其他传递信息的形式,它必须由登广告者付给传播的媒介一定的报酬。

——《简明不列颠百科全书》

广告是一种收费的大众传播。其最终目的在于传达信息,创造对广告主(一般为商品及劳务的销售者)的有利态势,进而诱使其采取某种行动。

——英国广告家罗赛尔·科里

2. 广告的分类

广告的分类,一般都是以广告的不同目的、对象、内容、媒介、区域、诉求目标等进行划分的。

(1) 按广告目的分类,广告可分为营利广告和非营利广告等。

营利广告,主要指商业广告,是以营利为目的的广告。广告的目的是通过宣传推销商品或劳务,从而取得利润。

非营利广告包括范围较广,例如,政府和社会团体的公告、通知、启事、声明以及个人的挂失声明、寻人启事、征婚启事等。一般不具有营利目的并通过一定的媒介发布的广告,都可纳入非营利广告范围。

(2) 按广告对象分类,广告可分为消费者广告、工业用户广告、经销商广告等。

消费者广告是一种直接以消费者为对象的广告,它通常由商品生产者或经营者向消费者宣传推销商品和品牌形象组成,以获得消费者的信任。

工业用户广告的宣传对象是大批量使用其产品的工业用户,广告内容多是工业加工制造所需的原材料、机械、零配件、半成品等。

经销商广告主要就是以经销商为目标群体的广告。它以获取大宗交易订单为目的,向相关的进出口商、批发商、零售商、代理商提供样本、商品目录等商品信息,比较注重在专业贸易杂志上刊登广告。

(3) 按广告内容分类，广告可分为商品广告、劳务广告、文娱广告、社会广告、公益广告等。

商品广告是广告中最常见的形式，是广告学理论研究的重点对象。商品广告主要通过介绍商品的用途、特点、利益、形象来刺激消费者的购买心理，达到给企业带来实际销售利益的目的。

劳务广告是向单位和个人提供劳动服务的一种广告，主要通过介绍服务的范围、项目、质量、技术等内容，提供各种劳动服务和中介服务。例如，招聘用工、保养维修、家政家教等。

文娱广告包含内容较广，科学、技术、文学、艺术、体育、卫生、教育、影视、出版、展览等方面所发布的广告都属此范畴。

社会广告是指提供社会服务的广告，主要包括社会福利、医疗保健、社会保险以及征婚、寻人、挂失、招聘工作、住房调换等。

公益广告近年来得到了较好的发展，主要包括环境保护、卫生健康、福利事业、社会公德等社会普遍关注的内容，以提高公众关心社会、爱护社会的意识和促进社会文明的建设。

(4) 按传播媒介分类，广告可分为印刷媒介广告、数字媒介广告和实体宣传广告等。

印刷媒介广告是指以印刷、打印的形式为技术载体进行广告信息传播的广告。印刷媒介广告主要有报纸广告、杂志广告、招贴广告、传单广告、路牌广告、横幅广告、日历广告、直邮广告等。

数字媒介广告以网络电子技术和数字互联网的应用为科技基础，通过声音、图像来传递信息，不受时间和空间的限制，传播媒介数字化、互动化。数字媒介广告主要有广播广告、影视广告、网络广告、新媒体广告、LED 广告等。

实体宣传广告是指以平面、影视、广告、新媒体等不同形式，依托一定的实物媒介进行信息传播的广告。它主要包括实物广告(产品包装盒、模特推广、造型展示、街面叫卖等)、橱窗广告、赠品广告、霓虹灯广告、植入式广告等。

(5) 按广告区域分类，广告可分为国际性广告、全国性广告、区域性广告和地方性广告等。

国际性广告是着眼于世界各地、配合国际营销为目的的广告。它通常以通用性强、销售量大、适用面广、选择行销的产品居多，以便面对文化与消费差异较大的不同受众。

全国性广告是指选择在全国性广告媒介上进行刊播的广告，其目的是激起全国范围的消费者的普遍反响，使其产生对产品的认识与认购。

区域性广告是指选择在一定区域范围内刊播的广告，通常它是企业为地方性产品、产品销量有限的产品和为扩展销路开辟新市场所采用的一种广告。

地方性广告的广告传播范围更窄，市场范围也小，消费群体目标相对明确集中，广告主大多是商业零售企业和地方工业企业。

(6) 按广告诉求目标分类，广告可分为倡导广告、竞争广告和提示广告等。

倡导广告又称为始创式广告，目的在于开辟某一类新产品的销路或将某种新观念导入市场。此种广告重点在于使人知晓。

竞争广告又称为比较式广告，是通过将自己的商品与他人的商品做比较，从而显示出自己商品的优点，使公众选择性认购。此种广告重点在于突出自己的商品的与众不同。许多国家在广告立法上对比较式广告有一定限制。

提示广告又称为提醒广告、备忘式广告，是指在商品销售达到一定阶段之后，商品已经成为大众熟悉的商品。这时若经常将商品的名称提示给大众，便会促进商品销售。

3. 广告的要素

任何一种广告活动，都必须有广告主体、广告信息、广告对象和广告媒介四个基本要素（图 1-1）。

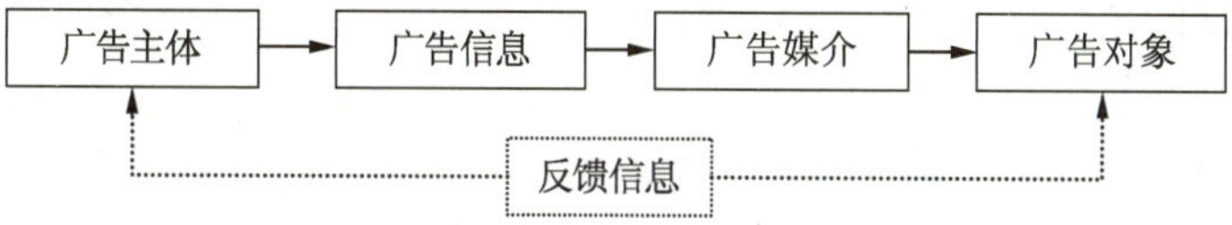

图 1-1 广告构成要素

（1）广告主体——由谁说。广告主体包括广告主、广告经营者、广告发布者等。广告主是指为传播商品或服务等方面的信息，自行或者委托他人发布广告的法人、其他经济组织或者个人；广告经营者是指受广告主委托提供广告代理服务的法人、其他经济组织或者个人；广告发布者是指为广告主或者广告主委托的广告经营者发布广告的法人或者其他经济组织。

（2）广告信息——说什么。广告信息是广告传播的内容，即广告的客体。广告信息根据广告主体的不同，其传播的信息内容也就不同，比如，有经济方面的信息、政治方面的信息、文化方面的信息、地理方面的信息，也有日常生活方面的信息等。

（3）广告对象——向谁说。广告对象是广告传播范围内的目标公众，或广告信息的接受者。广告对象作为广告效益产生的基础，是极为重要的研究内容。

（4）广告媒介——怎么说。广告媒介是传递广告信息的载体。广告媒介的种类随着科学技术的进步和市场经济的发展也变得越来越多。目前，人们利用最多的广告媒介主要有：印刷媒介、电子媒介、邮寄媒介、户外媒介等。

广告主体、广告信息、广告对象、广告媒介是广告内在必然联系的四个要素，在一个完整的广告活动中四者相辅相成，互为条件，缺一不可。可以这样说，广告主体是广告的信息源泉，是广告活动的策划者、组织者，没有广告主体就没有广告；广告信息是广告的内容和核心，没有广告信息，广告宣传就失去了意义；广告对象是广告效益产生的基础，没有广告对象的广告就是一种盲目的广告，一种纯粹浪费的广告；广告媒介是广告信息传输的工具，是信息的载体，离开了广告媒介，广告内容就无法传播，就不可能发挥广告的作用。

（二）广告策划

1. 策划的含义

策划的核心内容是出谋划策，即从策划方自身的情况及所处的环境出发，紧紧把握策划方的战略目标或特定意图，构思各种有可能实现目标的直接或间接方案，并且对这些方案进行分析、比较、筛选、修改的过程。由此我们可以看出，策划从来就不是孤立存在的，它是一个综合过程。多数情况下，在策划实施的过程中会出现原来策划料想不到的问题，这时就需要对所发现的问题进行再修改、再实施而最终达到策划方的意图和目标。在一个已实现既定目标的策划实施后，可能还会有为了实现更高目标的策划。所以，一项大的策划往往含有很多较小的策划，即有的策划是战略性的，有的策划是战术性的，战术性的策划须服从战略性的策划，这是系统工程总体思想的反映。

综上所述，我们可以把策划的含义概括如下：

(1) 策划是为了一定的意图和目标而进行的工作，没有意图和目标就没有策划。

(2) 策划的核心内容是出谋划策，其重点是构思出达到目标的方案与计谋。

(3) 策划虽然不是具体的实施工作，但是任何一项策划都必须从环境和具体的实际情况出发，否则，只能是“空中楼阁”。

(4) 策划是一个动态的过程。在一项策划的具体实施过程中，策划者应根据反馈的信息对策划的局部方案作相应的调整。

2. 广告策划的含义

广告策划是现代商品经济的必然产物，是广告活动科学化、规范化的标志之一。美国是最早实行广告策划制度的国家，随后许多商品经济发达的国家都建立了以策划为主体、以创意为中心的广告策划管理体制。1986 年，中国大陆广告界首次提出“广告策划”的概念。这是自 1979 年广告业恢复之后对广告理论一次观念上的冲击，它迫使人们重新认识广告工作的性质及作用。广告工作开始走上向客户提供全面服务的新阶段。

广告策划是策划系统工程的一个部分，广告策划应以策划的认识论和方法论为指导，以企业的营销战略为基础，以广告主、产品、市场、消费者和竞争者等为内容。所谓广告策划，是根据广告主的营销战略和策略，在市场调查的基础上，制定出与产品、市场、消费者、竞争者状况和广告环境相适应的广告活动规划方案，并将方案付诸实施，从而为广告主的整体经营活动提供全面服务的过程。

广告策划是对广告的整体战略和策略的运筹规划，是对广告决策、广告计划，以及实施广告决策、检验广告决策的全过程作预先的考虑与设想。广告策划不是具体的广告业务，而是广告决策的形成过程。

我们可以把广告策划的核心内涵概括如下：

(1) 广告主的营销策略是广告策划的根本依据，广告策划不能脱离广告主的营销策略的指导。

(2) 广告策划以市场调查为依据和开端。虽然广告主的营销策略已经为广告策划提供了依据，但是它仅仅来自广告主的单方面，还不足以显示由消费者、产品和竞争对手所构成的市场的全貌。

(3) 广告策划有其特定的程序，这种程序应该是科学、规范的，以保证广告策划不是茫无目的的设想和缺乏章法的随心所欲。

（4）广告策划应该提出广告活动的总体战略，停留在具体行动计划层次上的“广告计划”并不是广告策划。

（5）广告的诉求策略、定位策略、表现策略和媒介策略是广告策划的核心内容，它们必须脱离平庸、与众不同，但是又要具有产生实际的广告效果的素质。

（6）广告策划的结果以广告策划文本的方式来体现。

（7）广告效果的测定方法应该在广告策划中预先设定。

（8）广告策划的目的是追求广告进程的合理化和广告效果的最大化。进程的合理化，就是广告活动要符合市场的现实情况并且能够适应市场的发展；效果的最大化，就是广告策划要提供能够产生最佳的广告效果的策略和方案。

知识链接

广告计划与广告策划

广告计划是实现广告目标的行动方案，它是一个行动，其侧重于规划与步骤；而广告策划的本质虽然也是为了实现广告目标，但它更强调的是借助于科学的手段和方法，对多个行动方案（即广告计划）做出选择和决定。广告策划的全称可以看作是“广告策划活动”，它是一个动态的过程，要完成一系列的决定，包括确立广告目标、广告对象、广告战略、广告主题、广告策略、广告创意、广告媒体选择、广告评估等；而广告计划相对来说呈现出一种静止状态，是广告策划前期成果的总和与提炼。广告策划作为一个动态的过程，它还体现在其活动内容的多元化，它既要设定广告目标，寻求广告对象，又要制订广告计划、实施广告策略、检验广告活动效果。制订广告计划只是广告策划的主要任务之一。广告策划工作运转之后，才能生产广告，广告计划是广告策划的产物，是广告策划所决定的战略、策略、方法、部署、步骤的书面体现。

总之，广告策划是一系列集思广益的复杂的脑力劳动，是一系列围绕广告战略、策略而展开的研讨活动和决策活动；而广告计划是这一系列活动的归纳和体现，是广告策划所产生的一系列广告战略、广告策略的具体化。所以广告策划与广告计划既相互联系、密不可分，又有区别。

（资料来源：王艺湘.广告策划与媒体创意[M].修订版.北京：中国轻工业出版社，2017.）

二、广告策划的特征

广告策划与其他学科相比较，具有其特殊的本质特征。充分认识和掌握这些特征，对于提高广告策划的针对性、科学性具有重要的作用。

（一）目的性

广告策划的基本目的就是帮助广告主更好地实现广告目标，取得所期望的广告效果和广告效益。广告策划的目的在于指明广告运动的方向，引导广告运动按照正确的方向发展。

（二）整体性

广告策划是由广告策划主体、广告策划对象、广告策划依据、广告策划方法和广告策划结果等要素构成的一个完整的运动系统。缺少任何一个要素，这个系统就不成立。广告策划具有很多环节和内容，各个环节和各部分内容不是彼此孤立的，而是有机联系并存在一定逻辑关系的。广告策划的各个环节和各部分内容环环相扣，共同构成一个和谐统一的整体，只强调个别环节和部分内容的广告策划是不完整的。

（三）程序性

广告策划活动具有内在规律，这个规律形成广告策划过程。而广告策划过程表现为广告策划的程序，由广告策划程序来描述。广告策划程序是由信息收集与分析、确定广告战略和广告目标、制定和选择广告策略并形成计划方案、编制广告策划书、广告创作、广告实施、总结报告等环节构成的。这些环节是按一定顺序连续展开的。各个环节的有机联系构成一个完整的广告策划过程，随意跳过任何一个环节，广告策划过程都是不科学不合理的。

（四）动态性

广告策划本身是一个按照一定的程序依次展开的运动过程，这种运动过程是一种通过不断的"反馈"进行学习和探索的过程。广告策划的对象在一定的市场条件下，随着市场、产品、消费者、竞争者的变化而变化，因而广告策划也随之发生变化。广告策划活动必须根据环境的变化而采取相应的对策，使广告策划的内容体现市场条件的变化，符合客观规律发展的要求，这就是广告策划的动态性特征。这个特征要求广告策划者不能用僵化的教条、静止的眼光来进行广告策划，否则不但不能帮助广告主进行有效的广告活动，反而还会产生相反作用。

（五）可操作性

广告策划的目的在于执行，以帮助广告主更好地实现广告目标。因此，广告策划要在战略和策略的指导下制定出一系列可以操作的方式方法，使广告策划的思想和意图能够真正落到实处，使广告效果和效益得以真正实现。不具有可操作性的广告策划也将失去策划的意义，只能是纸上谈兵。这种可操作性包括环境条件的可能性、广告主的可承受能力、广告公司的可执行能力等内容。

三、引入广告策划观念的现实意义

（一）使广告更加适应营销观念的转变

众所周知，营销观念的演变大致经历了三个阶段：企业为中心阶段（生产观念）、产品为中心阶段（推销观念）、消费者为中心阶段（营销观念）。企业为中心阶段，竞争不激烈，企业生产什么，消费者就消费什么，一般无选择余地，此时，广告只起传递信息效用，其意义与作用都不大；产品为中心阶段，产品出现剩余，企业之间出现竞争，竞争中强调以高质低价取胜，此时广告策划强调的是产品特点；消费者为中心阶段，企业之间产品差别不大，竞争非常激烈，广告在促销中的地位被强化，企业强调以消费者为中心，竭诚以消费者的需求及其变化，来决定企业的经营方式和服务方式。从营销观念演变的不同阶段，可以看出，广告设计必须进行策划，才能顺应时代的变化和广告主的需求，实现从生产导向到客户导向的转变，从推销理念到营销观念的改变。广告策划观念的引入，使市场和消费者受到了高度重视，市场分析、消费行为分析、产品分析、竞争对手分析成为广告决策的前提，从而顺应了企业从推销导向向营销导向的变化。

（二）使企业广告成为系统、客观、有序的科学运作

广告策划观念引入之前，广告往往缺乏统一的、明确的目标，缺乏对广告进程的科学决策与控制，呈现出零碎、主观、无序的特点。广告策划观念的引入，使广告运作重视了实证的市场研究，为广告活动的开展增加了客观的依据；重视了广告活动的规划和进程的控制，使广告活动成为系统的广告运动；重视了贯穿广告活动始终的广告战略与策略，并将广告活动按照这些战略和策略进行组织，使经过策划的广告活动呈现出客观、系统、有序的风貌。

（三）使广告公司的服务与广告主的营销活动达到空前的统一

广告策划观念引入之后，广告运作被包含在企业的营销组合之中，在企业统一的营销策略和营销计划的指导下进行，影响企业营销活动的环境因素、市场因素、消费者因素、竞争因素成为进行广告策略决策的前提，广告策划的内容也充分配合企业的营销活动，从而使广告公司的服务与广告主的营销活动达到空前的统一。

（四）使广告公司所提供的服务进入更为专业化的阶段

广告策划观念的引入，使广告公司必须承担从市场调查、广告战略决策到广告活动实施、广告信息反馈的全面的广告服务，增加了广告服务的广度与深度，充分发挥了广告代理商提供专业服务的能力。广告策划从某种意义上给广告管理上带来了新思维，对广告公司人员的组成结构与配置提出了新要求，也为各专业分工协作与任务安排提供了指导性意见，明确了广告业务发展的终极性目的，使广告的创意、设计、制作、发布、展示及促销等活动有机地联系在一起。总之，广告策划已成为广告运作的核心内容。

（五）使广告在市场中的作用日趋强化

广告策划观念的引入，使广告策划运作更加深入到广告主的市场营销活动，从创意设计到制作，再从制作到发布等专业化的操作，使广告的广度与深度得以加强，广告活动的传播效果和对消费者的诉求效果也明显增强，从而最终实现了树立企业形象、直接促销产品、传播消费观念、解决实际问题的目的。

任务二 广告策划的原则与内容

导入案例

蒙牛酸酸乳："酸酸甜甜就是我"

2005 年，蒙牛集团与湖南卫视合作的蒙牛酸酸乳超级女声节目创下了两个传播奇迹：第一，为湖南卫视创造了开办两年即夺取全国收视率第一的奇迹；第二，为蒙牛酸酸乳带来了营销增长的奇迹，当年上半年其在广州、上海、北京、成都四个城市的销量是去年同期的 5 倍，居同类产品之冠。

"超级女声"是一档大众娱乐节目，在年轻观众中的影响力非常高。蒙牛集团

经过大量的市场调查，证实了超级女声的节目定位非常符合蒙牛酸酸乳的品牌价值。"蒙牛不仅要冠名超级女声，还要通过蒙牛的通路和营销整合，把超级女声推广到全国，让超级女声唱响中国！"蒙牛集团的大胆决策成为蒙牛整合营销成功的关键。

在与湖南卫视超级女声的合作中，蒙牛酸酸乳改变单纯冠名的传统合作方式，更深入地与"超级女声"形成栏目—品牌—产品的联动，进行了全方位的整合营销，使超级女声和蒙牛酸酸乳紧密地连接在一起。

其一，与传统牛奶产品将主要目标消费群体定位于家庭不同，蒙牛酸酸乳品牌的目标定位在年轻而有活力的人群，其中年轻女性是非常重要的目标人群。为了区别以往的传统牛奶产品，强化其品牌的独特定位及个性，蒙牛集团借助湖南卫视超级女声节目，为蒙牛酸酸乳品牌内涵加入了一些"年轻""活力"等元素。

其二，"蒙牛酸酸乳"起用2004年超级女声第三名张含韵作为产品代言人。张含韵形象健康清新，非常契合"蒙牛酸酸乳"品牌的形象。

其三，蒙牛集团特别为张含韵量身定做了广告主题曲《酸酸甜甜就是我》，这首歌活泼欢快，非常切合张含韵的自身特质，因此很快成为各大音乐排行榜热门单曲。随着"酸酸甜甜就是我"在年轻人圈子中渐渐流行，蒙牛酸酸乳也随之深入人心。

其四，"酸酸甜甜就是我"作为"蒙牛酸酸乳"的广告语，既符合"蒙牛酸酸乳"酸酸甜甜的产品特征，又符合新一代女生敢于展示自我、享受过程的酸酸甜甜的态度，同时也符合"超级女声"活动的特性。

其五，蒙牛集团先是利用在30多个城市举办路演的形式，将路演的优秀选手送到主场区参加比赛，随后又在全国200多个城市举办400场路演继续宣传"超级女声"，通过路演突破蒙牛酸酸乳"超级女声"五大唱区的地域性，将"超级女声"的影响力真正地扩展到全国。

（资料来源：张惠辛.超广告传播：品牌营销传播的新革命[M].上海：东方出版中心，2007.）

案例思考

成功的活动策划应该遵循哪些原则？蒙牛酸酸乳广告传播的成功之处体现在什么地方？

一、广告策划的原则

为了保证广告策划的指导性，在进行广告策划时须遵循以下原则。

（一）真实性原则

真实是指符合实际和现状。广告策划的真实性原则要求广告策划的内容必须以事实为基础，要对客观实际进行准确把握和真实反映。真实是广告的基础，更是广告的生命，一个虚假的广告是无法引起消费者共鸣的。因此，真实性原则也是广告策划的首要原则。

1982年，我国颁布了《广告管理暂行条例》，1987年，正式颁布了《广告管理条例》。1988 年,在《广告管理条例》的基础上,颁布了《广告管理条例实施细则》。1994 年 10 月,《中华人民共和国广告法》正式通过,并于 2021 年 4 月进行了最新修订。所有法律和条例都明确规定:广告不得含有虚假或者引人误解的内容,不得欺骗、误导消费者。广告主应当对广告内容的真实性负责。

尽管广告是一种劝服性活动,但只有真实才能给人以信任和口碑。移动互联网时代,网络虚假广告的问题愈加严重,不论是普通网站、电商 APP,还是微信朋友圈,随处都能看到虚假广告的身影。虽然广告是一门艺术,需要合理的艺术渲染,缺乏艺术感染力的广告很难打动人心,但是广告策划必须基于事实,要把握好艺术夸张和虚假之间的界限。

(二)创新性原则

广告策划的成功在于全面、切实、可行,更重要的在于策划要有新意。广告活动的构想要与众不同,要标新立异。做别人所未做的事情,想别人所未想的点子,这才是真正的广告策划。

(三)有效性原则

广告作为一种信息传播活动,其存在的基础也是向消费者传递信息。在信息爆炸的时代,消费者每天接收到的信息量是惊人的,其中也包含了大量无用和无聊的信息。因此,广告传递的信息,不但要真实,还要有效。广告策划的有效性原则主要体现在以下三个方面。

1. 提炼广告信息

广告需要传递信息,但不能将所要传递的产品或企业的信息简单随意地罗列在广告之中。一般而言,消费者接触到的广告信息都是广告策划者经过分析、比较和评估了产品或企业的特点及广告主对消费者的利益承诺等基本情况之后,精心策划加工而成的。

2. 选择信息通道

信息通道是广告信息传播的载体,即广告媒介。广告媒介类型多样,在传递信息时各有优劣。比如杂志广告,精美有创意,视觉冲击力强,但受众范围窄;电视广告,声形兼具,感染力强,且受众范围广,但稍纵即逝,常因观众换台而被忽视;网络广告虽然新颖有趣,互动性强,受众范围广泛,但内容同质化高,质量良莠不齐。因此,广告策划者必须充分研究各类广告媒介的技术和特点,扬长避短,进行合理选择和组合,以确保广告信息的有效传递。

3. 确保信息流向

广告信息的接受者因年龄、职业、性别、文化程度、生活习惯等方面的差异,呈现出地域性、层次性、对象性等特点。比如,出租车司机喜欢听广播、居家老人喜欢看电视、年轻人热衷于看手机……每个群体都有各自接触频次最高的媒介形式,因此广告策划一定要明确目标受众,有针对性地选择媒介,从而保证广告信息的精准投放和有效传播。

(四)针对性原则

广告策划的流程是相对固定的,但广告策划的对象各不相同,所存在的问题和想达到的目标也不尽相同。因此,广告策划应根据策划对象进行针对性设计。

大卫·奥格威曾说:“人人都喜欢是一种贪得无厌的心理,它会使品牌落入一个完全丧失个性的下场。在今天的商场之中,一个四不像的品牌很难立足,不要盲目求大求全,要找准自己的位置,做人也是如此。”很多企业在进行广告策划时,都会要求自己的产品被每个人需要,自己的广告被所有人喜欢。事实是,不愿意损失任何一个消费者所进行的“求大求全”型广告策划注定是失败的。因此,广告策划必须具有针对性,对症下药,要通过对广告受众的大量调查找出具备个性特征的广告策划思路,再确立有针对性、行之有效的广告战略和广告策略,从而让广告策划真正产生效果。

（五）心理性原则

广告界有句名言:“科学的广告术是依照心理学法则的。”广告策划的心理性原则主要表现在两个方面。

1. 遵循人们对客观事物认识的规律

人们对客观事物的认识规律包含正程序和逆程序。正程序是指人们对事物的认识大多从感性到理性,从个别到一般,从上到下,从小到大,从远到近,从因到果等。广告策划若遵循这一认识规律,就更容易被广大消费者接受。逆程序与正程序相反,即认识事物从理性到感性,从结果到原因等。逆程序虽不能被广泛地接受,但它往往是突破常规的想法,更能引起受众的注意,比如广告策划中常常运用的悬念法、反转法等。

2. 搭配好广告信息的事实部分和心理部分

产品进入市场分为导入期、成长期、成熟期和衰退期,即产品生命周期。一般来说,在产品导入期,由于消费者对这一领域的陌生,广告策划应以事实为主,此时是创造人们初级需求的黄金时间。比如老板牌大吸力抽油烟机,直接运用简洁有力的事实迅速打入抽油烟机市场。而当产品进入成长期和成熟期,市场竞争异常激烈,此时,广告策划应侧重心理部分。比如手机广告,就能很好地抓住如今消费者喜爱拍照分享的心理需求,推出了大光圈拍照手机、美颜自拍手机、逆光拍照手机……其广告策划的重点不仅仅是刺激人们的选择性需求,还要迎合消费者心理,引导消费者购买。

（六）合规性原则

广告不仅是一种商业行为,它也包含着你我的生活。作为一种大众传播行为,广告应该有责任地进行信息传播。

1. 广告策划必须遵循法律原则

广告策划者要在合规合法的基础上进行广告策划,重视社会公共利益,维护民族尊严,不策划反动、淫秽、迷信等内容的广告作品,不恶意贬低竞争对手,不做虚假广告。

2. 广告策划必须遵循伦理道德

广告策划者在进行广告策划时不能违背人们的价值观念、宗教信仰和风俗习惯等,不能挑衅各国人民的共同心理,不能伤害一个民族的民族自尊心。

知识链接

AIDMA 法则

AIDMA 法则是由美国广告人 E.S.刘易斯提出的具有代表性的消费心理模式，它总结了消费者在购买商品前的心理过程。消费者先是注意商品及其广告，对某种商品感兴趣，并产生一种需求，最后是记忆及采取购买行动。英文表述为"Attention（注意）—Interest（兴趣）—Desire（消费欲望）—Memory（记忆）—Action（行动）"，简称为 AIDMA。类似的用法还有去掉记忆一词的 AIDA，增加了相信（Conviction）一词，简称为 AIDCA。

在营销行业和广告行业，AIDMA 法则经常被用来解释消费心理过程。营销行业的人运用它是为了准确了解消费者的心理和行为，制定有效的营销策略，提高成交率。广告行业的人用它是为了创作实效的广告，实效的广告简单地说就是可以促进销售的广告，它对销售额的增长是有效的。

创造实效的广告，对消费者经历的心路历程和消费决策，将产生影响力和诱导的作用，也就是在"引起注意→产生兴趣→培养欲望→形成记忆→促成行动"的五个环节，实效广告的信息会一直影响消费者的思考和行为。因此，实效广告的创作，不单纯是一种设计艺术的创作，而是一种为了实现商业目标的创作。按照 AIDMA 法则，思考一下自己创作的广告，是不是在这五个环节都能发挥影响力，还是只做到了引起消费者注意，但不能让消费者产生兴趣。如果在第二个环节就对消费者没有任何影响力，那么这样的广告可以说是无效的。

二、广告策划的内容

广告策划的内容涵盖了广告活动的全部领域，它包括市场分析、广告定位、广告战略策划、广告策略制定、广告媒介策划、广告效果测定等。在广告活动中企业可以根据自身营销战略的需要，对这些内容进行事先的设计谋划，选择不同的广告策划类型，突出不同的广告策划重点，使广告活动有条不紊地顺利展开。

（一）市场分析

市场分析是进行广告策划的基础。对市场和消费者了解得越透彻，对有关信息和数据掌握得越充分，广告策划的准确性也就越高，广告实施的效果也就越好。市场分析是一项复杂的工作，对市场分析要作出周密的安排，要明确向什么市场、什么用户进行调查，明确通过何种途径、何种方式进行分析。市场分析的重点有以下几个方面。

1. 企业自身分析

广告策划过程中的企业分析，就是对企业的发展历史、技术力量、经营状况、行业地位及企业的发展规划等进行详细的了解，从中发现企业的经营特色，为确定广告主题提供素材。广告策划人员进行企业分析主要从以下几方面着手：企业的历史、规模、文化、商誉及企业形象等；近些年企业的经营业绩，企业的市场竞争地位，企业的技术水平，新产品开发能力，拥有的专利、专有技术及员工素质，企业过去的广告宣传状况、广告宣传的主题、常用的广告媒体及广告宣传的效果。

2. 产品分析

产品分析的目的是了解产品的特征，决定广告宣传时的诉求重点。它具体包括以下内容：产品的用途、质量、价格、包装、技术含量及售后服务；产品在市场上所处的生命周期；产品的美学价值及文化附加值；产品的市场占有率、销售状况及销售趋势；消费者对品牌的认知状况、忠诚度及对该品牌的联想物；产品过去广告宣传的主题、广告创意、常用的宣传媒介及广告预算等。

3. 消费者分析

对于消费者心理与行为的分析、研究是广告策划的前提。具体来讲，只有准确地把握住消费者的需要、动机、注意、知觉、记忆、想象、态度、情感与情绪等心理因素，才能有较准确的广告定位与较高水平的广告创意。广告策划人员可以通过市场调查了解目标市场消费者和潜在消费者的人数；消费者人口统计学特征，如年龄、性别、职业、收入水平、宗教信仰、受教育程度、所处社会阶层等；消费者的购买习惯、购买心理、媒体使用习惯及需求趋势；消费者对产品及其价格的态度、对产品附加值的要求、对产品品牌的认知程度及忠诚度；广告对消费者的影响程度等。

4. 市场分析

研究分析市场需求和产品供应信息，了解市场需求层次和需求量，把握市场动态；在消费者分析的基础上，选择广告目标市场并找到产品最佳的销售时机。市场分析还应综合分析市场发展中的难题以及市场发展机会。市场发展机会是企业营销的突破口，也是广告宣传的突破点。找到了市场发展机会，广告目标也就实现了一半。通过市场分析，广告策划才能减少失误，提高战略战术决策的科学性和正确性，做到有的放矢。

5. 竞争状况分析

对竞争状况的分析，是确定广告宣传规模、广告使用何种媒介的基础。广告策划人员在分析市场竞争状况时，应从以下几方面着手进行：企业的直接竞争对手与间接竞争对手有哪些；竞争对手的经营优势与劣势是什么；竞争对手在市场中的位置、营销手段、广告主题、广告内容及媒体组合；竞争企业在广告中失败的教训与成功的经验等。

（二）广告定位

进行广告定位，是为了突出广告商品的特殊个性，即突出其他同类商品所没有的优点，而这些优点正是特定的用户所需求的。广告定位确定了广告商品的市场位置，符合消费者的心理需求，因而可以保障广告取得较好的效果。有了准确的广告定位，广告主题也就可以确定下来。

（三）广告战略策划

进行广告战略决策，着重解决以下四个方面的问题。

1. 制定广告目标

这是整个广告策划中最重要的部分，它确定了广告活动的基本方向和指导方针。广告目标制定之后，必须保持“持续而统一”，即一致不变的形象、声音及个性。根据企业营销目标，广告战略目标有三种分类方式，即产品推广、市场拓展、销售增长;创牌、竞争、保牌;广告促销、广告传播。

2. 确定广告的目标受众

这是确定广告的诉求对象。现代企业是以消费者为核心的,只有确定了广告受众,我们才能根据受众的特点选择恰当的诉求主题、恰当的广告表现形式及恰当的媒介组合。

3. 确定竞争对象

市场同类产品多时,绝不宜在初期便以所有同类产品为竞争对象,应分为几个层次,逐步挑战。当然,如果广告主具有压倒性的优势,也未尝不可。

4. 确定销售地区

在上述三点考虑确定以后,就应确定是准备进行全面性的促销,还是区域性的促销,以及地域推广方式如何选择等。确定销售地区,可以使广告计划编拟得更精确。

(四) 广告策略制定

广告策略是广告具体环节的运筹和谋划,是实现广告战略的措施与手段。通过广告策略制定,可以将抽象的广告战略转化为具体的广告作品并投放到市场当中。但广告策略通常不会只有一种,许多平庸的广告就是缺乏策略化思考的结果。因此,广告策略制定可通过目标市场广告策略、广告定位策略、广告主题策略、广告创意与表现策略、广告媒介策略和广告活动策略等内容来进行。

(五) 广告媒介策划

广告媒介策划是广告策划重要的组成部分,直接影响广告传播效果。广告媒介费用一般会占到广告预算的 70%~80%,甚至更多。广告媒介的选择不仅关系到企业预算,更关乎广告传播效果。媒介选择和发布时机安排得当,广告发布的投入产出效果就比较好;反之,企业投放的广告费用就不能收到预期的效果。因此,广告媒介策划要充分考虑受众与媒介的匹配程度,考虑媒介自身性质、特征、地位、传播效果及费用等综合因素。

(六) 广告效果测定

广告效果测定,是通过对广告活动过程的分析、评价及效果反馈,全面验证广告策划实施情况。企业进行广告策划的最终目的就是希望通过策划的落地达到企业的既定目标,企业委托的广告公司的工作水平、服务质量如何,整个广告策划是否成功,企业是否感到满意和更有信心,都将以广告效果测定为依据。广告效果测定不仅是对广告后期效果的测评,还包括对广告调查、广告策划、广告发布实施的全面测评。

三、广告策划的学科依据

(一) 市场营销学与广告策划

广告包含在企业的营销组合之中,是企业营销组合的重要因素。广告策划者要明确广告在市场营销中的位置,既要重视广告的作用,又不能在产品价格、营销渠道都没有合理组合的前提下片面地依赖广告。广告策划者要自觉地将企业的广告活动与营销组合中的其他要素相配合,使广告策划更好地为整个营销策划服务。

1. 广告策划活动是一种营销传播活动

(1) 广告策划的准备阶段要进行大量的市场调研，要与消费者、生产者、社会有关部门进行交流与沟通，从而获取大量的信息。所以，它与企业营销活动方向和范围是一致的。

(2) 广告策划作为动态的运转系统，不仅受广告自身规律的制约，更重要的是受到广告主营销战略系统的制约，广告主营销活动战略框架，就是广告策划系统的"屋脊"。

(3) 广告策划的工作过程是复杂的过程，它要求在广告创意、设计、制作等方面都要为树立企业形象服务，为企业营销目标服务。

(4) 广告策划的实施，是面向市场、面向企业、面向消费者的活动，它的主要任务就是向诉求对象传递广告主的营销信息，以保证实现广告主的营销目标。

2. 市场营销策略决定广告策划的核心内容

广告策划是根据广告主的营销策略对广告战略与策略进行的前瞻性规划。因此，广告策划必须以广告主的营销策略为基本前提，广告策略必须完全符合广告主的营销策略。

广告主的市场营销策略对广告策划核心内容的决定性作用体现为：

(1) 营销目标市场策略决定着广告的目标市场策略。广告主面向何种目标市场进行营销，广告就要面向何种目标市场进行广告。

(2) 营销的定位策略决定着广告的定位策略。广告主对于企业和产品的定位一般已经有明确的想法，广告所传达的关于企业或者产品定位的信息应该与广告主的定位策略完全吻合。

(3) 营销满足市场需求的出发点决定着广告的诉求重点。企业的产品所满足的需求是产品的优势所在，也是对消费者最有吸引力的信息，如果广告诉求策略忽视了这些信息，就会导致诉求重点和广告主题的偏离。

(4) 广告主的形象、产品的形象、目标消费者的特性和心理决定着广告的诉求方式和广告表现策略。广告主及其产品有着特定的感性或者理性的形象，而不同的消费者又有着不同的理性或者感性的需求，广告采取理性、感性或者是情理结合的诉求策略，要依据企业和产品的形象、诉求对象的心理需求确定，如果在诉求策略上发生了偏离，就会导致广告与企业、产品形象的不协调，使受众难以产生统一的印象，或者根本无法满足消费者的心理需求，从而失去其应有的效果。

(5) 营销的目标市场、产品的特性、目标消费者的特性和心理需求决定着广告的媒介策略。广告主在哪一目标市场上进行营销、产品具有什么特性、目标消费者经常接触或容易受到哪些媒介的影响，广告就应该相应地选择哪些媒介。

由于市场营销策略决定着广告策略，所以在总体策略上，广告策划要以广告主的市场营销策略为依据。但是市场营销策略不可能也没有必要涉及广告策略和广告计划的具体内容，因此在具体运作上，广告策划完全是主动的，它可以创造性地发挥和深化市场营销策略，使广告活动在市场营销中最大限度地发挥作用。

(二) 消费者行为学与广告策划

广告策划离不开消费者行为原理的理论指导，消费者需求、消费者心理、消费者购买行为的研究为广告策划者提供了重要的理论依据及策划素材。

1. 消费者行为研究是广告策划的重要内容

(1) 消费者自身的特性为广告策划中的目标市场和诉求对象策略提供依据。任何产品都有其特定的消费者和潜在消费者,因此,广告策划首先要明确产品的消费者和潜在消费者,以确定产品的目标市场和广告的诉求对象。同时,消费者行为研究的标准和方法,为广告策划中对消费者进行科学的分析提供了标准和方法上的依据。

(2) 消费者的需求、购买动机为广告策划的诉求重点和诉求方法策略提供依据。产品只有具有满足消费者需求的特性,才能够争取消费者的购买,而广告也只有把握了消费者的实际需求和心理需求,才能选择最为消费者所关心的信息,进行有针对性的诉求。

(3) 消费者的习惯、兴趣等为广告表现与创意提供了素材。广告作品的素材来源于生活,最能打动消费者,并引起消费者共鸣的广告创意和表现出来的作品往往是与消费者的生活习惯、消费者的兴趣爱好、消费者的日常表达方式相一致的。

2. 广告策划活动对消费者的影响

(1) 广告向消费者传达关于产品的观念,可以潜移默化地改变消费者的消费观念。许多广告不但传达相关产品的信息,还传达产品中所包含的消费观念。通过持续的诉求,消费者会逐渐认同这些观念,很多新的消费观念就是在广告的引导下形成的。因此,广告一向被视为引导消费时尚的一种手段。

(2) 广告通过有针对性的诉求,可以唤起消费者潜在的需求或者新的需求。对于某些产品,消费者可能并没有产生明确的需求,或者消费者尚未意识到这种需求,而广告可以通过有针对性、有说服力的诉求,使消费者意识到这种需求或者产生新的需求,从而产生购买产品的欲望和行动。从某种意义上讲,广告具有创造需求的作用。

(三) 传播学与广告策划

所谓传播,简单地说,就是传播者通过各种媒介,将需要传播的主要信息传递给媒介受众的过程。广告策划是一种借助于媒介的传播行为。广告策划运作离不开对传播原理的把握和对广告主要传播媒介的分析。要做到广告的有效传播,就必须认真研究分析传播原理以及影响传播的各种因素对广告策划的影响和制约。

1. 影响传播者和受众对信息理解的要素对广告策划的意义

在传播过程中,传播者与受众都有对信息的理解和选择的过程。由于受到某些因素的影响,他们对同样的信息会产生理解不一致的现象。一般来说,影响传播者和受众对信息理解的要素有以下几种。

(1) 心理预设。人们在理解活动开始之前,都不同程度地根据生活经验而预先设定了理解对象的应有面貌。这种预先设定事物格局的心理定势非常顽强,它常常把理解导向理解者本人所期待的方向,导致对实际情况理解的扭曲和变形。也就是说:人们看到的东西往往都是他们想看到的东西。

(2) 文化背景。每个人都生活在一定的文化背景中,因此,人的行为、观念、习惯、性情都会不断地受到某种文化模式的塑造和熏陶,人们对事物的理解也就不可避免地受到自身文化背景的影响，从而带有鲜明的文化烙印。

（3）动机。许多研究都表明，动机与理解有着密切的关联，尽管在有些理解活动中动机隐藏得很深，甚至理解者本人都未必能察觉，但是，它们确实对形成某种理解有重要的影响和制约作用。

（4）情绪。在进行理解时，理解者总是处于某种特定的情绪中，而处于不同情绪中的理解者会对同一事物产生不同的理解，如一个人在愉快的情绪中，可能会将别人称自己的绰号当作友好的表示，而处于愤怒情绪中的人则可能将它视为一种挑衅。

（5）态度。尽管制约理解的因素很多，但是人们对事物的认识归根到底还是由理解时所持的态度决定的，不管人们的心理期待、文化背景、动机、情绪有多大的不同，在态度一致的前提下，还是会对有确定含义的事物产生相同的理解。

广告策划者在确定广告的诉求重点时，应该对自身和诉求对象的心理预设、文化背景、动机、情绪、态度进行分析，以保证广告策划者自身和诉求对象对同样的诉求重点有相同的理解。

2. 选择性接收定律对广告策划的意义

选择性接收定律包括选择性接触、选择性理解和选择性记忆三层含义。其基本内容是：受众在接收信息时必然会根据个人的需要有所选择、有所侧重，甚至有所曲解，以便使接收的信息同自己固有的价值体系和既定的思维方式尽量地协调一致。选择性接触、选择性理解、选择性记忆就像是保护着受众的三个防卫圈，它们从外到里依次环绕着受众，使得他们能够抵御反面的信息。因此，要使广告的诉求重点能够顺利地为受众所接受，首先要突破他们的选择性接触的防御，要想法引起他们的注意，要根据他们的需求传达他们感兴趣的信息（信息内容）。选择性理解原理则要求广告策划者在进行广告信息的选择时，主动接近受众的理解方式，使受众对广告信息的理解与广告主达成统一（信息形式）。选择性记忆原理则要求广告策划者要更好地选择容易刺激受众产生记忆的广告信息。

3. 两级传播论对广告策划的意义

两级传播，指的是在大众传播的时代，信息总是先由大众媒体传播给舆论领袖，再由舆论领袖扩散给全体公众，由于这一信息流程分为两步，所以叫作两级传播。其理论的关键是舆论领袖。如在某一群体中，总有一些人经常接触媒介发布的广告，对广告信息有深刻印象，容易受到广告的影响，乐于向群体的其他成员传达广告信息，从而影响他们对于产品的态度。广告策划者在确定广告的诉求对象后，虽然不能够找出谁是广告传播中的舆论领袖，但是可以相信：舆论领袖乐于传播的是比较新颖、有趣、有价值的信息，因此，在进行广告诉求重点的决策时要重点突出这方面的信息。

4. 媒介的说服效果原理对广告策划的意义

媒介对受众的说服效果受到传播来源的可信程度、传播方式和传播对象自身的特性的制约。

（1）传播来源对说服力的影响包括传播来源的可信程度、传播来源的知名度、传播来源的动机三个因素。传播来源在受众看来越可信、传播来源的知名度越高、传播来源的动机在受众看来就越没有威胁,传播的说服力就越强,反之则越弱。因此,广告策划者在进行媒介策划时应该充分考虑这些因素对诉求效果的影响。

(2) 传播方式对说服力的影响包括媒介传播的是一面之词还是多面之词、信息传播的顺序、给出结论的方式、采取理性诉求还是感性诉求的诉求方式等因素。一般说来,只传达一个方面的事实或者意见的诉求方式在受众看来比较不可信;在信息传达的顺序上,先得出结论、后进行解释的传播方式,比先传达充分的事实和前提性的原因再得出结论的传播方式的说服力要小;只传达事实,由受众自己得出结论的比既传播事实又传达传播者结论的传播方式的说服力要小;一般的受众更容易接受情感性的诉求,而对于理性的诉求则有比较强的抵触心理。因此,广告策划者在进行广告诉求策略的决策时,要对这些因素给予充分的重视。

(3) 传播对象对说服效果的影响包括传播对象的听从性、对利益遭受损害的恐惧程度、立场的稳定程度、受群体影响的程度等因素。受众对媒介本身和媒介所传播的信息的了解越少,越具有听从性。趋利避害是受众具有的普遍性心理,因此,恐惧性的诉求会收到引起受众特别关注的效果,但是恐惧的信息要适度,轻微的恐惧诉求比强烈的恐惧诉求更有效果。

任务三 广告策划的运作过程

导入案例

"迪奥抗皱美容霜"广告策划过程

为了实现广告主的营销目标,广告商对"迪奥抗皱美容霜"产品进行了系列的广告策划。

第一步,进行周密的市场调查。从调查分析中得到启示:在整个化妆品市场中,以青年女性为广告对象的化妆品特别多,而许多中老年妇女的要求没有得到满足和重视。按照人数、收入、购买欲望和购买能力几方面因素来讲,中老年妇女市场是一个巨大的潜在市场。因此,"迪奥"的广告对象应为中老年妇女。

第二步,根据中老年妇女对化妆品的需求特点,作出了"迪奥"市场定位上的抉择,即以产品的抗皱功效作为与其他同类产品竞争的武器。

第三步,根据对企业、产品与市场环境的分析,确定以树立产品信誉、创名牌为广告目标,而不是单纯推销产品。

第四步,根据广告定位和广告目标决定广告主题和广告表现策略,进行创意构思。针对"迪奥"的广告定位是减皱、抗皱,因而确定广告宣传的主题是"特效、证实",要用实例来证明它的抗皱功效。

第五步,为了实现树立产品信誉、创名牌的广告目标,利用多种媒介,实行全方位"立体交叉型"的广告发布策略。在一个时期内,集中电视、广播、报刊、展览会、专柜橱窗和各种公共关系活动,做全方位的、辐射性的广告宣传。

通过广告策划,有效地开展广告宣传活动,"迪奥抗皱美容霜"一举成为"拳头”产品，驰名全球。

（资料来源：张田树.创业管理8堂课[M].北京：金城出版社，2003.）

案例思考

分析“迪奥抗皱美容霜”广告策划的过程，谈谈广告策划如何兼具程序化和创造性。

一、广告策划团队

广告策划体现着策划团队的凝聚力和智慧，策划成果的优劣取决于策划团队的整体素质。提高策划工作的质量就要按照策划人的要求选择策划人员，并根据策划任务进行科学的岗位分工。

（一）广告策划团队的构成

1. 广告策划团队负责人

在中型广告公司中，这一角色通常由公司总监担任，在大型广告公司中，一般由客户部门的主管人员担任。当然也有一些广告公司的策划主管由总经理、副总经理、创作总监等人担任。

广告策划团队负责人的职责包括以下几个方面：

（1）充分理解策划的需求，完成策划目标。

（2）协调各方的关系，推进策划。

（3）充分调动策划人员的积极性，提高策划创意水平。

（4）通过广告提案向客户或相关部门讲述广告策划方案。

2. 客户执行人员

客户执行人员一般由客户部门直接负责此项业务的客户人员担任。客户执行人员负责策划小组与客户的沟通工作，一方面将客户的要求和客户提供的有关信息传达给策划小组，另一方面将策划小组的要求和工作进程传达给广告客户，使二者能够密切配合。

3. 市场调查人员

市场调查人员主要负责策划过程中市场调查活动的组织、执行和市场调查结果的分析，一般由广告公司市场调查部门人员担任。调查人员必须具有调研工作的专业素质，能够对广告策划过程中的市场调查活动进行组织、实施，并且能从专业角度总结分析，对广告策划中的基本策略提出建议。

4. 广告创意、设计和文案撰写人员

一般由广告公司创意部门人员担任。广告创意人员主要负责广告表现策略的决策。设计人员包括广告创意方案设计人员、广告作品制作人员，主要负责广告表现策略的具体细化工作。文案撰写人员专门负责撰写各种广告文稿，包括广告正文、标题、新闻稿，甚至产品说明书等。文案撰写人员应该能够精确地领悟策划小组的集体意图，具有很强的文字表达能力。

5. 媒介人员

媒介人员一般由广告公司媒介部门人员担任，主要为策划小组提供媒介资料，提出媒介分析、媒介选择、媒介购买、媒介执行等方面的意见，在策划方案中对媒介策略的制定发挥主要作用。

6. 公关、会展人员

公关、会展人员主要负责广告业务中的公关活动和会展活动，在策划期间提出公关或会展方面的策略方案，在执行过程监测公关或会展活动的实施。

（二）广告策划人的素质要求

1. 较强的专业能力

（1）具有较系统的广告学或经济学方面的知识。

（2）熟悉广告的特点及社会需求。

（3）具有一定的市场调研经验。

（4）熟知广告策划的业务流程。

2. 乐观健康的心态

（1）有适度的安全感，有自尊心，对自我的成就有价值感。

（2）适度地自我批评，不过分夸耀自己，也不过分苛责自己。

（3）理智、现实、客观，能容忍生活中的挫折和打击，无过度的幻想。

（4）能保持人格的完整与和谐，个人的价值观能适应社会的标准。

（5）具有从经验中学习的能力，能顺应环境的需要而改变自己。

（6）有良好的人际关系，有爱人的能力和感受被爱的能力。

（7）在不违背社会标准的前提下，保持个性，既不过分阿谀，也不桀骜不驯，有个人独立的意见，有判断是非的标准。

3. 事业心、精力和观察力

广告策划人应具备坚强的意志力和能够排除重重困难的决心，具有强烈的事业心和责任感。没有坚定的意志，没有过人的精力和毅力，没有对广告事业的忠诚，就很难应对工作中的各种挑战和压力。

观察是人们有计划、有目的、有步骤地搜集信息的过程。广告策划人应当具有敏锐的观察力，能敏锐地捕捉日常生活中的一些有趣、有意义的细节，并将其同创意相联系；广告策划人应当对各类新的知识、技术和科学信息保有强烈的好奇心，对新事物拥有自己独特的感受力与判断力，应当始终走在时尚的前列。

（三）广告团队与个人协作

广告策划的主体是广告策划团队而非广告策划者个人，广告策划本质上是一种团队而非个人的运作，广告策划的效果必须由广告策划的团队运作来保证。

广告策划涉及从市场分析到战略规划到制订具体的广告计划、广告预算的众多环节，工作量之大是个人所无法完成的；广告策划需要市场营销、消费行为、传播媒介等多方面的知识，这些知识也是个人所不能全面、深入地掌握的；广告策划又涉及众多头绪，即使个人具有应付大量工作的能力和完善的知识结构，也难免出现疏漏。广告策划的这些特点都要求广告策划运作由多人的协作来完成。

但是，广告策划的多人协作并不是人员数量的简单叠加，而应该根据广告策划的不同内容和环节的需要，寻求策划人员在知识、技能、经验等方面的最佳组合。各方面的专业人员充分发挥专业特长，专门负责本领域的工作，彼此互相协作、互为补充，这样组成的广告策划小组才是具有比较高的专业水平的广告策划团队。

在实际运作中，广告策划的团队运作体现在以下几个方面：通过小组研讨获得成员间认识上的一致，从而为同一个目的进行作业；通过合理的组织达到成员间的密切配合，以保证运作环节前后衔接；通过意见的磋商获得多元化的思路，以互相启发、互相促进；通过集体的力量完成广告策划工作。

二、广告策划的工作流程

（一）广告策划的程序

1. 前期准备

前期准备工作是保证广告策划各环节能顺利展开的前提条件，具有非常重要的地位和作用。前期准备主要包括以下步骤和内容：

（1）与广告主接触，就广告策划事宜达成初步意向。

（2）与广告主就广告策划进行具体商谈，明确广告主关于广告运动（活动）的意图。

（3）签订委托协议。

（4）广告公司内部进行人员调配的准备。

（5）广告公司人员初步熟悉市场和广告主的基本情况。

（6）广告公司初步收集有关市场、产品和广告主的资料。

（7）广告公司内部成立广告策划小组。

2. 市场调研

市场调研是广告策划的基础。在现代企业活动中，市场瞬息万变，面对复杂的市场环境，企业要想盈利，就必须不断调整自己的经营策略和管理方法，使企业活动与内部、外部环境保持最佳状态。广告策划的市场调研是指对竞争对手、目标消费者以及广告主自身进行深入研究和分析。在市场调研的基础上进行 SWOT 分析，深入洞察广告主的优势和劣势以及市场的机会和威胁，才能制定准确的广告策略。

市场调研有严谨的方法和程序，可以为广告策划的制定提供科学依据，使广告传播做到有的放矢。只有传播目标很清晰，传播方向很准确，广告传播的价值与效用才能得到科学的体现。

3. 广告战略的制定

广告战略作为一定时期企业广告活动的指导思想和总体构思，是具有全局性的决策，是为实现总目标或根本利益而制定的行动纲领。经过 SWOT 分析，即确定要争取哪一些需求，把哪一些人作为受众，如何设定产品在市场中的地位，注意宣传要点和表达上应留意的地方和展开广告时应留意的问题，并决定广告的目的和目标。

4. 广告策略的制定

广告策略是实现广告战略目标所采取的手段和方法。广告策略的主要内容包括目标市场策略、产品定位策略、诉求策略、表现策略、媒介策略，以及与促销策略和公关策略的配合等，从而构成广告策略体系。广告策略的形成往往是在市场调研的基础上进行创造性思考和提炼得来的，是科学和艺术碰撞的结果。

5. 广告计划的制订

制订广告计划包括以下工作：

（1）制订具体的广告计划，包括确定广告目标，明确广告时间和广告范围，根据广告策略进行广告创意和表现，制定广告媒介策略，以及落实广告终端与活动的配合，如公共关系活动、促销活动、事件营销活动，等等。

（2）制定广告预算。根据广告计划确定广告费用的预算。

（3）研讨并确定广告效果预测和监测的方法。为保证广告效果，确定对广告效果进行事前预测和事后监测与反馈的方法。

6. 策划书的形成

经过市场调研、广告战略、广告策略、广告计划等工作后，广告在策划阶段的工作基本就完成了。广告策划书是广告策划者根据广告策划的结果撰写，并提供给广告客户审核、修改和认可，为广告运动（活动）提供策略指导和具体实施计划的一种应用性文件。广告主可以通过策划书了解和检查广告策划运作的结果，并根据广告策划书判定广告公司的广告策略和广告计划是否符合自己的要求。经过认可的广告策划书是广告策略和广告计划的依据，为后期广告表现、广告制作、广告发布提供指导。

7. 实施与评估

（1）广告实施。按照策划书，组织人员进行创作设计、媒体发布以及规划实施中的细节。广告策略要实现由理论观念变为现实行动，就必须有具体的实施策略。

（2）广告效果评估总结。在广告策划以及实施的过程中，要及时地进行信息反馈，经常对广告效果进行科学、准确的分析，以调整广告整体策划。在整个广告策划运作完毕后，按照既定的目标对广告活动结果加以评估，并对整个工作予以总结。

（二）广告策划的工作流程

1. 成立广告策划小组

广告策划小组成员包括客户执行人员、策划人员、设计人员、文案人员，有时还包括市场调查人员、媒介人员及公共关系人员等。

请广告主派相关人员向客户主管或策划总监及广告策划小组主要人员深入介绍自身品牌情况、产品特性、市场状况、营销现状与策略、竞争对手等情况，并提供相关资料，协助策划小组迅速进入状态。

2. 策划小组进行内部研讨

（1）设定问题与目标。任何一个广告策划案的产生，无不是针对组织的某个问题或是针对某个特定的目标。因此，广告策划的第一个必要程序就是设定问题与目标。清楚而准确地设定目标，是整个策划活动能解决某个问题、取得某种效果的必要前提，也是评价策划案、评估实施结果的基本依据。

（2）广告策划环境分析。这包括广告策划中市场分析阶段的全部内容，如环境分析、市场分析、竞争范畴的界定和分析、消费人群分析、提出营销建议等。分析性研讨的重点是对广告策划环境进行分析，而环境分析是确立目标后的又一个策划的必要程序。广告策划环境分析就相当于设立约束条件，包括资源约束、组织约束、法律约束等各种环境约束。在广告策划之前，预先对策划环境进行细致的分析，找出各种可能的约束条件，是拟订实际可行策划方案的前提条件。

（3）斟酌课题、创意与构想。在广告策划环境分析之后，紧接着就进入策划的核心阶段，即产生构想的阶段。广告策划人首先要围绕目标与问题，结合环境因素而确定策划的大致方向。确定大体方向之后，广告策划人就要找到解决问题、达到目标的关键所在，并逐步确立大致的抽象性概念。最后将这一抽象性概念附着于某个实体上，这样，广告策划的核心——构想就初具轮廓了。之后，构想在广告策划人头脑中进一步清晰，进一步成形，并最终发展成为一个完整的创意。

3. 制订工作计划

制订工作计划是广告策划构想的细化过程。在大致确定了该做什么、该怎样做之后，下一步的工作就是确定何时、何地干什么，需要何人、何组织的协助与监督，需要准备何种设备、物资，具体预算是多少等等。这些都属于制订具体计划的内容。

一项广告策划的具体计划和日程安排越详尽，预算越准确，就越具有可行性，从而越具有说服力。

4. 编写广告策划书

编写广告策划书是指将广告策划的内容以文本的形式表达出来，是对策划结果进行整理和检验。编写完成的广告策划书由广告公司的客户主管、策划总监或其他资深人员进行审核及修改。

一份好的广告策划书不但要具有丰富、翔实的内容，能够完全表达策划人的意图，而且要具有生动的、吸引人的表现方式，这样才能使提案获得通过。能否制作一份完整的、有说服力的广告策划书，也是广告策划人策划能力的重要表现之一。

5. 广告策略提案与确定

广告策略为整体广告运动的核心，是广告表现和传播发布的基础，只有当它经过客户与广告公司的一致认定后，后期的工作才能顺利进行。将广告策划书提交给客户审核后，广告策划者同时要对重点问题进行必要的解释和说明，听取客户意见，与客户就广告策略的内容和结果达成一致，形成广告策略提案并加以确认。

6. 广告表现阶段

广告公司根据策略和不同阶段的要求进行创意表现和发展。核心创意通常要通过召开多次创意会才能生成和确定，之后广告公司根据核心创意，设计、制作出包括电视、报纸、杂志、广播、POP 等在内的一系列广告作品，经广告公司客户主管、策划总监、创意总监等审核后，发布阶段性广告作品提案。

7. 广告计划实施及效果分析

在广告实施的过程中，要及时地进行信息反馈，经常对广告效果进行必要的监控和分析，以使广告策划紧贴市场。广告效果分析，可在广告实施中，也可在广告实施后进行，既有阶段性，又有连续性。

知识链接

广告策划的程式化和创造性

无论从广告策划的内容还是从广告策划的运作程序来看，广告策划都呈现出一种鲜明的程式化的特性：广告策划涉及哪些内容基本上有一定的范围；广告策划书记述广告策划的结果，也有从先到后大致固定的格式；广告公司进行广告策划的运作，也是按照一定的程序进行的。广告策划的内容要点是固定的，但它们并不会妨碍广告策划者发现新的市场契机、拟订与众不同的广告策略、进行富有创意的广告表现；广告策划书的格式是固定的，但是并不会妨碍广告策划者在其中使用新颖的、有说服力的提案技巧和具有创新性的行文风格；广告策划运作的程序是固定的，但是也并不会妨碍负责每一环节的广告策划人员在实际运作中充分发挥创造性。

因此，广告策划的程式不但不会限制广告策划者创造性的发挥，恰恰相反，它保证广告策划方向的正确、内容的完善、运作的规范，正是为了使广告策划者在一种科学、规范、合理的程序中更好地发挥创造性。

项目小结

广告是广告主以付费的方式，通过各种媒介对其商品或劳务进行宣传，借以向用户和消费者有计划地传递信息，影响人们对所广告的商品或劳务的态度进而诱发其行动，最终使广告主得到利益的活动。任何一种广告活动，都必须有广告主体、广告信息、广告对象和广告媒介四个基本要素。

广告策划是现代商品经济的必然产物，是广告活动科学化、规范化的标志之一。广告策划是根据广告主的营销战略和策略，在市场调查的基础上，制订出与产品、市场、消费者、竞争者状况和广告环境相适应的广告活动规划方案，并将方案付诸实施，从而为广告主的整体经营活动提供全面服务的过程。

广告策划是对广告的整体战略和策略的运筹规划，是对广告决策、广告计划，以及实施广告决策、检验广告决策的全过程作预先的考虑与设想。广告策划不是具体的广告业务，而是广告决策的形成过程。在广告策划过程中，要遵循真实性、创新性、有效性、针对性、心理性和合规性原则。广告策划内容涵盖了广告活动的全部领域，要对广告活动的整个过程进行全面规划，它包括市场分析、广告定位、广告战略策划、广告策略制定、广告媒介策划、广告效果测定等。在广告活动中企业可以根据自身的营销战略的需要，对这些内容进行事先设计规划，选择不同的广告策划类型，突出不同的广告策划重点，使广告活动有条不紊地顺利展开。

项目综合训练

★ 话题讨论

1. 美国全国电台电视广播公司协会会长哈罗德·费洛斯雷在20世纪50年代后期就预言，假如广告突然停止，那将使美国2 700家电台和400家电视台关闭，许多报纸和杂志社倒闭，还有许多将缩小规模，价格上涨，失业人数大幅度增加，许多人会争取进入制造业和运输业，证券交易所也将会倒闭。由于停止广告活动而给美国带来的冲击力，其摧毁美国的速度比1 000颗原子弹或氢弹还要快。

你是如何理解哈罗德·费洛斯雷这段话的？假如没有广告你会联想到些什么？

2. 谈谈你对"广告是一种有策略的信息传播"这句话的理解。

3. 怎样理解广告策划观念的引入使广告公司的服务与广告主的营销活动达到了空前的统一？

4. 遵循广告策划的程序对广告策划文本的科学性和可操作性有何现实意义？

★ 复习思考题

1. 怎样理解广告策划的含义？
2. 简述广告策划的原则。
3. 开展广告策划的程序是什么？
4. 怎样理解传播学原理对广告策划的启发意义？
5. 简述广告策划的程序。
6. 简述广告策划人员的素质要求。

★ 案例分析

中国民族资本家的广告智慧

中国民族资本家在百年来的广告宣传中，注重探索适合中国国情的广告宣传形式，创造了许多生动的广告宣传术和成功的广告策划经验。概括其广告策划的智慧是：真、新、奇、趣、巧。

真

李康年办中国国货实业公司，所售产品"414"毛巾的宣传广告上只是写了"柔软耐用，拔萃超群"八个字，连"美观大方"都不写。李康年认为，广告必须实事求是，切忌夸大，宣传超过实际就成为虚伪的欺骗，会产生相反的效果，败坏企业信誉。讲真话，不虚饰，顾客反而感到可信，销量就会增长。杭州胡庆余堂药店，每年入伏头一天，就让药工烧煮大量药茶摆放在店堂，免费供应杭州市民。这些药茶清凉解暑，预防夏令疾病，真工实料。市民纷纷前来饮用，饮后觉得很有疗效，于是慕名纷至沓来，使药店声名远扬。

新

上海正德药房，1941年先在《申报》《新闻报》上刊登精心设计的"康福麦乳精”广告,并以“备有样品,先试后买”“电话通知,送货上门”来号召,生意很兴隆。为了扩大影响,他们又制作了一套十一张从不同角度宣传这种产品优点的广告,每张广告主题突出:“早晨一杯,神清气爽;午后一杯,补身充饥;临睡一杯,安神酣畅。”此广告系列很能诱发消费者的购买欲望。哈尔滨同记商场的报刊广告也与众不同。1927 年新同记大楼落成开业前,他们在《哈尔滨时报》广告栏突然刊出一个特大的“新”字,使读者莫名其妙,产生悬念和求知欲,然后隔二、三日后登“同”字、“记”字,再隔几日后又登“商场”二字,直到商场开业当天,才完整登出“新同记商场开业”的通栏广告,读者恍然大悟,留下深刻印象。

奇

旧中国,新式产业不发达,一般民众对机器制造过程不甚了解。为了抓住人们的好奇心,上海永安百货公司在推销润肤肥皂时,专门举办商品制造操作表演。他们在商场大厅安装新式制皂机器,陈列并表演制造过程。人们闻讯,来者踊跃,商场终日观者川流不息,而且商场凭当日购货发票向顾客赠送所制样品,既提高了企业声誉,又促进了销售,收到一箭双雕的功效。

趣

挂红灯笼是中华民族喜庆的传统文化形式。宁波朱大有南货店,专门购置了200 盏竹灯笼,灯笼上印有“朱大有”店名,免费赠送给远路顾客作照明之用。每到夜晚,红灯点点,朱大有的店名随着顾客手中的灯笼而四处流传。天津元隆布店的灯笼广告更富有母爱的情趣。春节元宵打灯笼往往是儿童的天然乐趣,为孩子提供一盏小灯笼又常是母亲的心愿。元隆布店抓住这种母爱心理,专门制作了随货赠送的红绫小灯笼,绘有“恭贺新禧”的金字和“元隆布店敬赠”字样,企业因之在春节前后大发利市。上海梁新记牙刷店,请人特制了一幅漫画广告,画面上一柄大牙刷,牙刷柄上站着一个大孩子,正用尽力气拔一根牙刷毛,画名就是“一毛不拔”,把这个贬义的俗语和过硬的牙刷质量结合起来,寓意深刻,令人叫绝。

巧

上海永安公司的“猜对得奖”广告宣传就极为巧妙。他们在商店门前大橱窗里,陈列豆子一瓶,顾客凭购物发票,每达到一定金额便可猜一次瓶内豆子的数量,到一定时期开奖,谁猜的数目符合或接近瓶内豆子数,即可得奖。上海中国钟厂的“歪钟广告”也是很好的一例。他们在上海最繁华的街头将一只“三五牌”时钟折去一块钟壳外板,歪斜悬挂,使人们清晰地看到钟摆有力的摆动,又在旁边写一首顺口溜:“挂歪挂歪,虽歪不停;倒拨顺拨,一拨就准。”使人们观之一目了然,听之朗朗上口,一时传诵沪上。

(资料来源:闫洪深.现代广告策划[M].北京:高等教育出版社,2007.)

问题:

(1) 通过阅读上述案例五个部分的内容,分析广告策划者真、新、奇、趣、巧的策划智慧是如何体现的?

(2) 结合案例内容,谈谈有哪些方面是现代广告策划可以借鉴的?

★ 模拟训练

【模拟任务】广告主题辩论赛策划。

【模拟目的】培养学生策划能力、逻辑思维能力和语言表达能力。

【模拟内容】

（1）成立策划小组，结合辩论赛特点，认真讨论确定策划内容。

（2）完成辩论赛活动策划方案，形成策划书。

（3）实施辩论赛活动策划，精心组织一场班级辩论对抗赛。

【模拟要求】

（1）辩论赛活动策划由班委组织牵头，成立策划小组，完成活动策划与组织。

（2）教师给出与广告主题相关的辩论选题。

选题一：广告在生活中的利与弊

选题二：影视剧中是否可以植入广告

选题三：提升销售是否是广告营销效果的唯一评价标准

选题四：是否应该禁播垃圾食品广告

……

（3）学生根据辩题，按照正方四人、反方四人自由组建辩论小组，并收集辩论素材。

（4）现场辩论流程：立论阶段→驳立论阶段→质辩环节→自由辩论→总结陈词。

（5）辩论活动的主持人、评分规则等由策划小组确定。

（6）由教师评价、小组自我评价、组间互评等形式共同评价模拟训练的完成情况。

学生自我评价

通过学习项目一，我能够做如下总结：

一、【相关知识】部分总结

1. 领悟的知识要点：____

____

2. 对指导实践的意义：______________________________________

____

二、【项目综合训练】部分总结

1. “话题讨论”和“复习思考题”训练总结：

（1）明确的主要问题：______________________________________

____

（2）提高的主要认识：______________________________

____

2.“案例分析”训练总结：

（1）案例分析的思路：______________________________

____

（2）案例分析的自我评价：____________________________

____

3.“模拟训练”活动实践总结：

（可以从实践活动的要素、思路、方法、团队协作、完成质量和自我能力提升等方面进行总结）

____

____

____

____

____

项目二 广告调查分析

项目思维导图

- 广告调查分析
  - 学习建议
    - 学习目标
    - 学习指导
  - 广告调查概述
    - 导入案例——奥格威谈广告调查创造的18个奇迹
    - 广告调查的作用
    - 广告调查的内容和程序
    - 广告调查问卷和广告调查报告
    - 广告调查分析方法
  - 消费者调查分析
    - 导入案例——Z世代群体的新式消费观
    - 消费者调查概述
    - 消费者调查分析的内容
  - 广告产品调查分析
    - 导入案例——以口味带动品牌："统一"泡椒牛肉面的诞生
    - 产品调查分析的意义
    - 产品调查分析的内容
    - 产品调查分析的实施
  - 竞争者调查分析
    - 导入案例——竞争对手广告分析工具Keywordspy
    - 识别竞争者
    - 竞争者调查分析的内容
    - 竞争者的广告分析
  - 项目小结
  - 项目综合训练
  - 学生自我评价

学习目标

■ **知识目标**

掌握广告调查的含义；

掌握广告调查的内容和步骤；

了解广告调查分析对广告策划的重要性；

了解广告调查定性分析及定量分析的区别及运用。

■ **能力目标**

能够根据广告调查的内容，对消费者、产品、竞争者等进行调查与分析；

能够编写调查计划书，结合广告策划项目设计调查问卷，实施调查活动；

能够运用计算机进行广告调查分析和基本的统计分析，撰写调查报告。

■ **素质目标**

培养学生尊重客观规律、遵循科学、实事求是的工作态度，以及良好的书面表达能力和团队协作能力。

学习指导

■ 本项目主要介绍广告调查的程序、方法和调查的基本内容，并对广告调查所涉及的要点分别进行针对性地阐述和分析。

■ 本项目作为广告策划过程的起始阶段，作为广告策划运作的基础，涉及的实际问题比较多，学习中要注意理论联系实际，提高分析问题和解决问题的能力。

■ 明确各任务的相关知识要点。学习要循序渐进，注意学习方法，做到明确概念，理解内容，联系实际，活学活用。

■ 各任务中所涉及的"案例""知识链接"等是核心内容的拓展和补充。

■ 开发思维，开拓创新，按要求完成"项目综合训练"。

任务一 广告调查概述

导入案例 **奥格威谈广告调查创造的18个奇迹**

在奥美早期，我最大的乐趣是兼任调研总监和创意总监。星期五下午，我为创意总监撰写调查报告，星期一早晨变换角色，阅读自己写的报告并决定着手做点什么——如果有什么需要的话。过了一段时间，我已经有能力付钱聘请一位更出色的研究者——斯坦利·坎特为我提供帮助。斯坦利只用十天时间就让我从调查部门的事务中脱身。这就是我反复说的，要提拔那些能力比自己强的人。

这是广告调查可以为你创造的18个奇迹：

(1) 能够评估企业在消费者、资产分析师、政府官员、新闻编辑和学院团体人士心目中的地位和声望。

(2) 通过运用数学方法，调查研究可以评估新产品的销量及利润达到最大所需的广告开支数额。

(3) 调查可以在新产品还只是一个概念的时候就获得消费者的反应。

(4) 一旦产品准备上市，调查能说明消费者通过比较他们正在消费的产品，会给新产品打几分。假如消费者认为新产品档次不高，请将情况反馈给研发部门的人员。

(5) 调查说明大多数消费者最喜欢什么样的配方、口味、香味和颜色。

(6) 调查能发现几种销量最好的包装设计和规格。如果你从事包装设计，那么需要了解人们能否打开你做的包装盒。

(7) 调查能帮助你决定产品最有利的定位。

(8) 调查可以限定目标市场，是男性或女性、青年或老年、富人或穷人，以及其教育程度、生活方式和媒体习惯。

(9) 调查可以发现影响购买决策的最重要的因素，以及消费者在谈论产品时最常使用的词汇。

(10) 调查能决定什么样的“产品延伸”可以达到最好的销售效果。

(11) 当有迹象表明消费者对某个成熟产品的兴趣已经不如从前时，调查能进行预警。

(12) 通过“检阅”竞争者的试销市场，调查可以为你节约时间和金钱，甚至还可以调查对手的产品成本和利润空间。如果你知道到哪里寻找，那么任何信息都不会漏网。

(13) 调查可以判断哪种承诺最具说服力。

(14) 调查可以显示哪种赠品效果最好。

(15) 调查可以告诉我们广告是否传达了希望被传播的信息。

(16) 调查还可以说明哪个电视广告促销作用最好。

(17) 调查可以显示阅读和记住广告的人数。

(18) 调查可以平息争端。

（资料来源：奥格威.奥格威谈广告[M].曾晶，译.北京：机械工业出版社，2003.）

一、广告调查的作用

（一）市场营销调查与广告调查

根据美国市场营销协会的定义，市场营销调查是运用科学的方法，有目的、系统地搜集、记录和整理有关市场营销的信息和资料，分析市场情况，识别和定义营销问题与机遇，制定、完善和评估市场营销活动，监测营销绩效，帮助营销人员制定有效的市场营销决策。

广告运动中的市场调查又称广告调查，广告调查是市场营销调查的一个分支。如果说市场营销调查提供的是营销决策所需的信息，那么，广告调查提供的就是广告决策所需的信息。广告调查是利用有关市场调查的方式和方法，对影响广告活动的有关因素的状况及其发展进行调查研究的活动，是指围绕广告活动所进行的一切调查活动。其目的是通过科学的方法获得信息,并对所获得的信息进行分析和整理,为开展科学的广告活动提供依据。

广告调查与市场调查既有区别又有联系。广告调查是市场调查的组成部分,是市场调查的典型化和纵深化。广告调查具备市场调查的一般特点,但其又具有自身特点。企业在实际操作时,要充分利用市场调查已获得的资料,吸收市场调查已取得的成果,在此基础上延续和深入开展广告调查作业。

(二) 广告调查的作用

1. 广告调查为开展广告策划,确定广告目标提供依据

任何广告宣传要成功有效,首先必须进行整个广告活动的战略策划,确定正确的广告目标,制订符合实际情况的广告计划。为了使广告战略策划及计划建立在可靠的基础上,往往要从广告的市场调查和传播调查着手,并根据对所收集信息的分析、判断,才能制定正确的广告策划和广告目标,编制好广告计划,使之能符合实际情况,为广告活动的成功奠定基础。

2. 广告调查为广告创意和设计奠定基础

广告的创意和设计是一种艺术创作活动,艺术效果的成功与否取决于创作素材、表现方式以及它的接受者。高水准的、有效的广告作品往往具有明确的主题,新颖的创意,丰富的材料,高超的艺术手法,要做到这些,就需要对广告素材进行认真的选择,对受众的心理和接受能力进行充分的了解。通过广告调查,可以在广告素材的收集、受众的心理和文化背景分析等方面,为广告创意和设计提供丰富的资料。

3. 广告调查为提高广告传播效果创造条件

广告作为一种传播行为,不仅要求传播面广,而且更要能引起受众的注意,加深受众的印象。任何企业都不可能把大量的资金投入广告活动而不问其效果如何,恰恰相反,诸如广告媒体及广告代理选择是否合理,投入的广告费创造了多少利润,销售量和销售收入增加了多少等问题,是任何企业都必须加以考虑的。因此,应当通过广告调查,事先预测广告效果,判断是否能达到预期的目的,检测广告中的产品在目标市场占有的份额和广大消费者所知晓或偏爱的程度,以及是否能起到诱导购买的效果等,及时掌握有关信息,找出原因,采取对策,以便更好地开展广告活动,增强广告传播的效果。

总而言之,广告调查是现代广告的重要标志,是广告活动获得成功与发展的前提。做好广告调查工作,对于实施广告策划,运用广告策略,确定广告目标,制订具体实施的广告计划,都具有极为重要的作用。

二、广告调查的内容和程序

(一) 广告调查的内容

一般来说,广告调查的内容极为复杂,范围极为宽广,从不同的角度出发,会对广告调查的内容和范围有不同的理解。但是,如果我们只从广告运作的规律考虑的话,广告调查的内容和范围还是基本确定的,主要有以下几项内容。

1. 文化环境的调查

调查文化环境主要是为了了解广告产品所处环境的文化特征、文化禁忌等,使

广告及广告产品能够与社会文化相融合，而不至于发生严重的冲突；或者能够使广告及广告产品在扩展其市场空间时，避免与新开拓的活动环境的文化规则相冲突。

2. 消费者调查

所谓消费者调查是对与广告产品有关的各种消费者购买行为的调查，具体包括消费者生理因素、心理因素和个性因素的调查。

3. 产品调查

产品调查是指对预定的广告产品的调查，以了解其是否适销、符合市场的要求和消费者的习惯。产品调查具体包括产品本土附属性的调查和产品竞争结构的调查。

4. 市场竞争调查

在市场竞争性调查中，要重点查明市场竞争的结构和变化趋势、主要竞争对手的情况以及企业产品竞争成功的可能性，在广告创业的竞争性调查中还要了解广告市场竞争的状况、各种广告手段与效果分析，以及提出新广告策划的可能思路，通过这种调查性分析找到最有希望的产品销售突破口和最佳的广告创意。

5. 广告企业经营情况调查

广告企业经营情况调查是指对广告的历史现状、规模及行业特点、行业竞争能力等情况的调查。其目的是为广告策划和创意提供依据，从而有效地实施广告策略，强化广告诉求。

6. 媒介调查

在广告运作中，媒介投放的费用所占比例最大。广告主希望能获得广告费用投放的收益最大化。因此，广告媒介调查成为广告传播调查中所占比重较大的调查项目。其调查内容主要包括：媒介的特点、媒介效能、经营情况、覆盖面、收费标准、媒介对象、媒介用途、媒介可获性和媒介效果等。

7. 广告效果调查

广告效果调查分事前调查和事后调查。事前调查又称为广告试查，是指在广告实施前对广告的目标对象进行小范围的抽样调查，了解消费者对该广告的反应，以此来改进广告策划及广告表现，提高随后的广告效果。事后调查是指在广告实施之后的一段时间里，对于广告的目标对象所进行的较大规模和较广泛范围的调查。

广告效果调查必须以严格的定量化指标为结果和表现形式，所有的定性的内容都必须基于严格的量化参数。这就要求在广告效果的调查活动中，采用科学化的手段与方法，去进行各个调查环节的工作，以达到广告效果测定结果的可信性与有效性。

（二）广告调查的程序

广告调查的程序是指广告调查从开始准备到结束全过程工作的先后次序和具体步骤。由于广告调查的范围与内容十分广泛，对象与形式多种多样，目的与要求又各不相同，所以所需程序也各有繁简，一般可以分为以下几个阶段。

1. 确定调查选题

围绕广告活动的目的，确定调查选题，明确调查的目的，即调查是为了获取哪些资讯,是为了了解和解决哪些问题,指出在调查过程中所要重点关注的方面。围绕研究目的,进一步确定研究对象及研究范畴。针对广告调查的目的,拟定合适的调查选题,为下一步工作的进行奠定基础。

2. 制订调查方案

调查方案的制订通常在进一步明确调查目的和调查重点后进行。调查方案应包括采用的调查方法、调查步骤,调查人员的安排及分工协作,调查工作的进度以及调查费用的预算等。要确定以下内容:在调查方法上,是采用文献法、观察法、实验法还是问卷法。详细到具体的调查手段,是入户访问、电话访问还是其他。在资料的分析上,是采取定量分析还是定性分析等。对不同的调查对象及调查内容,适合的调查方法是不一样的。

3. 收集资料和实施调查方案

调查人员根据调查方案规定的时间、地点及方法展开调查,进行资料收集,不仅要收集第二手资料,还要收集第一手资料。进入实施阶段,需要对大量的人力、物力进行协调及管理,这时会面临很多现实问题,需要在执行中逐一解决,排除干扰。因此,在这个阶段的组织、控制和监督、指导工作尤为重要。调查实施的质量取决于调查人员的素质、责任心和组织管理的科学性。调查实施阶段是整个调查过程中最关键的阶段,对调查工作能否准确、及时、完整及经济地完成有着直接影响。

4. 整理分析资料

调查实施阶段结束后,调研人员开始对所获取的资料进行汇总、整理及分析。首先是对资料的鉴别和整理,剔除无效资料,保证资料的真实性、准确性和完整性,然后对鉴别后的资料进行汇总与分组,使之简化、系统化和条理化,便于下一步的统计分析。其次是对资料的分析,借助一定的数学模型,采用统计技术,如一元回归分析、多元回归分析、因素分析、判断分析等方法,对资料进行多变数分析,探求影响市场营销的各种因素和变化趋势,得出相应的广告调查结论,作为企业营销和广告活动开展的依据。

5. 撰写调查报告

调查报告是调查活动的最后成果,广告调查报告的格式一般由标题、目录、概述、正文、结论与建议、附件等几部分组成。撰写调查报告力求客观真实、明确具体、重点突出,并遵循调查报告写作的基本格式。

知识链接

surveycoolTM 调查系统

国内在线调查行业的领军企业数字 100 市场研究公司,面向全国推出了 surveycoolTM 在线调查软件便捷版。surveycoolTM 调查系统是国际领先的企业级在线调查平台,也是国内首个拥有自主知识产权的专业调查系统。该系统以国际领先的技术进行技术研发,融汇专业调研的全流程、自主设计问卷模板及强大的数据库支持,系统安全、稳定,具有良好的可移植性、拓展性等特点,成为业界著名市场调研必备工具。利用 surveycoolTM 自助调查平台(www.surveycool.com)，企业可以进行自主创建账号、设置密码、设计问卷、测试问卷、发送问卷、回收问卷、统一分析问卷等全流程调研管理。界面友好、操作简单、全程透明化，极大地提升了企业调研效率，让企业实时洞察商业变幻，营销之旅步步为“赢”。该系统目前已经拥有超千家的企业用户，其中一百多家为世界知名企业，且已在中国工商银行、中国建设银行、中国平安保险集团、华为集团、北京市政府等近五十家知名企业及政府机构实现了成功应用。surveycoolTM 在线调查流程自助调查服务以企业自己操作为主，主要通过调查系统的标准化、专业化设计，引导企业进行专业调查，操作简单，节约时间，大大提升了效率。

三、广告调查问卷和广告调查报告

（一）广告调查问卷的设计

问卷，即通常人们熟知的采访目录或资料表，是包含了一系列问题，用来收获与研究目标有关的信息的访问工具。

1. 问卷设计的步骤

问卷是用于收集第一手资料最普遍的工具。问卷设计的具体步骤分为：

(1) 把握调查的目的和内容，决定问卷的框架。

(2) 搜集与调查内容有关的资料，决定问卷的内容。

(3) 进行个别访问，确定问卷的形式（开放式、封闭式）及问题的顺序（先简后难，先公开后隐私）。

(4) 确定所提问题的类型（单选法、多选法、排序法、尺度法、评分法、成对比较法等）。

(5) 拟定问卷初稿。

(6) 进行广告调查。

(7) 合议，定稿。

2. 问卷的结构

(1) 问卷的标题。问卷的标题是对调查主题的概况说明，使被调查者对要回答哪些方面的问题有一个大致的了解。问卷标题要简明扼要，点明调查对象或调查目的，而不要只是简单地写上“广告调查问卷”之类比较简单笼统的词语，这样的标题容易使回答者感到疑惑而拒绝回答。

(2) 封面信。封面信是给被调查者的一封短信，一般在问卷的开头部分，字数不宜过长。先写清调查单位的地址、电话号码、邮政编码、联系人姓名等。其次，要说明大致的调查内容和进行这项调查的目的和意义。最后，还要说明对调查对象选取的准则和调查结果保密的措施。在结尾，还要真诚地感谢被调查者的合作和帮助。

(3) 指导语。指导语即用来指导被调查者填写问卷的一组说明。指导语的形式有两种。一种是写在封面信之后，另一种形式是分别放在某些较复杂的问题后。

(4) 调查内容。调查内容是问卷的主体，调查项目的多少由调查目的和经费所决定，每个项目包括问题与答案两部分。从形式上分，可分为开放式问题和封闭式问题;从内容上分,可分为有关个人背景资料的问题、行为问题和态度问题及知识问题。

(5) 被调查者基本情况。被调查者的一些基本情况,包括个人性别、年龄、职业、文化程度等,一般可以放在问卷的末尾部分。

(6) 调查过程记录。在问卷的最后,要求注明调查员的姓名、调查的时间等事项,以利于对问卷的质量检查控制。

(二) 广告调查报告

广告调查过程的最后阶段就是编写调查报告。调查报告是广告调查工作的成果,也是企业开展广告活动的依据。

1. 广告调查报告的结构

在开始撰写调查报告之前,调查人员对报告的结构和体例要有一个清楚的概念。广告调查报告作为一种特殊的应用文,其结构总的特点是开门见山,准确简练。

(1) 报告题目。报告题目应简明准确地表达报告的主要内容,一般是通过简明扼要地突出本次广告调查全过程中最为特色的环节,来揭示本次调查所要论述的内容。

(2) 目录。当调查报告的页码较多时,应使用目录或索引形式列出主要纲目及其页码,编排在报告题目的后面。目录和索引不必过分详细,一般只列出各部分的标题名称及其页码即可。

(3) 摘要。摘要对于一份调查报告来说是极其重要的,应该用清楚而概括的语言,扼要地说明调研的主要结果。详细的论证资料只要在正文中加以阐述即可。

(4) 引言。调查报告的引言通常包括研究背景和研究目的两部分。在引言中要说明调查项目的由来或委托进行该项调查的原因,阐述调查的背景资料等。

(5) 正文。正文应依据调查的内容充分展开,主要包括四个部分。

第一部分是对调查方案的执行成果进行评价,特别是对关于调查对象选择,问题的设计与依据,收集资料方式及调查时间、调查范围等调查方法给予评价。

第二部分是指出分析问题的角度或出发点,包括对一些测评方式的解释和测量误差的估计。

第三部分是提炼分析的结论性意见。

第四部分是提出建议对策。

(6) 附录。广告调查报告结尾要有附录,用来专门说明某个技术性问题,作为正文报告的补充或更为详细的主题性说明。它主要包括:对调查问卷的设计、抽样调查的有关细节等的补充说明;原始资料的来源、调查获得的原始数据图表等。

2. 撰写调查报告的基本要求

(1) 调查报告的语言要简洁,要有说服力,词汇尽量非专业化。因为阅读报告的人可能并不完全懂调查人员所熟悉的技术资料,也不一定有耐心阅读烦琐、生涩的报告。所以,要考虑读者的观点、阅历,尽量使报告适合读者阅读。

(2) 报告必须用严谨的结构,简洁的体裁将调查过程中各个阶段搜集的有关资料组织在一起,并准确而全面地总结和反映出调查研究的结果。

四、广告调查分析方法

任何调查得到的资讯，都必须经过科学的分析与研究，得出科学的结论和预测，才有可能成为广告策划与决策的依据。调查是分析研究的基础，但如果没有科学的分析与研究，调查也只会是一堆资料和数据的堆砌，没有任何意义与用途。定量分析与定性分析，是调查研究中通常使用的两种基本分析方法。

（一）定量分析

定量分析是对一定数量、有代表性的样本，进行封闭式的问卷访问后，对调查的数据进行录入、整理、分析，并撰写报告的方法。定量分析以数学和统计的方法为主，通过对大量抽样和样本结果的数理统计，对问题做出客观的判断，故又称为数理统计法或客观判断法。

（二）定性分析

定性分析通常是以小样本为基础的无结构式的、探索性的一种调查研究方法，目的是对问题进行定位或对某一调查对象提供比较深层的理解和认识。在寻求处理某一问题的途径时，定性分析常使用假设的方法或确定研究中应该包括的变量，有时候，调研项目仅仅包含定性研究和二手资料收集分析两个部分。

（三）定量分析与定性分析的关系

定性分析与定量分析是相互补充的。定量分析是依据统计数据，建立数学模型，并用数学模型计算出分析对象的各项指标及其数值的一种方法。定性分析则是主要凭分析者的直觉、经验，凭分析对象过去和现在的延续状况及最新的信息资料，对分析对象的性质、特点、发展变化规律做出判断的一种方法。定性分析是定量分析的基本前提，没有定性的定量是一种盲目的、毫无价值的定量。定量分析使定性分析更加科学、准确。相比较而言，定量分析更加科学，但需要较高深的数学知识，而定性分析虽然较为粗糙，但在数据资料不够充分或分析者数学基础较为薄弱时比较适用，更适合于一般的投资者与经济工作者。

但是必须指出，虽然这两种分析方法对掌握数学知识的要求有高有低，但并不能就此把定性分析与定量分析截然划分开来。事实上，现代定性分析方法同样要采用数学工具进行计算，而定量分析则必须建立在定性预测基础上，二者相辅相成，定性是定量的依据，定量是定性的具体化，只有将二者结合起来灵活运用才能取得最佳效果。

任务二　消费者调查分析

导入案例

Z世代群体的新式消费观

从她经济到银发经济，从单身经济到宅经济，再到从萌宠经济到Z世代经济，消费市场屡建新词，这再一次印证了消费精细化的趋势。

年轻的消费群体以95后、00后为代表，又称“Z世代”。有研究发现，截至2020年，美国Z世代人数占美国消费者人数的40%以上，他们每年的购买力预估为440亿美元。中国Z世代人口多达2.64亿，约占全国人口总数的19%，这群年轻人从小就被移动互联网和社交媒体环绕，是真正意义上的“互联网原住民”，他们有着独特而个性鲜明的身份标签。

Z世代的成长环境大多局限于学校和家庭之间，他们从父母那里获得了更多的经济支持的同时，由于缺乏兄弟姐妹的陪伴也更容易感到孤独，更愿意在社交圈内寻找共同的兴趣和话题，寻找志同道合的朋友。大部分Z世代是在电子和移动互联网时代长大的，他们从小就接触平板电脑、智能手机等科技产品。在Z世代成长的过程中，先后迎来了互联网和社交媒体的辉煌时刻，B站、抖音、快手、微信、微博等迅速崛起。Z世代热衷于在这些互联网平台上进行社交，收集信息，观看视频，建立多元兴趣圈，分享自己的生活状态，就此触发了几个大层面的兴趣流行。

国潮文化：传统文化成为一种时尚新潮，对于千禧年前“长大”的人来说，这大约是一件不可想象的事。随着国家的文化、价值、经济悄然兴起，令国民自信的“国潮”文化，让充满叛逆的Z世代欣然臣服。淘宝新国风品牌“收割”一票粉丝，B站中国风的爱好者近90%来自95后，国潮文化渐渐成为年轻人的精神图腾。

二次元文化：Z世代不仅仅影响着二次元的游戏、动漫的内容，而且Z世代的渗透性也是最为突出的。与现实世界相比，二次元的世界相对单纯简单，搞笑、励志题材的动漫作品能带给用户很多治愈和温暖。

社会责任感：娱乐至上并不是Z世代的主旋律，据微播易数据统计发现，Z世代对就业、创业、城市发展、文化传承等内容同样关注，所以近年来我们能看到，地区新闻、政务信息、环保责任、法律学习等内容频登热搜。更多专业内容、价值性内容得到认可，也基于以上的大方向，Z世代的小众圈层如饭圈、手账圈、COS圈、汉服圈、电竞圈人群基数也在日渐增长，更多属于Z世代的语言、文化、价值开始流行开来，衍生的经济价值也日益规模化、体系化。

案例思考

如何融合进Z世代的兴趣圈，开展有效的广告策划？

一、消费者调查概述

（一）消费者市场特点

消费者市场的研究对象主要是消费者，如消费者为何购买、何时何处购买、如何购买等。为了更好地研究上述问题，有必要对消费者市场特性进行分析。一般来讲，消费者市场有如下特点。

1. 购买者多而分散

每个人、每个家庭都是消费者，相对于产业市场，消费者市场购买者人数众多，而且由于消费者所处的地理位置不同，闲暇时间不一致，造成购买地点和时间的分散性。

2. 少量购买，多次重复购买

消费者购买多是以个人和家庭为购买和消费单位的，由于受到消费人数、需求数量、购买力、储藏空间、商品保质期等诸多因素的影响，消费者为了保证自身的消费需要，往往每次购买的数量小且重复购买。

3. 购买的差异性大

因受年龄、性别、职业、收入、文化程度、民族、宗教、消费习惯等方面的影响，消费者的消费需求有很大的差异性，对商品的要求也各不相同，而且随着社会经济的发展，消费者的消费习惯、消费观念、消费心理也在不断发生变化，从而导致消费者购买差异性大。

4. 大多属于非专家购买

绝大多数消费者在购买商品时缺乏相应的专业知识，尤其是对某些技术性较强、操作比较复杂的商品来说，更是如此。

5. 需求具有可诱导性

消费者需求的形成在很大程度上与外界的刺激有直接的关系。由于绝大多数消费者在购买商品时缺乏必要的商品知识，多属非专家购买，因此，他们很难鉴别、判断各种商品的品质、价值等。消费者很容易受广告宣传、商品包装以及其他促销方式的影响，从而产生购买冲动，经常是感性消费。

6. 购买的周期性

从消费者对商品的需求来看，有些商品消费者需要常年购买、均衡消费，如食品、副食品、牛奶、蔬菜等生活必需品；有些商品消费者需要季节性购买或在节日购买，如一些时令服装、节日消费品；有些商品消费者需要等商品的使用价值基本消耗完毕才重新购买，如家用电器等。由此可见，消费者购买有一定的规律可循，从而使消费者市场呈现一定的周期性。

7. 购买的时代特征

消费者购买不仅受到消费者内在因素的影响和制约，还常常受到时代精神、社会风俗习惯的影响，从而使人们对消费购买产生一些新的需求。如上海的 APEC 会议举办以后，唐装成为时代的风尚标而流行起来，这显示出消费者购买的时代特征。

8. 购买的发展性

消费者购买需求是在不断变化的，随着社会的发展和人们消费水平、生活质量的提高，消费需求也在不断向前推进。过去只要能买到商品就行了，现在要追求名牌；过去不敢问津的高档商品，如汽车等，现在消费者众多；过去自己承担的劳务，现在由专业的劳务从业人员承担等。这种新的需求不断产生，而且是永无止境的，从而使消费者购买具有发展性特点。

（二）消费者调查对广告策划的意义

“人们在一杯饮料中放几块冰？一般来说，人们都不知道，可是可口可乐公司知道。”这是美国作者约翰·科恩在谈到美国公司重视对消费者情况的基本调查时说的一段话。尽管在一杯饮料中投放几块冰，对消费者来说，是微不足道的小事，但是对企业广告公司来说却是一件极为重要的大事。由于可口可乐公司调查研究了人们在一杯饮料中加入几块冰的数据，该公司便掌握了美国餐厅饮料及冰块的需要量，可见对消费者群体进行调查研究，对企业来说是多么重要。

具体来说，消费者调查对广告策划的意义有以下几点。

(1) 满足消费者的需求，是广告活动的出发点和归宿。

(2) 消费者调查是广告调查的重要内容，通过对消费者调查分析来研究消费者的物质需求、购买方式、购买决策，为确定广告目标和广告策略提供依据。

(3) 消费者购买行为是受外部环境和广告活动的影响的，消费者有权对产品、品牌、经销商、购买时机和数量做出选择，消费者购买行为分析为广告主的经营决策提供了依据。

(4) 对消费者的调查首先要从消费者市场的特点出发，进一步分析消费者心理活动过程，把握消费者心理活动的规律性。只有这样，才能做到有的放矢地进行广告引导。

二、消费者调查分析的内容

(一) 消费者基本情况的调查

消费者基本情况的调查包括对消费者的年龄、性别、职业、受教育程度、婚姻状况、家庭情况、收入水平和生活方式等一些基本情况的调查。消费者的基本情况与购买行为有很大的关联，对这些基本情况的掌握是消费者调查分析的首要内容，对广告活动有着很强的指导意义。

1. 年龄与性别

年龄与性别是消费者最为基本的个人因素，具有较大的共性特征。如追求时髦的大都是年轻人，因为年轻人热情奔放，喜欢接触新事物；老年人一般比较稳健，不会轻易冲动，相对也比较保守。男女之间在购买内容和方式上的差异也特别明显。例如，购买大件耐用消费品及技术含量较高的商品的往往是男士，而购买家庭日用消费品的则多数是女士。只有了解不同年龄层次和不同性别消费者的购买特征，才能针对不同的商品和顾客制订出准确的广告方案。

2. 受教育程度

受教育程度不同的人往往在价值观、审美等方面会存在较大的差异，而这种差异必然会在消费行为上表现出来。比如，接受过较高程度文化教育的人群用于精神生活消费的支出往往要高于文化层次较低的人群；新产品往往更容易被文化层次较高的人群首先接受，因为通常人们接受新事物的倾向与其知识成正比，受教育水平越高，对产品的相关信息了解越多，早期尝试的可能性也越大。

3. 职业

职业实际上体现了一个人所扮演的社会角色。人的社会性，决定了扮演不同社会角色的人会形成不同的消费特征。比如，公司经理和普通工人在消费行为上就会有明显的不同，这是因为社会对不同职业所扮演的社会角色的要求不同，这样消费习惯的差异就逐渐形成了。

4. 家庭情况

家庭是社会最基本的组织细胞，也是最典型的消费单位，同时也是对消费者行为产生影响的最重要的群体。家庭对购买行为的影响主要取决于家庭结构、家庭生命周期以及家庭的购买决策方式等几个方面。

（1）家庭结构。家庭结构对消费行为的影响具体表现在这样几个方面：一是家庭人口构成的具体影响。人口越多，消费数量就会增加。人口多，在做购买决策时，信息来源就广泛，决策相对复杂。人口多，在收入既定的情况下，消费的水平会下降。二是家庭年龄构成的具体影响。比如家庭中未成年子女多，就意味着收入来源有限，但养育子女的各项开支较多，这些都会影响到家庭的消费支出结构。三是家庭教育构成的具体影响。在其他条件既定的情况下，家庭成员受教育程度，在一定程度上，决定着他们的消费理念和决策水平，尤其是在消费观念上是会产生较大影响。

（2）家庭生命周期。家庭生命周期一般可以分为未婚期、新婚期、满巢期、空巢期、孤独期。在家庭生命周期不同阶段，家庭消费的重点是不一样的，因而购买决策也是不同的。比如满巢期的家庭，会关注婴幼儿食品、玩具、教育、旅游等领域的消费。空巢期的家庭会更多关注旅游、奢侈品、医疗养生等领域的消费。

5. 收入水平

（1）绝对收入的变化。消费者工资收入的变化、财产价值的变化（如意外的赠予、遗产、彩票中奖或意外的财产损失等）会引起绝对收入的增多或减少。此外，政府税收政策的变化等因素也会导致消费者绝对收入的变化。消费者绝对收入发生变化后，在通常情况下，在商品或服务的消费数量、质量、结构和消费方式等方面都会有所体现。

（2）相对收入的变化。消费者自己的绝对收入没有发生任何变化，但由于其他人绝对收入变化而导致自身消费行为发生变化。消费示范效应的作用会影响消费者自己的消费行为。

（3）预期收入的变化。消费者对未来收入情况的变化做出一定的预期，如果预期未来收入可以稳定地增长，就可能增加现期的消费支出，甚至敢于信贷消费；如果预期未来的收入不稳定或预期未来的收入可能会减少，就可能减少现期消费而增加储蓄。

6. 生活方式

人们如何生活，往往由人们过去的经历、固有的个性特征和现在的情境所决定。生活方式几乎影响消费行为的所有方面。人们所追求的生活方式决定了其对商品或服务的欲望和需求，为购买提供基本的动机和指南。人的个性对于人们的生活方式和消费方式会有很大影响，或者说人的个性往往是通过其生活方式和消费方式而表现出来的。所以，广告主可以通过对消费者生活方式的调查来了解目标市场消费者的主要个性特征。

（二）消费行为和消费动机的调查

消费者消费行为是指消费者为满足其个人或家庭生活而发生的购买商品的决策过程。消费行为是复杂的，其消费行为的产生是受到其内在因素和外在因素的交互影响的。通过对消费者行为及消费动机的研究，掌握其消费行为的规律，从而制定有效的广告策略，实现企业的广告目标。

1. 消费者购买行为的类型

（1）复杂型购买行为。复杂型购买行为是指对于不常购买的贵重物品，由于其品牌差异大，购买风险大，消费者需要有一个学习过程，要在广泛了解产品的性能、特点，从而对产品产生某种看法后，再决定购买的消费者购买行为类型。

（2）协调型购买行为。协调型购买行为是指对于那些品牌差异不大的产品，消费者一般要比较、看货，只要价格公道、购买方便、机会合适，消费者就会决定购买；购买之后，消费者也许会感到某些不协调或不够满意，在使用过程中，会了解更多情况，并寻求种种理由来减轻、化解这种不协调，以证明自己的购买决定是正确的消费者购买行为类型。

（3）变换型购买行为。变换型购买行为是指对于品牌差异明显的产品，消费者不愿花长时间来选择和评估，而是不断变换所购买的产品的品牌的消费者购买行为类型。

（4）习惯型购买行为。习惯型购买行为指对于价格低廉、经常购买、品牌差异小的产品，消费者不需要花时间选择，也不需要经过收集信息、评价产品特点等复杂过程的最简单的消费者购买行为类型。

2. 消费者心理活动过程

（1）知晓阶段。消费者个人发现自己真实需要的产品的存在。在这个阶段，一个真实的、能够满足消费者需要的产品是关键。厂商在做广告宣传时，要真诚地向消费者传播真实有效的商品信息，以引起消费者的注意。

（2）了解阶段。消费者个人开始了解产品的效用。消费者购买商品的目的是使用，以满足自己的需要，为此，他要切实了解产品的效用。在这个阶段，销售人员要熟练地向消费者演示产品的使用过程，耐心地向消费者介绍产品对消费者的实际效用。产品的效用是吸引消费者的核心因素。

（3）喜欢阶段。消费者个人对产品产生良好印象。要使产品在消费者心目中有一个良好的印象，产品的外形、性能、效用等必须引起消费者足够的重视，最起码与别的产品相比，它具有独特的、引人注目的地方，使人心存喜欢。

（4）偏好阶段。消费者个人对产品的良好印象已扩大到其他方面。这是一个“爱屋及乌”的心理变化过程，是由前面的消费者对产品的知晓、了解、喜欢而产生的，也是对销售人员前阶段的热情、真诚的表现所产生的一种肯定态度。

（5）确信阶段。消费者由于对产品或销售人员有了“偏好”这个基础进而产生购买愿望，他认为购买是明智的选择，并且不断地强化这个观念。

（6）购买阶段。消费者把自己的购买态度转变为实际的购买行动，而且始终坚持他自己所选择的产品。

上述六个阶段，消费者从最初接触厂商的某个产品直至转变为购买行为的过程是一个完整的思维活动过程。每个阶段的实际效果取决于消费者的三种基本心理状态：认识（Cognition），即消费者个人对产品的认识思维；感情（Heart），即消费者个人对产品或销售产品的人员的情绪偏向；意愿（Desire），即消费者个人在了解产品的效用后所产生的购买动机。我们把 Cognition、Heart、Desire 称为消费者购买的心理密码，简称为 CHD。

3. 消费者购买决策过程

消费者的购买决策是在心理机制驱动下，按照一定程序发生的心理与行为活动过程。这一过程包括若干前后相连的程序或阶段，如图 2-1 所示。

认知需求 → 寻找解决方案 → 评价比较方案 → 择优决定 → 购后评价

图 2-1　消费者的购买决策基本程序

（1）认知需求。认知需求即消费者受到某种刺激而对客观事物产生欲望和需求。这种刺激一方面来自消费者内部的生理和心理缺乏状态，如饥饿产生进食的需要，口渴产生饮水的需要，寒冷产生穿衣的需要；另一方面来自外部环境的刺激，如食物香气扑鼻，商品包装赏心悦目，广告的宣传诱导，时尚领先者的示范效应等。内、外部刺激共同作用的结果，也可引发消费者的某种需要，这一过程即认知需求阶段。

（2）寻找解决方案。在认知需求的基础上，消费者受满足需要的动机驱使，开始寻找各种解决问题的方案。消费者在购买目标已经确定的前提下，开始围绕目标广泛收集相关信息，以便寻找到满足其消费需要的最佳的目标对象。常用的方法有翻阅报纸杂志上的信息，收看电视广告，去商店观察实物，直接向厂家询问，向同事朋友咨询，上网查找商品信息等。

（3）评价比较方案。在收集到足够的商品信息后，消费者要根据个人的经济实力、兴趣爱好及商品的效用满足程度，对购物客体进行认真的分析、评价，对比它们的优缺点，淘汰某些不满意或不信任的商品类型和品牌，然后对所筛选出来的若干种商品进行价格、质量和售后服务的比较推敲，以便挑选出最佳性价比和最大满意度的商品。

（4）择优决定。当消费者对掌握的商品信息进行分析、评价和挑选之后，就进入择优决定阶段。所谓最优方案即所费最少、所得最多，能够最大限度地满足消费者需要的方案。在决定购买时，一般有试购、重复购买和仿效购买三种性质的购买决定行为。

（5）购后评价。消费者购买商品后，往往会通过使用、与他人交换意见，对自己的购买选择进行检验，重新考虑购买这种商品是否明智、是否合算、是否理想等，这就形成购买后的感受。

任务三　广告产品调查分析

导入案例　**以口味带动品牌："统一"泡椒牛肉面的诞生**

自从"康师傅"进入大陆方便面市场以来，康师傅红烧牛肉面一度独领风骚，曾经"康师傅"在西南地区占有66%的市场份额，而"统一"仅占有18%，两者之间的份额差距巨大，这种差距在中价位面上尤为突出，两者的差距已近1∶10。直到

"统一"巧面馆泡椒风暴之后，这样的市场格局才被打破。

统一集团通过详细的市场分析和广告调查活动发现，虽然十几年间方便面的规格、配料与口味都有了巨大的发展与变化，但消费者对方便面品牌的认定仍只是质量可靠、口味好，在这一点上最早进入大陆市场的"康师傅"具有无与伦比的先发优势。凭借大陆方便面创始者的地位，再利用强大的广告攻势，"康师傅"占据易守难攻的品牌制高点。但是，如果产品没有差异化，而仅靠广告传播来创造一个可与"康师傅"抗衡的品牌，这样的想法无异于天方夜谭，因为大陆消费者对方便面品牌的接受完全是建立在产品基础上的。正是因为认识到方便面品牌与产品相辅相成的关系，成都"统一"花费了更大的精力寻找一个能满足西南地区广大消费者需求，但又不会带来过高成本的突破点。

经过对西南地区的消费者调研发现，原来西南消费者对面身的筋斗弹性的关注度相对较低，而对口味要求较高。西南消费者嗜辣、嗜香、嗜红油，并且深为自己的挑剔口味自豪。而"康师傅"为挑剔的西南消费者捧出的依然是全国一致的红烧牛肉面，虽然有着"就是这个味"的品牌宣传支持，仍有部分消费者对红烧牛肉这样的中庸口味提出不满。受到这一点启发，成都"统一"在西南消费者家常菜肴中寻找灵感，最终找到了西南人人熟悉，几乎餐餐不离的泡椒，调制成泡椒风味包加入方便面，使产品卖点更实物化，并特别调制了红油口味。

在为产品定位时，"统一"经过分析认识到中高价位方便面是市场成长点，且实物包带来的价值感将使消费者接受较高的定价，因此建议客户大胆将产品售价提升2角。就这样，泡椒牛肉面产品诞生了。

泡椒牛肉面产品成功之后，"统一"根据地道系列的产品策略陆续推出砂锅香菇鸡、折耳根排骨等新产品，并同时进行新产品的广告宣传。调研显示，经过这几个口味的积累，"统一"的知名度也随着产品的成功而直线上升。就这样，泡椒牛肉面创出了一条以口味带动品牌的品牌经营策略，并引领企业走上了良性发展的道路。

（资料来源：尹彬.广告策划[M].苏州：苏州大学出版社，2012.）

案例思考

请分析统一泡椒牛肉面是如何突围成功的？如何理解产品调查分析与广告策划的关系？

一、产品调查分析的意义

产品调查是广告策划调查的重要内容。广告策划人员在产品调查中的主要工作任务就是根据产品的整体概念，对市场上同类竞争产品类别和质量进行研究分析，并对其产生的市场效应做出客观的评价。产品是一个有机的整体，是向消费者提供一种满意的效用，是以满足消费者的物质需求和心理需求为前提的。

（一）产品整体概念

广告所推销的产品是一个广义的、整体的概念，它不仅要满足购买者对其使用价值的需要，而且要满足消费者心理上的需求欲望。以菲利普·科特勒为首的北美学者倾向于使用五个层次来表述产品整体概念。产品整体概念的五个基本层次的主要内容如下。

1. 核心产品

核心产品是产品向消费者提供的基本效用或利益，即产品的使用价值。消费者购买某种产品，并不是为了占有或获得产品本身，而是为了获得需要的效用和利益。

2. 形式产品

形式产品即核心产品的实现形式。产品的基本效用必须通过某些具体形式才可以实现。如果产品是实体物品，则主要通过产品的质量水平、品牌、商标、包装、外观特色等来实现顾客的购物利益。

3. 期望产品

期望产品指购买者在购买该产品时期望得到的与产品密切相关的一整套属性和条件。即它不仅要满足购买者对其使用价值的需要，而且要满足消费者心理上的需求欲望。

4. 延伸产品

延伸产品是指产品的附加价值，包括安装、保修、售后服务等。

5. 潜在产品

潜在产品指现有产品包括所有附加产品在内的，可能发展成为未来最终产品的潜在状态的产品。

在广告活动中，广告应首先着眼于顾客购买产品所追求的利益，通过广告展示产品的质量水平、品牌、包装等，更好地满足顾客的需求。在未来的市场竞争中，企业仅仅依靠价格竞争、质量竞争是远远不够的，还要注意关注延伸产品、期望产品和潜在产品等方面来吸引消费者。

（二）产品调查分析的意义

广告策划中产品调查与分析的意义表现为：一方面，通过与竞争产品差异的比较，提炼出自身产品的个性特点作为广告主题；另一方面，对“不适销对路”或“心理错位”的产品进行否决。没有好的产品，就不可能满足顾客的需求，也不可能有真实和优秀的广告。万宝路香烟从“淑女”到“牛仔”的变性，湖南红豆食品有限公司从“果蔬型饮料”到“劲王枸杞汁”的被否决都是典型的例子。

二、产品调查分析的内容

产品调查是广告调查的重要内容，只有准确而全面地了解产品信息，才能为企业的营销战略和广告策划提供依据。

（一）产品基本情况调查

通过对产品整体概念的分析可以得出，现代概念的产品是核心产品、形式产品、期望产品、延伸产品、潜在产品的整合，它要求现代广告策划必须围绕上述五个层面对产品进行调查。调查的具体内容包括：

（1）产品的功能——能否满足消费者需要。

（2）产品的质量——能否让消费者放心。

(3) 产品的构造——能否方便消费者使用。

(4) 产品的外观——能否博得消费者的喜爱。

(5) 产品的价格——能否为消费者接受。

(6) 产品的连带服务——能否促使消费者购买和使用后产生良性心理影响。

(二) 产品的生命周期分析

产品生命周期是指产品从进入市场到没落到被淘汰出局的全过程。产品的生命周期一般可以划分为导入期、成长期、成熟期和衰退期四个基本阶段。

对产品生命周期进行分析就是根据产品在市场中的态势判定产品现阶段所处的生命周期,以根据产品的生命周期制定与其相适应的广告策略。分析的主要内容为:产品上市时间的长短,产品知名度的变化,消费者对产品的认知度的变化,产品的市场占有率的变化,企业利润的变化。

知识链接

当广告遇上产品生命周期

1. 导入期:指产品从设计投产直到投入市场进入测试的阶段。

这个时期,产品品种少,顾客对产品是不了解的。除去少数追求新奇的顾客外,几乎不会产生实际购买。企业为了推销产品,会选择投入大量的促销费用,对产品进行宣传推广。广告策略上则会花费更多的精力和金钱,用来提高品牌知名度,将产品推送进大众视野。

(1) 广告目标:必须抓住用户的猎奇心理,好玩和新奇是新产品迅速吸引用户的必备要素。

(2) 广告策略:理性和感性诉求同时启用,着眼于建立独特的品牌个性,并及时回收消费者对新产品形象的反馈,便于后期确定固有的定位。同时,配合高密度的媒体投放,采取一切有力的措施来增加曝光率。

2. 成长期:当产品经过导入期,销售取得成功之后,便进入了成长期。

这个时期,产品通过初期宣传,已获取一定的知名度,购买者也逐渐接受,产品在市场上站住脚并且打开了销路。需求增长阶段的需求量和销售额呈现上升趋势。与此同时,竞争者看到有利可图,纷纷进入市场,力图分一杯羹。

(1) 广告目标:围绕如何进一步提高市场占有率而建立。广告能否对商品进行准确的定位,会影响产品的整个市场生命线的长度。吸引用户很容易,留住用户却很难。在免费至上的互联网时代,产品周期太短,盈利也就无从谈起。想要留住并培养起一批忠实的用户,产品广告的持续创新显得至关重要,无论是体现服务上的完善还是功能上的扩展。

(2) 广告策略:广告内容转向说服消费者采取购买行动上。因为竞争加剧,同时产品的定位也逐渐明确,广告不再是仅仅向消费者提供告知性的知识,而是加紧了品牌形象的塑造,以求得在目标市场中的长久坚固的地位。

3. 成熟期:产品稳定地进入市场销售,经过成长期之后,市场需求趋于饱和。

这个时期,产品拥有稳定的消费者群体,而且消费者的习惯基本上趋于稳定。

所以，广告必须强调产品的区别与利益，提醒消费者持续购买，维持对品牌的忠诚度。

（1）广告目标：广告形式放开条框，获取互动带来的成效。

（2）广告策略：广告向受众介绍产品的新性能、新用途、新个性，宣传新特点的同时能为企业树立进步与领先的形象。还可利用竞争性广告内容劝说竞争者的顾客选择自己。

4. 衰退期：新产品或替代品出现，顾客转向其他产品，于是产品进入衰退期。

这个时期，必须谨慎。从互联网初始，邮箱便应运而生，十几年过去，邮箱早已进入“暮年”，但邮箱已然成了互联网上最基础的产品，有了永久的生命，广告功不可没。

（1）广告目标：或转型或创新。广告在这个阶段会显得无力，用户已经对产品失去了兴趣，所以广告必须呈现新的亮点来吸引用户注意力。

（2）广告策略：定期更新。虽然对于用户来说该产品已经是老生常谈的东西，但时不时跳出来的广告会让用户感到亲切，不至于完全忘了该产品。

（三）产品的品牌形象分析

品牌代表着特定的商品属性以及企业的价值、文化和个性，这是构成品牌的基础。一个好的品牌名称是品牌被消费者认知、接受、满意乃至忠诚的前提。品牌的名称在很大程度上影响着产品的销售，它是品牌的核心要素。在广告调查分析中，应从以下几方面对现有品牌形象进行细致的调查研究。

1. 产品品牌个性分析

产品品牌个性是产品品牌形象的核心内容，有什么样的产品品牌个性就有什么样的产品品牌形象。在产品品牌个性的分析中，要把握以下要点：企业产品的品牌在个性上是否有明显的突破；产品品牌是否突出了个性形成的因素，如企业历史、企业文化、企业理念、产品的厂牌、商标、质量、价格、包装等因素；产品品牌是否包含理性与感性价值的个性内涵。

2. 产品品牌形象与目标对象的关系分析

品牌是属于消费者的，对于消费者而言，品牌是一种虔诚的信仰、一种割舍不断的情缘、一种魂牵梦萦的依赖。消费者购买的不仅仅是产品，还包含一种属于自己的感觉、一种坚定不移的信念、一种植根于他们内心的经典符号。这就是品牌折射出的巨大魅力。分析产品品牌形象与目标对象的关系，就是要分析消费者对产品品牌是否产生了感觉和情感，是否喜欢上了这个品牌，是否从品牌中找到了与自己心理对位的东西。不同的特定人群，有不同的经历、不同的思想、不同的个性，他们对事物的理解和感受有明显的区别。所以，现有的品牌选择和创造是否适合于目标对象是分析的关键内容。

3. 产品品牌形象与消费者认知分析

在分析消费者对产品品牌形象的认知时，一方面要弄清消费者这种期望的准确内涵，另一方面要弄清消费者对既定产品的品牌形象的认知程度。分析的具体内容包括：消费者认为的产品形象是什么，消费者认知的形象与企业设定的形象是否符合，消费者对产品形象的预期如何，产品形象在消费者认知方面有无问题。

（四）产品定位分析

产品定位分析是在上述有关产品分析研究的基础上结合与竞争产品的比较而进行的，主要包括产品的预期定位状况分析、消费者对产品定位的认知分析、产品定位的效果分析等内容。

1. 产品的预期定位状况分析

在产品的预期定位状况分析中，一方面要分析研究企业产品有无明确的定位；另一方面是在预期定位的基础上，要分析研究定位的状况如何，有无不合理之处，特别是与竞争产品比较在定位上有何竞争优势，与消费者需求的关系是否明确等。

2. 消费者对产品定位的认知分析

在消费者对产品定位的认知分析中，要分析研究消费者对产品定位的期望，消费者对现有定位的认识如何，有无困难，以及消费者对产品定位的期望与现有定位之间有无差别等。

3. 产品定位的效果分析

在产品定位的效果分析中，要分析研究产品定位是否达到了预期的效果，是否有利于企业的营销和广告宣传，存在哪些问题，是否需要调整或重新定位等。

三、产品调查分析的实施

（一）如何开展产品调查

1. 了解产品的成分和效果

如果可能，亲自体验一下产品，对它进行深入研究，并对该产品所属的产品类别做尽可能彻底的了解。

2. 面向消费者做调查

询问他们为什么使用或者不使用这种产品。面向消费者的调查可以进行实地调查，听取他们的实地反馈，也可以召集目标人群进行焦点座谈。

3. 向委托企业或公司索取有关资料

如果他们有 800 或者 400 的免费电话，尽量能与他们的一线员工进行深入的交流，拨打电话可以避免员工不愿意当面透露一些信息的顾虑。企业拥有的一些小册子及其他竞争品牌的相关宣传材料，也要尽量搜集。尽量搜集和研究该产品类别内的所有产品的广告材料，积累起自己需要的档案。

4. 访问当地经销商，了解产品及其竞争产品的情况

可尝试从经销商处获取如下信息：购买者的类型、谁是你的大客户、主要竞争品牌的竞争优势和劣势，乃至整个市场的状况。

（二）挖掘产品卖点

20 世纪 50 年代，世界广告业正处于以“产品为中心”的时代，告知性的强行推销广告在广告运动中占据统治地位。到了 60 年代，由于美国的经济进入衰退时期，市场不景气，强制性的广告推销受到消费者的强烈抵制。

面对这种形势，为了改变市场的不景气局面，各个企业以强化差别化策略作为市场竞争的武器，而广告成为产品实施差别化策略的强有力手段。广告如何为产品差别化发挥作用呢？广告界有种种做法和理论学说，其中影响最大、流行最广的

是“Selling Point”（销售重点）的概念。关于“销售重点”，日本电通公司的《广告用语事典》则将之定义为：产品服务的特征、性格、品质之中的可为使用者提供方便和满足感的东西。该事典还称，在广告制作时，寻找和发现针对消费者诉求的“销售重点”至关重要。

在实际操作中，对销售重点的分析要着重解决如下几个问题：

（1）检验广告商品或服务与同一类商品或服务的共同属性。

（2）从各个角度调查和列举其机能和特性。

（3）与竞争产品做比较，注意其共有优势和特征。

（4）体会产品设计中的新思路和新技术。

（5）确定产品所在的生命周期位置。

（6）将其特性与人们生活中发生的效用相联系，归纳在一张纸片上。

上述这个分析方法的好处在于：与竞争对手的产品做比较，发现差异点。然而，在竞争激烈的市场环境里，要发现广告商品与竞争对手商品的差别是相当困难的。在这种场合下，在分析的初始阶段就要注意到商品的辅助因素，诸如品牌、包装、价格等，以及企业规模与社会地位。另外，在考虑商品机能特性的时候，尽量从消费者的角度来观察：列举与消费者能发生直接效用的机能；从直接效用再延伸到更深更宽的层面——消费者的需求；当发现效用不足时，再做商品的利用层面的市场细分。

（三）确定产品的广告概念

随着时代的进步，随着自动化时代、信息化时代到来，社会生产接近饱和，社会趋同于成熟化，企业间技术差距缩小，各企业产品质量同质化程度已经相当高。在这个时候，单纯的产品“销售重点”，比如宣传这种产品的优点已经很难提高销售额。这时，在商品和广告方面如果不考虑商品的概念就很难制作广告。于是了解商品特质，发掘商品的潜在价值，开始成为广告界的关键词。

广告概念指为制造畅销品所想出的与消费者联系起来的商品推销和宣传的好主意。在制造新产品时，如何才能将产品卖出去的主意非常重要，这就是商品理念。这个理念的关键就是要摆脱销售重点所在的视角（产品的视角），转到消费者的视角上来（商品的视角）。广告概念作为市场营销计划和广告表现的出发点，意义相当重要。比如广告创意人员为柯达胶卷创作了“记录生活中美好一刻”的广告概念。这个理念就脱离了简单重复产品优点的局限，而是将产品的使用同消费者的体验和生活经历结合起来，在广告推广过程中有利于展开系列的广告创意。

任务四　竞争者调查分析

导入案例　**竞争对手广告分析工具 Keywordspy**

Keywordspy 是国外开发用来挖掘并追踪关键词的软件。该软件具有以下主要功能：可查找竞争对手及其关键词；系统每日更新警告报告；可通过特殊关键词、搜索引擎和国家进行深度域名跟踪;具有广泛的 PPC Keywords 和自然搜索数据挖掘功能。Keywordspy 的实时统计报告为你描述竞争对手每小时、每天、每周、每月的搜索引擎广告活动表现。

在输入框中,你可以输入想要查询的关键词,比如在这里我们输入 laser cutting machine,选项选 keyword,并选择要查询的目标国家,再点击搜索。可以查看到目前有 12 个网站在投放这个词的广告,还可以查看具体哪些站点投放了这个广告,以及网站点击费用等信息。通过对关键词的分析,我们可以找到竞争更小、性价比更高的竞价关键词。

另外,使用 Keywordspy 还可以查询对手网站的竞价文案。以 alibaba.com 为例,直接输入其网址,下面的选项选择 domain,选择目标国家,点击搜索。从搜索结果中我们可以看到,alibaba.com 这个网站:

一共有投放 19 207 个谷歌广告(Google Ads);

一共购买了 17 777 个谷歌付费关键词(PPC Keywords);

一共有 516 243 个关键词带来了 SEO 自然流量(Organic Keywords);

一共有 87 479 个竞争对手在关键词上和它形成了竞争关系(Competitors)。

如果我们进一步点击 PPC Keywords,查看这个网站购买了哪些谷歌关键词,可以查看到广告的标题、广告语、着陆页、ROI、关键词、搜索量、点击一次费用等等,数据非常详细,这些数据对于我们要创建广告组非常有帮助。

如果我们点击 Organic Keywords,查看这个网站自然排名有哪些关键词。在这个自然排名的关键词列表里,可以查看到关键词排名位置。

如果我们点击 Competitors,还可以查看其他竞争对手的有关情况。

这个工具对于竞争对手的广告分析非常详细,如果你在做广告之前通过这个工具先进行分析,那么这对于你的广告策划,将会非常有帮助。

案例思考

互联网时代给广告调查带来了哪些改变?广告的竞争者调查应该如何展开?

一、识别竞争者

竞争者一般是指那些与本企业提供的产品或服务相似,并且所服务的目标顾客也相似的企业。

虽然竞争者是一种客观存在,但企业通常不能很容易发现自己所有的竞争者。一般来说,企业比较能够直接感受到现实的竞争者的存在,却往往不能够准确地把握哪些企业是潜在的竞争者。

(一)从产品替代观念来识别竞争者

1. 品牌竞争者

企业经常把以相似的价格向相同的顾客提供类似产品与服务的企业视为品牌竞争者。例如,被别克公司视为主要竞争者的是福特、本田、雷诺等中档价格的汽车制造商，但它并不把梅赛德斯汽车看成是自己的竞争对手。品牌竞争者的产品相互之间替代性较高，因而竞争非常激烈，各企业均以培养顾客的品牌忠诚度作为争夺顾客的重要手段。

2. 行业竞争者

企业可把提供同样或同类产品，但规格、型号、款式不同的企业视为行业竞争者。例如，别克公司把所有生产汽车的制造商视为竞争对手；生产中央空调的企业把生产分体式空调的企业视为竞争对手。

3. 形式竞争者

企业可以更广泛地把提供不同产品但满足同类需求，生产具有替代作用产品的企业视为竞争对手。例如，别克公司认为自己不仅与汽车制造商竞争，还在与摩托车、自行车等制造商竞争。

4. 一般竞争者

公司还可进一步把所有争取同一消费者的人都看作竞争者。例如，别克公司认为自己在与所有的经营主要耐用消费品、国外度假、新房产和房屋修理的公司竞争。

（二）从所处的竞争地位来识别竞争者

1. 市场领导者

市场领导者是指在行业中占绝对竞争优势的企业，一般占有最大的市场份额，其营销行为会对市场产生很大的影响。

2. 市场挑战者

市场挑战者是指在行业中的地位仅次于市场领导者的一些企业，它们同样具有较强的竞争优势，有能力向市场领导者发起挑战，争取取代市场领导者的地位。

3. 市场追随者

市场追随者是指一大批在竞争实力上远远不如市场领导者或市场挑战者的企业。它们往往不可能以自己的行为去影响市场的发展趋势，而只能跟随市场竞争力强的企业去开展经营活动。

4. 市场补缺者

市场补缺者是指一些虽然竞争实力不强，但并不追随市场主流趋势，而选择市场上大多数企业所忽略的或不愿意进入的市场为自己的目标市场的企业。市场补缺者往往会因这种市场无强大的竞争压力而获得经营上的成功。

这四种类型的企业实际上又可以分为两个层次：一是强势企业层次，主要由市场领导者和市场挑战者所组成。它们是对市场具有影响和控制能力的企业，所以也可以将这一层次称为“市场控制层”；二是弱势企业层次，主要包括市场追随者和市场补缺者。它们没有和强势企业抗衡的实力，但在策略上却可选择追随强势企业或避开强势企业两种不同的做法。

二、竞争者调查分析的内容

（一）竞争者的营销目标

对市场竞争者营销目标的分析，有助于了解其对企业目前市场地位和财务状况的满意程度，从而可以推断这个竞争对手是否会改变其营销战略，了解其对外部营销环境变化所能做出的反应能力。市场竞争者营销目标分析一般包括以下内容。

1. 竞争对手的经营理念

包括竞争者是否想成为市场领导者、行业的发言人、行业标新立异者、技术领导者，竞争者是否重视产品开发和产品质量，竞争者是否对营销地区有特殊偏好，其经营理念是否已成为全体员工的行为指南，是否存在已成为企业惯例化行为的特定营销战略或职能方针，等等。

2. 竞争对手的组织结构

包括竞争者企业的职能结构是怎样的，这种结构对资源分配、定价和产品换代等关键性决策的责任和权力分配如何，竞争者最高领导层的背景和经历如何，竞争者对企业管理人员的培养要求和激励措施如何，等等。

3. 竞争对手的财务目标

包括竞争者在长期和短期营销业绩之间是如何权衡的，竞争者在利润和收入增长之间是如何权衡的，竞争者在获利能力、市场占有率、销售增长率、风险期望水平等因素之间是如何权衡的，等等。

4. 竞争对手的控制系统

包括竞争者的会计制度如何评估库存、分配成本、计算通货膨胀，竞争者企业各级人员的报酬如何，竞争者股份分布情况是怎样的，竞争者营销业绩评估措施，等等。

（二）竞争者的营销假设

每个企业都会对自己所处的营销环境进行一系列的假设，其中既有对自身情况的假设，也包括对整个行业及行业中某些企业的情况的假设。不管企业的这种假设正确与否，都将成为指导企业的行为方式和其对营销环境变化的反应方式。因此，识别市场竞争者的假设，可以帮助企业恰当地估计竞争对手的行为。市场竞争者营销假设分析一般包括以下内容。

1. 竞争对手对优劣势的看法

包括竞争者在成本、产品质量、技术领先和营销实务等关键方面的表现，以及对本企业相对地位的看法，这些看法正确与否，等等。

2. 竞争对手对市场竞争的看法

包括竞争者对其竞争对手营销目标和营销能力的看法，是否会高估或低估其中的任何一位竞争对手的实力，等等。

3. 竞争对手对市场需求及行业发展趋势的看法

包括竞争者对产品设计、质量、制造地点、销售方法、分销渠道等方面是否会因某些历史原因和感情色彩而迅速扩展营销策略，这种思维方法左右其认识事物的程度如何，竞争者是否会毫无根据地对市场需求缺乏信心而不愿投入更多营销精力，或者因为相反原因而迅速扩展营销策略，竞争者是否容易错误估计某种特定趋势的重要性，如信奉行业的“传统思路”，等等。

（三）竞争者的现行战略

企业的竞争战略可以明显地在其整个营销计划过程中提出，也可能通过企业各个职能部门的活动而含蓄地进行。一般而言，分析市场竞争者现行战略最有效的方法是，把该竞争对手的战略看成是其各个职能部门中主要的、关键的营销策略，并分析其如何使各职能部门间相互联系、相互协调。市场竞争者现行战略分析一般包括以下内容。

1. 竞争对手企业内部实现营销目标的一致性

包括竞争者的营销目标是企业全体成员的共识还是仅是领导层的意愿，竞争者企业各职能部门为实现营销目标所采取的协调措施如何，等等。

2. 竞争对手营销目标和方针与营销环境的适应性

包括竞争者是否存在影响企业对环境看法的严谨的组织准则或法规，竞争企业创始者当初信奉的策略如今是否仍起作用，竞争者是否存在影响企业对事物认识的文化性、地区性或民族上的差异，等等。

3. 竞争对手的特定产品、具体营销策略的业绩

包括竞争者获得成功的历史如何，竞争者曾经在什么情况下遭到失败及为什么失败，等等。

（四）竞争者的营销能力

市场竞争者的营销目标、营销假设和现行战略会影响其对市场竞争做出反应的可能性，同时也决定了这种反应行为的时间选择、性质和强度。市场竞争者的营销能力则决定其在营销活动中出击和反击的实力。相对而言，任何企业都会有一定的优势和劣势，而这种客观存在的强项和弱点，就是企业应付营销环境变化及其实现营销目标的能力。市场竞争者营销能力分析一般包括以下内容。

1. 竞争对手的核心能力

包括竞争者各职能部门的实力如何，竞争者的最佳能力在哪个部门，最薄弱环节在何处，随着企业发展，竞争者具体能力的发展趋势如何，等等。

2. 竞争对手的成长发展能力

包括竞争者是否存在潜在的能力，这种能力发展的潜能在何处，竞争者在人员、技能、营销能力、财政方面能承受的增长速度和幅度如何，等等。

3. 竞争对手的适应变化能力

包括竞争者对成本竞争的适应力如何，竞争者对产品更新换代的适应力如何，竞争者对服务竞争的适应力如何，竞争者对政府行为的适应力如何，等等。

4. 竞争对手的持久耐力和快速反应能力

包括竞争者的资金储备量如何，竞争者管理层的协调统一性如何，竞争者财务目标的中长期水平如何，竞争者的借贷能力如何，竞争者固定设备的利用率如何，竞争者准备推出什么样的新产品，等等。

（五）竞争者的市场反应

每个竞争者对事情的反应各不相同。这主要取决于竞争对手自己的战略意图及所具有的战略能力，竞争对手是否对自己目前的形势满意，以及竞争对手受到威胁的程度。另外还取决于竞争对手的实力和信心，即他是否有足够的信心依靠现有的条件打败对手对其的威胁。具体地说，竞争者的市场反应模式可分为以下5种类型。

1. 从容不迫型

此类反应模式是指某些竞争者对某一特定竞争者的行动没有迅速反应或反应不强烈，而只是坐观其变。可能他们认为某些顾客是忠诚于他们的，也可能是由于他们没有作出反应所需的资金，还可能认为还未到“出击”的时机。遇到这样的竞争者，公司一定要先弄清楚他们“镇定”的原因，以防止他们突然袭击。

2. 全面防守型

这类竞争者对外在的威胁和挑战做出全面反应，确保其现有地位不被侵犯，但这样会使战线拉得过长，若资源不雄厚，会被其他竞争对手拖垮。

3. 选择型

此类反应模式是指竞争者可能只对某些类型的攻击做出反应，而对其他类型的攻击视而不见。例如竞争者会对削价做出积极反应，以防止自己的市场份额减少（目前我国家电市场就是这种情况，各商家对于价格极为敏感，只要有一家削价，其他竞争对手都会不约而同做出反应）。他们可能对对手大幅增加广告费不予理睬，认为这并不能构成实质性威胁。为此，应了解这种类型的竞争者的敏感部位，避免与其发生不必要的正面冲突。

4. 凶猛型

这一类型的公司对其所占据的所有领域发动的任何进攻都会做出迅速强烈的反应。例如，宝洁公司（P&G）决不会允许一种新洗涤剂轻易投放市场。这种类型的公司一般都是实力较强大的公司，占有的市场份额具有绝对优势，否则没有实力对任何外在威胁都采取行动。

5. 随机型

此类反应模式是指竞争者并不表露自己将要采取的行动。这一类型的竞争者在任何特定情况下可能做出也可能不做出反击，而且根本无法预测他会采取什么样的行动。许多小公司都是随机型的竞争者，他们的竞争反应模式是捉摸不定的。

三、竞争者的广告分析

（一）竞争者以往的广告活动的概况

要了解企业和竞争者以往在目标市场开展广告活动的时间安排，开展广告活动的目的是什么，投入费用的多少（主要是了解竞争者目标市场的广告宣传投入费用）；分析竞争者广告的主要内容，代表怎样的含义，有什么独特之处，有什么不足。

（二）竞争者以往广告的目标市场策略

要注意分析竞争者广告活动针对的是怎样的目标市场，目标市场的特性如何，是否是理想的目标市场；市场上是否有足够的市场需求，是否有一定的购买力，企业是否有能力满足目标市场的需求；在被选择的目标市场上，是企业具有竞争优势，还是竞争者具有竞争优势；以往广告的目标市场策略，是否达到广告宣传推广活动的效果，是否通过广告活动提高了产品的销售。

（三）竞争者以往的广告诉求策略

广告诉求是广告说服消费者接受广告宣传的产品或服务的一种说服策略。在对竞争者的广告调查活动中，要求了解企业的广告和竞争者广告的诉求策略，是否有明确的广告诉求对象，其诉求对象是什么，是否采取了合适的诉求原则，是否明确了广告诉求方式。

（四）竞争者以往广告的表现策略

在对竞争者广告进行分析的时候，还要求分析竞争者以往广告的表现策略。广告策划的标题是否具有震撼力，能否吸引消费者的眼球，广告的内容的表现形式是怎样的，是否符合广告媒体的宣传，广告的标题是否简洁易懂，消费者是否接受等。

（五）竞争者以往的广告媒介策略

在对竞争者的广告分析的过程中，要分析自己和竞争者采用的广告媒介策略。也就是说，要分析自己和竞争者在投放广告的时候，是采用什么媒介，并且要调查和分析广告所投放媒介本身的信誉、版面、及时性与持久性、收费标准等；还要调查媒体的发行量、电视台的收视率，更要重视媒体覆盖下的目标受众情况。

（六）广告效果的对比

广告效果调查，是对所开展的广告活动的全部效果的调查。要调查自己的广告与竞争者的广告在传播中会引起消费者的何种反应；比较自己的广告和竞争者的广告对广告意图的表达是否准确到位，表现方式是否具有冲击力和创造性。

通过对自身和竞争者以往广告的调查和分析，总结双方在广告方面的优势和劣势，通过对比，结合自身广告宣传推广活动的基本情况，找出目标市场的薄弱环节和出击方向，为广告策划提供必要的依据。

项目小结

广告调查是利用有关市场调查的方式和方法，对影响广告活动有关因素的状况及其发展进行调查研究的活动，是指围绕广告活动所进行的一切调查活动。其目的是通过科学的方法获得信息，并对所获得的信息进行分析和整理，为开展科学的广告活动提供依据，为制定和评估广告战略、广告及媒介策略而系统地收集和分析信息。

由于广告调查的范围十分广泛，对象与形式多种多样，目的与要求又各不相同，所以所需程序也各有繁简，一般可以分为确定调查选题、制订调查方案、收集资料和实施调查方案、整理分析资料和撰写调查报告几个阶段。调查报告是广告调查工作的成果，也是企业制定广告活动的依据，一份完整的广告调查报告包括题目、目录、摘要、引言、正文、附录六个部分。

广告调查的内容和范围主要有文化环境调查、广告主企业经营情况调查、产品调查、市场竞争调查、消费者调查、媒介调查、广告效果调查等内容。消费者调查包括消费者基本情况调查和消费行为与消费动机调查；产品调查包括产品的基本情况调查、产品生命周期调查、产品品牌形象调查、产品定位调查等；竞争者调查包括调查竞争者的营销目标、营销假设、现行战略、营销能力，以及反应模式等方面的内容。

项目综合训练

★ 话题讨论

1. 有人认为广告调查要花费大量的人力、物力和财力，只有大企业才需要广告调查，而作为小企业就不要广告调查了，你是怎样看待这个问题的？

2. 浏览网页时如遇网站要求你参与一项广告调查，你会参与吗？你会以怎样的态度来对待？

3. 有人认为广告调查的数据普遍存在失真现象，所以，进行广告调查的意义也不是很大，你怎样看待这个问题？

4. 列举出生活中几则你喜欢的广告，谈谈这些广告是怎样突出产品属性、品牌个性和企业文化的？与竞争对手的广告对比有哪些独到之处？分析这些广告是如何影响你消费的。

★ 复习思考题

1. 广告调查对广告策划的作用是什么？
2. 广告调查的方法有哪些？各有什么优缺点？
3. 开展广告调查的程序是什么？
4. 简述消费者调查分析的要点。
5. 在产品生命周期的不同阶段，应分别采取什么样的广告策略？
6. 竞争对手的广告分析包括哪些内容？
7. 撰写调查报告的基本要求有哪些？

★ 案例分析

宝洁与联合利华的广告战略对决

多年来，在宝洁与联合利华的洗发水大战中，无论是品牌影响力还是市场占有率，宝洁都处于优势地位，特别在“蛋糕最大”的去屑洗发水市场，联合利华尚没有一个足以同宝洁的海飞丝相抗衡的强势品牌。明显不对称的局面刺激着联合利华久被压抑的雄心，厉兵秣马之后，2007 年，联合利华调整战术，开始推出其“十年磨一剑”的专业去屑品牌——清扬。

为打赢这场“战争”，联合利华从 2003 到 2006 年暗中组织了超过 200 场的市场调查。通过调研，针对海飞丝“头屑去无踪，秀发更出众”的广告，联合利华最终确定了自身的品牌定位及广告战略。

面对一场不可避免的对决，联合利华将推广小组分成了两派，前一派策划完成了由小 S 代言的清新爽目的广告推广方案，而另一派专门制作了烟幕弹广告。两周时间，产品诉求和传递理念来了个 180 度的大转弯，“声东击西”，令对手猝不及防。此时的海飞丝恰被这招暗度陈仓搅得晕头转向，根本来不及反应。趁着海飞丝“休克”的空隙，2007 年 4 月底，清扬顺势将男性洗发水概念推出。广告片中，清扬以法国技术中心为画面背景，以“男性头皮是不同的”为主题，正式细分出一个

“去男性头皮屑”市场，清扬“男士系列”隆重上市。

面对清扬连环套式的攻击，“上当受骗”的海飞丝再也坐不住了，很快，海飞丝也调整了自己的广告对策，打出了信任牌——“从第一次开始就能有效去屑”。新的诉求不仅正面应对了清扬“男性头皮是不同的”宣传，海飞丝广告结束语上还用上了大大的感叹号，“谁的洗发水能做到？当然海飞丝！”旨在坚定消费者的信心。

到了6月，海飞丝更是请出梁朝伟拍摄新的广告片，借以弥补明星代言和男性洗发水市场的劣势。无论形象还是档次，梁朝伟都有极大的市场号召力，而其成熟、温和、深邃的眼神和优雅的气质，更能体现真正男人的风度。

不过一个月之后，攻防战终究脱离了“出奇招”的阶段，开始进入了正常的广告投放。此战，进攻一方全情投入，战略与手段清晰缜密；防守方滴水不漏，反应迅速。可谓见招拆招，势均力敌。

（资料来源：许开录，郑继军.市场营销学：项目教学版[M].北京：北京大学出版社，2009.）

问题：

（1）通过此案例，分析广告活动与市场营销目标之间的关系。

（2）通过广告调查，联合利华是如何确定清扬的广告定位和广告战略的？

（3）面对清扬的广告攻势，海飞丝是如何进行应对的？

★ 模拟训练

【模拟任务】可口可乐公司与百事可乐公司广告的优劣势调查分析。

【模拟目的】培养学生广告调查与分析的能力。

【模拟内容】

（1）两家公司是如何进行广告投放的，开展广告有什么独特之处。

（2）调查分析双方公司以往广告的目标市场策略。

（3）调查分析双方公司的广告效果达成情况。

（4）调查分析两公司以往的广告诉求有什么独特之处。

（5）调查分析双方广告的宣传推广效果怎样。

（6）分析双方广告的优势和劣势，如果你是一方公司的领导层，应该怎样调整广告策略。

【模拟要求】

（1）将一个班的学生分为两个小组，分别选择支持可口可乐公司或百事可乐公司。

（2）按照模拟内容，开展调查活动，自主搜集两家公司相关的广告资料。

（3）每组指定专人整理调查分析结果，撰写调查报告。

（4）制作汇报 PPT，每组推选一名学生代表进行汇报展示。

（5）由教师评价、小组自我评价、组间互评等形式共同评价模拟训练的完成情况。

学生自我评价

通过学习项目二，我能够做如下总结：

一、【相关知识】部分总结

1. 领悟的知识要点：____

____

2. 对指导实践的意义：____

____

二、【项目综合训练】部分总结

1. "话题讨论"和"复习思考题"训练总结：

（1）明确的主要问题：____

____

（2）提高的主要认识：____

____

2. "案例分析"训练总结：

（1）案例分析的思路：____

____

（2）案例分析的自我评价：____

____

3. "模拟训练"活动实践总结：

（可以从实践活动的要素、思路、方法、团队协作、完成质量和自我能力提升等方面进行总结）

____

____

____

____

____

项目三

广告战略策划

项目思维导图

- 广告战略策划
  - 学习建议
    - 学习目标
    - 学习指导
  - 广告战略策划概述
    - 导入案例——宝洁与联合利华“相爱相杀”的广告战
    - 广告战略的含义及特征
    - 广告战略的类型
    - 广告战略的研究对象
    - 广告战略策划的内容
  - 广告战略与广告策略
    - 导入案例——蒙牛广告短片“奔跑吧，后题”的借势营销
    - 广告战略与广告策略的关系
    - 广告策略的5W1H分析
    - 广告策略的内容
  - 广告战略的制定与评价
    - 导入案例——网易云音乐地铁广告“看见音乐的力量”
    - 广告战略策划的程序
    - 广告战略策划的方法
    - 广告战略的制定
    - 广告战略的评价
  - 项目小结
  - 项目综合训练
  - 学生自我评价

学习目标

知识目标

掌握广告战略的含义及特征；

掌握广告战略的类型；

掌握广告战略策划的程序；

熟悉广告战略与广告策略的关系；

了解广告战略策划的方法。

能力目标

能够根据广告战略的思维方式，正确确定广告战略目标及广告战略内容；

能够根据企业的营销战略制定广告战略，并能运用广告战略评价的标准和方法，对所制定的广告战略作出正确、客观的评价。

素质目标

培养学生广告战略思维，使在专业领域具备创造性学习能力、研究能力。

学习指导

■ 本项目所阐述的广告战略策划是广告活动纲领性、战略性的内容，是展开广告运动的规划，是具体广告策略策划的指导。

■ 学习本项目的内容要站在广告运动全局的高度，审时度势，开阔视野，突破定势思维模式，扩展思维空间。运用联系的观点，发展的观点，以广告策划理论为指导，以广告全面调查为基础，制定切实可行的企业广告实施与发展战略。

■ 开展教学互动、协作学习，多借鉴优秀的广告战略案例，提高学习效果。

■ 学习要循序渐进，注意运用正确的学习方法。要注意“知识链接”的相关内容并结合教学内容有针对性地阅读一些相关资料。在明确概念、理解内容的基础上，按要求完成“项目综合训练”。

任务一 广告战略策划概述

导入案例 **宝洁与联合利华“相爱相杀”的广告战**

作为日化快消行业的两大巨头，宝洁和联合利华陪伴中国消费者多年，品牌家喻户晓，二者的竞争也一直是大家津津乐道的话题之一。宝洁多线发展，产品更加丰富；联合利华作为后起之秀，集中于洗护类产品。经过了多年“厮杀”，宝洁和联合利华也互相从对方身上学习了很多，开放包容的市场环境，也为品牌提供了源源不断的新鲜血液，激发出更多有意思的想法。

一、三端比例:OTT 受青睐

跨屏广告监测产品 AdTracker 显示,宝洁和联合利华在三端的投放比例有很大不同。宝洁在三端的投放量相对均匀,PC 端最多,OTT 端(指通过互联网向用户提供各种应用服务)的关注度有所提升。联合利华依旧将 PC 端作为主场,OTT 端做了少量投入。移动端方面,除视频和门户媒体之外,宝洁更喜欢时尚和新闻类媒体,而联合利华更喜欢生活类媒体。

在投放的媒体类型方面,宝洁和联合利华都把重心放在门户和视频类媒体上,宝洁偏向视频类媒体,联合利华更青睐门户类媒体。除此之外,宝洁的投放选择更多元,时尚、亲子、电商、微博等媒体多线发展,尽可能覆盖更多人群。联合利华相对集中,垂直类媒体也有涉及。

在信息流广告的投放上面,宝洁的投放规模更大,媒体选择更多,在今日头条上的投放量最多,腾讯新闻的占比也较大。联合利华将主力放在网易新闻,在今日头条和新浪微博的投放比例平分秋色。

在投放的趋势上也有很大不同,近年来宝洁每月都会有信息流广告的投入,波动明显;而联合利华是阶段性集中投放广告。

从各行业的投放量来看,宝洁和联合利华都在洗发、护发用品上大手笔下注。宝洁在护肤品行业也着力发展,SK-Ⅱ、OLAY 等品牌声名远播。联合利华更专注于洗护日用品,多芬、清扬、奥妙等成为了朗朗上口的品牌。

二、广告创意:与品牌战略步调一致

产品的广告创意方面也与品牌战略步调一致。宝洁善于发挥名人效应,针对女性消费群体,邀请多位当红流量男明星作为品牌代言人。海飞丝在鹿晗生日之际倾情献出定制蛋糕庆生,并力邀鹿晗做广告导演,留下处女作。强大的应援团也成为品牌拥护者。

护肤品牌 OLAY 围绕“无惧年龄”的理念,携手高圆圆、林志玲、何穗等女神加入话题,引发广大女性的共鸣,在社交媒体上大获好评。而近期推出的新品“OLAY 气泡霜”借势《偶像练习生》人气男神朱正廷等的热度,在 520 发布会现场与粉丝直播互动,吸引了众多年轻少女围观。

联合利华近年来也开始与国内明星合作,不断拓展品牌影响力。清扬的宣发极具代表性,利用产品特性与明星话题巧妙打造宣传语“不聊了,甩头走开”,态度鲜明地迎合了年轻人群的口味。

多芬也延续话题活动的方式,在母亲节为新品洗发水做了别致的推广。与伊能静一同发声“做有态度的妈妈”,话题“我的头发我说了算”积极鼓励妈妈们活出自己,精准定位,抓住了辣妈们爱美的心。而在这之前,多芬沐浴乳就呼吁女性关注肌肤健康,大胆秀出与众不同的自己。

案例思考

比较宝洁与联合利华的广告战略,谈谈各自成功之处。

当你被一则广告吸引的时候，会注意到它背后的秘密吗？其实，每一则成功的广告都包含着非凡的战略思想。广告战略策划是广告策划的核心环节，是决定广告活动成败的关键。一方面，广告战略是企业营销战略在广告活动中的体现；另一方面，广告战略又是广告策划活动的纲领，它对广告策略制定、广告创意表现、广告媒介策划、广告执行等有着统率作用和指导意义。

一、广告战略的含义及特征

（一）广告战略的含义

“战略”本是一个军事术语，《现代汉语词典》将“战略”解释为“指导战争全局的计划和策略”，也泛指重大的、带有全局性和决定性的计谋。当战略运用到广告学中时，我们就称其为“广告战略”。广告战略是企业为实现经营目标而对规划期内的广告活动所制定的指导思想和总体设计，是展开广告运动的长期规划，它规定广告活动的整体走势和运作方向，指导具体的广告策略活动。

广告战略有以下几层含义：

(1) 广告战略强调企业自身条件与外部环境的结合。广告战略策划者不能离开企业自身条件和外部环境（如机会和风险）来制定广告战略，而应建立在条件与环境的可能性的基础上面对未来进行战略谋划。

(2) 广告战略最终由企业最高决策层控制决定。广告战略所反映的是企业整体经营利益的需要，是企业经营战略和营销战略在广告活动中的延伸。在实际运作中，广告策划者提出广告战略建议后，最终拍板决定的是企业最高决策层。

(3) 广告战略具有长远的时间概念。广告战略所要决定的不是一时一地的操作行为和活动内容，而是决定较为长远的发展性的目标和方向。因此，广告战略要在较长时期内对广告活动产生指导作用。这就要求在广告战略策划中要有发展的眼光，制定出符合规律要求的目标和方向。

(4) 广告战略着重于总的、概括性的谋略。广告战略不考虑具有操作性的方式方法问题，而是从整体利益的角度出发把握总的目标和方向，从而引导广告活动的发展。

（二）广告战略的特征

广告战略策划是广告策划中的最高决策行为，引导广告活动的目标和方向，制约广告活动的手段和方法，关系到企业广告活动的成败，进而影响到企业经营的成败。广告战略不是着眼于局部的广告活动、短期的广告行为以及为眼前的利益所做的具体安排，而是具有全局性、长期性、方向性、抗衡性和指导性的谋划。

1. 全局性

作为广告活动纲领性的规划，广告战略事关全局，对于整个广告策划过程都具有全局性的指导作用。一般说来，广告战略的全局性主要体现在两个方面。

(1) 对企业营销战略的兼顾。企业营销战略是企业在经营思想指导下，通过对企业外部环境、内部条件的分析，确定市场营销目标，对企业营销诸要素进行最佳组合，并制定出实现这些目标的长期的、系统的、全局的谋划。广告战略的制定必须服从于企业营销战略。

（2）对广告活动全局的统筹。广告战略作为对广告活动的整体规划和总体设计，本身就是一项系统工程。它统率广告指导思想、广告重点、广告目标和广告策略等广告活动的全部环节。因而，广告战略的决策必须着眼于广告活动全部环节。

2. 长期性

广告战略谋求的是企业的长远利益，而不是着眼于短期的广告效益。因此，广告战略的着眼点不是当前，而是未来。广告战略是在市场调查的基础上经过分析研究制定的，对整个广告活动的各个环节具有牵一发而动全身的统筹作用，在一定时期内具有相对的稳定性。当然，随着各种条件和环境的变化，广告战略应具有随机应变的适应性。但在一般情况下，没有非常充分的理由和迫不得已的原因，不应随意改变广告战略。

3. 方向性

广告战略从战略高度出发，立足点不是研究广告活动中的具体工作，而是研究具有方向性、指导性的谋略。广告战略目标是广告战略的核心内容。广告战略的决策和实施都是为了达到广告战略目标。因而，广告战略的制定应该围绕广告战略目标这一中心。

4. 抗衡性

广告活动是商品经济的产物，商品经济的显著特征之一就是竞争。作为市场竞争产物的广告活动，在广告战略的制定中，要充分研究竞争对手的战略方针，考虑到企业之间、产品之间、市场营销等方面的竞争因素，谋求竞争的差异化，不仅要着力宣传自己，而且要盯住竞争对手的广告宣传意图，并制定符合实际的抗衡对策。

5. 指导性

广告战略是谋求解决整个广告活动的指导思想，而不是对广告策划的实施作出具体安排，更不是对每一项广告宣传的经济效果作出简单的预测。从竞争的角度看，广告战略的策划使企业的广告宣传有了一个长远的基本方向和奋斗目标，提高了企业营销组合的应变能力和适应能力，使广告宣传的步调一致。同时指导性的广告战略统一了广告人员的思想和行动，调动了他们的积极性、主动性和创造性。

二、广告战略的类型

（一）按所面向的市场划分

按广告所面向的市场范围划分，广告战略可以分为面向总体市场的广告战略和面向细分市场的广告战略。

1. 面向总体市场的广告战略

面向总体市场的广告战略，以整体市场为目标市场，仅推出一种产品，使用一种市场广告战略。其关键是在较大的市场中占有较大的份额。它是为了配合企业无差别营销战略而制定的，将总体市场看成同质性的，向市场中的所有消费者推销产品。

2. 面向细分市场的广告战略

面向细分市场的广告战略是将广告力量集中对准细分市场中的特定市场，争取在较小的细分市场中占有较大的份额。面向细分市场的广告战略通常是为了配合差别营销战略或集中性营销战略而制定的。

（二）按广告内容划分

按广告的内容划分，广告战略可以分为企业形象广告战略和产品广告战略。

1. 企业形象广告战略

企业形象广告是为了提高企业知名度，树立企业形象，宣传企业信誉而制作的广告。一般说来，企业广告战略的重点不是直接宣传其产品，而是通过对企业的规模、业绩、历史、经济实力、精神面貌等特点的介绍，增强消费者对企业的好感和信任，在消费者心目中树立企业的良好形象，从而对产品的销售起到间接的推动作用。

2. 产品广告战略

产品广告是以推销产品为目的，向消费者提供产品信息，劝说消费者购买其产品的广告。一般说来，产品广告战略的重点是宣传该产品独有的特点，以及给消费者带来的独特利益。如产品创新，宣传产品立于时代潮流；产品独特，宣传产品的奇异功效；产品价低，宣传产品的价廉物美；等等。总之，根据产品自身的特点，制定相应的广告战略。

（三）按广告期限长短划分

按广告期限的长短划分，广告战略可以分为长期广告战略、中期广告战略和短期广告战略。

1. 长期广告战略

长期广告是指为期两年以上所实施的广告。长期广告战略是指对广告内容所作的为期两年以上的广告宣传活动的谋划。一般说来，长期广告战略不但要开拓市场、打开销路，而且还要打造产品较高的知名度，树立企业形象。因而，长期广告战略要注重全局性、系统性和深远性，要强调广告目标的一致性与连贯性。

2. 中期广告战略

中期广告也称年度广告，是指为期一年所实施的广告。中期广告战略是指对广告内容所作的为期一年的广告宣传活动的谋划。一般说来，中期广告战略通常应用于时间性、季节性不强的产品。一方面，中期广告战略要注重产品的实际销售效果，同时也应兼顾品牌的知名度。

3. 短期广告战略

短期广告是指一年内按季度、月份或临时所实施的广告。短期广告战略是指在有限的市场上，较短的时期内为推销某一具体产品所进行的广告谋划。一般说来，短期广告战略适用于新产品或时令性较强的产品，在投入市场之际，采取突击性的广告攻势，便于在短时间内集中优势，迅速造成声势，以迅速达到促销效果。

（四）按广告空间范围划分

按广告的空间范围划分，广告战略可以分为特定区域广告战略和全球市场广告战略。

1. 特定区域广告战略

特定区域广告是指对某一国家、地区或区域所做的广告。特定区域广告战略是根据特定市场情况，对广告活动所做的统筹谋划。广告宣传应该注意不同区域市场的不同特点，根据不同特点，制定相应的广告战略。

2. 全球市场广告战略

全球市场广告是指以国际市场作为目标市场的广告。全球市场广告战略是以世界市场为目标，对广告活动所做的全局性的统筹策划。一般说来，全球市场广告战略谋划深远，考虑全面，注重广告口号、广告风格、表现手法的一致性，以期在世界范围内树立一个统一、强大的企业形象。如美国可口可乐公司生产的可口可乐，统一配方，统一口味，统一规格瓶装，统一广告宣传，表现出广告战略的宏观性和深远性。

（五）按广告心理划分

按广告心理划分，广告战略可以分为广告诱导心理战略、广告迎合心理战略和广告猎奇心理战略。

1. 广告诱导心理战略

广告诱导心理战略是指抓住消费者潜在的心理需求，通过某种承诺，使消费者接受广告宣传的观念并诱发其强烈购买欲望的广告战略。

2. 广告迎合心理战略

广告迎合心理战略是指根据消费者不同年龄、性格、文化程度、工作性质和收入水平等在广告中迎合不同消费者需求的广告战略。如针对年轻人的广告经常会运用网络热词和青春偶像独白，针对中年人会比较多运用走心文案，针对老年人则会运用直接说服型文案。

3. 广告猎奇心理战略

广告猎奇心理战略是指在广告中采用新奇的媒体、新颖的形式、独具特色的内容等手法，使消费者产生强烈的好奇心，从而引起购买欲望的广告战略。

（六）按广告媒介划分

按广告的媒介划分，广告战略可以分为多媒介广告战略和单一媒介广告战略。

1. 多媒介广告战略

多媒介广告战略是指用多种广告媒介同时做广告的广告战略。它传播范围广，覆盖面大，效果好，但广告投入费用高，适合资金雄厚的企业采用。

2. 单一媒介广告战略

单一媒介广告战略是指只用一种媒介做广告的广告战略。它有一定效果，投入费用少，若媒介选得合适，则会起到意想不到的收效。如在移动互联时代备受冷落的广播，虽然从媒介影响力来看大不如前，但它特别适合本地产品的广告宣传，如各汽车和房地产的区域销售、当地特色美食等。

（七）按竞争情况划分

按竞争情况划分，广告战略可以分为进攻型广告战略和防御型广告战略。

1. 进攻型广告战略

进攻型广告战略是指以竞争对手为出发点，通过广告宣传，在广告覆盖面、促销力和产品知晓率、占有率等方面超过主要竞争对手的广告战略。它是一种赶超型战略，适合实力雄厚的大公司，通过强势的广告宣传保持企业在消费者心中的活力与热度，即使产品畅销，也不会停止做广告。

2. 防御型广告战略

防御型广告战略是指在广告活动中以防御对手为主的广告战略。它是一种防守型战略，有些企业受主观因素的制约，没有进攻的愿望或实力，在广告活动中持保守态度，只求保持原有的销售市场规模和知名度，没有开发潜在市场的能力。

三、广告战略的研究对象

（一）研究消费者

消费者是市场经济活动的中心，满足消费者的需求是企业经营活动的起点和归宿。研究消费者，满足消费者需要，急消费者所急，把广告做到消费者的心坎里，是广告战略所要研究的主要内容。广告策划者，不仅以满足消费者的需求为出发点，而且还要树立"竞争第一"的观念。广告活动好比一场战争，争取消费者是战胜竞争对手、实现广告目标、取得最佳效应的基础。

（二）研究竞争者

竞争者是指在同类产品中与自己争夺商品用户或威胁自己生存和发展的对手。目前的市场竞争达到了空前激烈的程度，在这种情况下，广告是企业在竞争中赢得成功和胜利的重要手段。为此，企业要根据竞争对手的态势，制定对抗竞争者的广告战略。广告战略的任务，就是盯住对手，了解对手，使对手处于被动地位，从而提高本企业产品的竞争能力和市场占有率。

（三）研究广告主

广告是广告主与消费者之间的桥梁，离开广告，广告主与消费者之间的信息传递就会受阻。广告是广告主促进销售的利器，它既帮助企业增加利润，又帮助企业降低成本。由于广告主是广告信息的源头，所以，它必然成为广告战略的重要研究内容。

（四）研究传播媒体

广告信息的传播价值是通过媒体而实现的，广告是广告主有意识的传播行为。这种行为的目的性、方向性、有效性均受广告战略的引导和制约。为此，广告策划者要研究传播媒体在广告活动中的功能和作用，并决定传播过程中广告人应采取的媒体战略和策略。

上述四个方面构成了广告战略研究的主要内容。消费者、竞争者、广告主、传播媒体都是现代广告活动过程中的主体。如果广告策划者能把上述四者巧妙地组合为一个有机的整体，拟定出不同的战略，将对广告目标的实现具有战略意义。

四、广告战略策划的内容

广告战略策划的内容可分四个方面：一是战略思想的确立；二是广告战略目标与重点的确立；三是广告战略方案的设计与实施；四是广告预算。

（一）战略思想的确立

所谓战略思想，是指广告战略策划的指导思想，是指导广告活动达到目标的基本观念和思路。它往往会决定整个广告战略的基本特征和价值取向，往往会关系到整个广告活动的成败。战略思想对战略目标、具体行为及广告表现重点的影响是十分明显的。

（二）战略目标与重点的确立

战略的性质是由战略任务所决定的，但是反映战略性质的具体观念又会对具体战略目标和战略重点产生影响。战略观念不同，则目标选择及重点确立也不同，因此，在战略思想确立之后，广告战略策划所包含的第二个方面内容，就是广告战略的目标与重点的确立。

由于广告战略是企业针对市场的变化而在广告活动中所采取的长期对策，因此广告战略策划就是企业为实现其经营目标而确立指导思想和撰写整个方案的过程，在这个过程中，广告战略目标是规划一定时期内广告活动方向的核心内容，所有其他有关内容都是围绕这一中心展开的。广告战略目标的选择，取决于企业的经营目标和促销目标，并对上述目标产生推动作用。

在广告战略目标选定之后，接下来的任务就是确定战略重点了，战略重点是指企业在特殊时期需要解决的主要经营方向上的重点问题，是企业面对主要矛盾所确定的用来解决矛盾的重要思路。例如，当消费者对于商品产生误解、疑虑时，广告战略的重点就应该确定在转变消费者态度上；如果仍然确立在扩大知名度上，则必然产生南辕北辙的效果，付出的努力越大，广告战略越失败。

（三）广告战略方案的设计与实施

广告战略策划内容的第三个方面就是广告战略方案的设计与实施，根据不同的广告战略观念和由此而确立的广告战略目标与重点所设计的战略方案是不同的。在具体方案中不仅涉及广告主题、广告创意、广告表现、广告媒介及具体的发布手段，还包括实施时间、区域、目标市场以及广告战略与其他诸如产品开发、销售、市场、企业形象战略的关系等，这些都是广告战略方案设计与实施中所必须考虑的。

（四）广告预算

广告预算是指为达成广告目的所需的费用。企业的目标是力争以最少的费用达到最大效果，因此，制定广告预算的根本原则是广告所需费用不得超过广告可能带来的效益。广告费用应列入产品成本考虑。

任务二 | 广告战略与广告策略

导入案例　蒙牛广告短片“奔跑吧，后题”的借势营销

2020年的高考比以往的时候来得晚了一些。高考作为一个全民讨论的社会性话题，向来是品牌借势营销的火热节点，已成为许多品牌的一大考验，各大品牌铆足了劲想要在全国人民面前大秀一把。其中，蒙牛拍摄的一支高考版《后

浪》——《后题》,更是掀起了当年高考借势营销的第一波热潮。

一、借势“高考”与《后浪》双重热点,《后题》短视频广告传播起势

蒙牛的做法是以高考“热点”借势以往传播“热点”,利用双重热点效应保障传播内容的爆发力。具体来说,就是蒙牛通过重构、改编2020年国民级热点视频《后浪》,拍摄了一支高考版《后题》短视频广告片(图3-1)。

图3-1 蒙牛借势广告“奔跑吧,后题”

整支短片从文案到镜头设计可谓是对《后浪》的像素级模仿,背后配音演员的风格更是颇得何冰老师的真传。不过相较于《后浪》本身的慷慨激昂和令人热血沸腾的特质,《后题》则更具有B站那种解构传统、恶搞的趣味特征。

文案中诸如“三长一短选一短、三短一长选一长、不会选时就选C……”“约(数学老师)去爬山”不仅将那些年的考试梗融入其中,更有对时下热点的调侃运用。虽然短片有恶搞的外表,但内在上还是因为大家有对高考的共同记忆而具有一丝怀旧的气息。

跳脱出这支短片本身,对许多做营销传播的人来说,借势都是一门“必修课”,人人都知道借势意味着追求更多关注与流量,但门槛正是在于,当大家都蜂拥而上的时候,如何成为不被淹没甚至脱颖而出的那一个?

蒙牛这次给出了答案,在符合大众期待的借势思维之外,以对另一个热点的借势超出了大众的想象空间,进而以双重热点的传播效应让蒙牛的这波高考借势有了跳脱同质化内容借势的核心,这也是为什么能在后续引爆话题的关键点。

二、自有品牌IP牛蒙蒙出镜,人格化形象拉近与消费者距离

值得一提的是,除了有以“热点”借势“热点”的广告创意,蒙牛自有IP牛蒙蒙的出镜也是一大亮点。牛蒙蒙作为整支广告短片的主角,可以说其拟人化的品牌形象一定程度上是这支短片取得成功的关键。

牛蒙蒙在短片的各个场景中萌趣互动、出镜,可谓精准击中了当下年轻人对待萌宠的心境,柔化了品牌的营销力。牛蒙蒙是一只牛,无论是在设计的辨识度还是延展性上都满足了一个乳业品牌形象应该有的特征。

不过蒙牛仍然没有满足于牛蒙蒙只是单一的品牌形象,反而根据用户属性、产品调性,在牛蒙蒙的语言体系、行为动作上下了功夫,赋予了牛蒙蒙独特的性格,以便丰富其形象,传递清晰的品牌信息。

从深层来讲,蒙牛这波操作亦是对近几年盛行的品牌“人格化”营销新思路的一次尝试。有意识地将“牛蒙蒙”塑造成一个聪明机智、善于自黑的人设标签,从内在性格到外在形象都打造得相当到位,让人不知不觉沉浸其中,增强了传播的穿透力。

三、助力话题延展爆发推出“押题”包装,寻找品牌最佳关联点

好的热点借势营销,不仅需要创意十足,还要和热点贴合得“天衣无缝”让人拍案叫绝,这样不仅不会被人嘲笑蹭热点,还会让人眼前一亮。这就需要在借势的具体内容和形式上下功夫。

具体到蒙牛来说，它把具体的借势内容选在了高考的考点上，这既是包括考生在内的大众的记忆点，也是最能触发消费者进行营销思考的地方。毕竟那些高考题，谁不想再看一看。

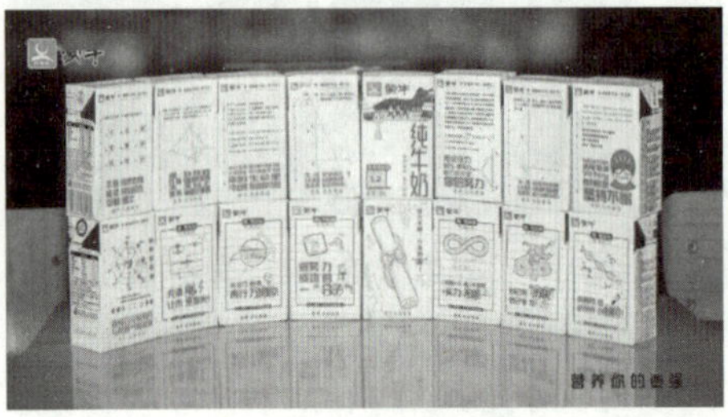

图 3-2　蒙牛广告主题“营养你的要强”

在载体上，蒙牛选择了产品本身。为此，蒙牛在官博放出了一组特殊包装的牛奶：“以下生僻字，哪些是多音字”“从地球上观察月球的方向”……包装内容林林总总，包含了地理、语文、数学、英语、物理、化学等多门学科的知识点和考题。如图 3-2 所示，蒙牛打着“营养你的要强”的口号，用印有考题的牛奶包装，寻找品牌、大众与产品之间的关联点。

对于高考这一消费场景，即在人生重大的转折点，企业应给予消费者的不仅是物质上的满足，还要给予精神力量。那么对于蒙牛来说，从 2018 年开始，蒙牛就提出了“要强”这个品牌主张，从这个角度来说，品牌以及产品的宣传与高考都是相契合的。

虽然在产品包装上做文章的品牌案例非常多，但是蒙牛还是在清一色的鸡汤类包装营销上开辟了自己的一条路。考题包装的特别设计，既有现实意义，更与“要强”品牌精神形成关联，从而增加话题与讨论热度。

案例思考

以蒙牛高考版《后浪》短视频广告为例，分析其“借势”战略策划的成功之处。

一、广告战略与广告策略的关系

战略，是一种从全局考虑谋划实现全局目标的规划。策略，是为实现战略任务而采取的手段。战略与策略的关系，简单来说就是：战略是目标，策略是实现目标的方法、步骤。战略和策略都是具有目标导向的，都追求达成某些目标。战略更关注规划，而策略更关注方法；战略是具有全局性和决定性意义的长远规划，而策略则是为了达到战略目标而使用的具体方法，它具有阶段性、局部性和灵活性的特征。

广告策略是广告策划者在广告信息传播过程中，为实现广告战略目标所应用的各种具体方法、对策和手段，是战略的细分与措施。因此，广告策略就是实现广告战略目标的具体操作，是为了实现营销目标所做出的阶段性广告活动纲领。如果说营销目标是对大方向的把握，广告战略是宏观的、长期的战略部署，广告策略则是具体的执行手段与对策，负责解决实际问题。通常，策略不会只有一条，许多广告之所以平庸，就是因为在开始确立目标的时候缺乏思考。

营销战略是源头，它决定了广告战略策划，广告战略策划指引着广告策略制定，广告策略又规定着广告创意与文案的表现。因此，在进行广告策划时，不考虑市场状况，不预先进行广告策略制定，而直接开始广告创意，是非常冒险的事情。

知识链接

广告战略与广告策略

一、广告策略不同于广告战略

策略和战略在通常的十分广泛的意义上来说，它们都是为了一定目标而做的谋略计划。在广告学领域内，这也是它们之间的共同点。正是基于这一共同点，它们才相互联系起来，共存于广告运动之中。但是，作为广告学的专业术语，它们在含义上又有重要区别。

广告战略，是从广告活动的全局出发的，在全局上带有指导性质，它是广告活动较长时期内稳定不变的基本方针，它为广告活动的各个方面和各个环节规定了必须奉行遵守的具有长远性的根本原则。广告战略的策划是为了通过广告活动的成功而使企业获得多方面利益。

广告策略是另一种谋划。它是从广告活动的各个环节或组成部分出发，为了贯彻战略方针、实现战略任务而采用的局部性手段或方式。它要根据环境情况在战略原则允许的范围内不断变换，具有很强的机动性和很大的灵活性，以及工作手段和操作方式上的艺术性。广告策略的策划是为了通过各个环节、各个局部的高效率而使整个运动获得成功。

二、广告战略对广告策略具有制约作用

广告战略与广告策略是全局与局部的关系。广告策略是广告战略的一个部分，它必须服从于战略，接受战略的指导，遵循广告战略所规定的方针原则，为实现战略目标服务。因此，广告战略对广告策略具有制约作用。脱离广告战略，广告策略就无从制定，即使制定了，也无法体现其价值。同样道理，对甲战略来说，A 策略是优秀的，对乙战略来说，B 策略是优秀的，而 A 策略对乙战略或 B 策略对甲战略来说却可能都是最差的策略。明确这一点，对广告策划，尤其是对广告策略的制定具有重要的实践意义。出于盲目崇拜或贪图省事等动机而随便套用模仿他人的广告策略，很可能招致市场惩罚甚至灾难性后果。

三、广告战略对广告策略具有依存性

广告战略任务的实现，必须通过一个个策略一步步努力才能成功，离开了策略，广告战略不过是空中楼阁，难以支撑。没有制定相应的广告策略时，广告战略不过是一纸空文。因而，广告战略依赖于广告策略。战略和策略因其具有一致性，都是一种谋略计划，因而就各种大小不同的范围来说，它们的区分只是相对的。例如，对企业系列产品总的广告活动来说，有一个整体的广告战略；就其中某一个产品的广告活动来说，它也有其战略，而个别产品的广告战略对于企业整个广告战略来说又具有策略性质了。但是，在同一个确定的范围内，广告战略和广告策略的区分是确定的。

（资料来源：王玉霞.广告学原理与策划[M].北京：北京理工大学出版社，2017.）

二、广告策略的5W1H分析

广告策略是用广告手段解决营销问题的基本思路。它必须明确广告活动是为什么、对谁，将何种事物，在何时、何地、用何种方式来进行宣传，即“5W1H”。由此可见，广告策略的制定需要以下六个依据。

（一）目标受众——Who，对谁说

制定广告策略之前，广告策划者必须知道，广告要瞄准谁，希望哪些人购买你的产品。通过下面的问题，尝试着为你的目标受众“画像”：

他们是谁？他们的性别、年龄、职业、收入、教育程度、婚姻状况等是怎样的？他们在哪儿居住、购物和娱乐？他们的购买行为是价格导向，还是品牌导向？……

企业不可能设计出适用于所有人的产品，同样的道理，广告活动也不可能打动每个消费者。在庞大的、多样化的市场人群中，我们应该根据自身产品的实际情况，挑选出正确的细分群体，做出有针对性的广告诉求。

（二）广告目标——Why，为什么说

大卫·奥格威曾说过“We sell，or else”（不卖货，做什么广告）。在实际工作中，更是有不少广告主是直接用产品销量来衡量广告创意好坏的。也许这样的观点很多人不能接受，但是，不能带动销售的广告就失去了其基本作用。诚然，杰出的广告不仅要能促进销售，还需传递感情、塑造品牌、表达个性，甚至改变消费者的命运和世界观。

（三）广告信息/广告诉求——What，说什么

广告信息传达是广告策略制定重要的组成部分，它绝不是商品特性的简单罗列，而必须在竞争分析中提炼最有利的传播主题，寻找广告作品创意的依据，从而确定广告诉求的要点和广告表现的素材。

广告信息一旦确定，就不要随意改变，广告策划者需要做的就是在广告创意与广告文案中竭尽全力地表现它。广告策略中最终确定下来的广告信息就是广告诉求，又被称为品牌主张或卖点，它必须简单、清晰、好记，让目标受众轻松地记得它、相信它。好的诉求，建立在对人性的深刻洞察上。看似简单的两个字，却诉说着人与人之间的相同与不同。想要广告创意充满内在力量，洞察是唯一的出路。

（四）广告时机——When，什么时候说

广告时间的选择和广告机会的把握关系到广告战略实现的质量，这是广告策划者必须谨慎思考的问题。一般来说，在商品需求旺季我们应集中广告进行直接的商品推销，而在商品需求淡季则可以“绕路”进行，通过向消费者建议新的生活方式推销商品。“天时、地利、人和”，“天时”排在第一位，因此，广告时机的选择对广告策略的制定有着关键性影响。

（五）广告媒介 & 广告地区——Where，在什么地方说

广告媒介的确定，第一要考虑所选择媒介对广告目标的适应性，不同媒体有不同的目标受众、不同的有效范围、不同的购买成本；第二要考虑所选择媒介与目标受众的匹配性；第三要在广告预算之内确定媒介类型及广告刊播数量。

确定广告地区要考虑市场需求量的大小，正确的做法是把广告集中在需求量

大的地区。但仅仅根据商品需求量大小是不够的,还要考虑企业在各地区的销售实际情况来确定重点广告地区。此外,针对西部等广告需求量小的地区也可以考虑前瞻性开发。

(六) 广告创意——How,怎么说

当“5W”已经确定时,这1个“H”的制定就成为广告是否出彩的关键性因素。在正确方向的指引下,我们需要做的就是让自己的广告杀出重围,被消费者所记住。具体来说就是要把握好广告创意。广告创意要求创作者打破常规,让人耳目一新,如颠覆传统印象、进行跨界联想、用新形式改造旧物件或用想象力嫁接日常事务等。

知识链接

广告目标与营销目标

首先,销售产品与销售信息截然不同。营销目标的基本点是销售额与利润,而广告目标则代表了对目标顾客传达销售信息,并达到某种传播效果的标准。测定营销目标的具体形式就是核算销售金额和利润,而广告目标则是以公司及产品在消费者中知名度的提升、态度和观念的转变,并最终促动消费行为来认定的。

其次,即时效果与延时效果也不一致。营销目标往往以单一的时间段作为衡量标准,比如通常企业根据销售和财务核算确定一个月或一年是一个周期。而广告在一般情况下都有一个迁延特性,这个迁延特性包含两方面含义:其一是广告费用的投入一般情况下并不会立竿见影,大多数广告效果的显现要在运作相当时间之后才有所表露;其二是广告作为一种对消费者心理及观念的影响,它的有效性往往持续相当长时间,即使在广告活动结束之后,仍旧在消费者中具有一定的影响力。

其三,有形结果与无形结果有差异。营销目标通常是一些具体的措施和明确的数字,它以准确无误的计算单位来说明,如销售渠道和网点、利润、上货率等。广告目标虽然也力求定量化,但在实施之后所达成的结果常常很难具体化,如消费者态度的转变、意见的改变、信心的激发等,许多属于心理状态,很难用具体数字来对这种模糊性质加以测定。

三、广告策略的内容

广告策略的本质就是提出问题并解决问题。常见的广告策略包括市场策略、定位策略、诉求策略、表现策略、媒介策略和活动策略等。

(一) 广告市场策略

由于市场可以细分,在企业经营和广告宣传中广告策划就可以运用不同的策略手段,争取不同的消费者。广告市场策略一般可分为无差别市场策略、差别市场策略和集中市场策略三大类。

1. 无差别广告策略

无差别广告策略是指在一定时间内,针对同一个大的目标市场运用各种媒介搭配组合，做同一主题内容的广告宣传。这种策略一般应用在产品引入期与成长期初期，或产品供不应求、市场上没有竞争对手或竞争不激烈的时期，是一种经常采用的广告策略。它有利于运用各种媒介宣传统一的广告内容，迅速提高产品的知名度，以达到创牌目的。

2. 差别广告策略

差别广告策略是指企业在一定时期内，针对细分的目标市场，运用不同的媒介组合，做不同内容的广告宣传。这种策略能够较好地满足不同消费者的需求，有利于企业提高产品的知名度，突出产品的优异性能，增强消费者对企业的信任感，从而达到扩大销售的目的。这是在产品进入成长期后期和成熟期后常用的广告策略。这时，产品竞争激烈，市场需求分化较突出。由于市场分化，各目标市场各具不同的特点，所以广告设计、主题构思、媒介组合、广告发布等也都各不相同。

3. 集中市场策略

集中市场策略是指企业把广告宣传的力量集中在已细分的市场中一个或几个目标市场的策略。此时，企业的目标并不是在较大的市场中占有小的份额，而是在较小的细分市场中占有较大的份额。采取集中市场策略的企业，一般是本身资源有限的中小型企业，为了发挥优势，集中力量，只挑选对自己有利的、力所能及的较小市场作为目标市场。

（二）广告定位策略

广告定位策略即通过发掘有竞争力、有特质的产品代表，运用恰当的广告形式进行宣传，从而使企业或品牌在消费者心目中确定理想位置的策略。其具体做法就是对企业以往的产品定位作出评价，判断全新产品定位的必要性，确立新定位的依据与优势，对新定位进行表述等。1969 年，定位理论创始人艾·里斯和杰·特劳特指出：为了适应消费者心中的某一特定地位而设计产品和营销组合的行为就是产品定位。广告定位它包含实体定位和观念定位两个类别。

1. 实体定位策略

实体定位就是在广告宣传中突出商品的新价值，强调与同类商品的不同之处和所带来的更大利益。实体定位策略又可分为功效定位、品质定位、市场定位、价格定位等。

2. 观念定位策略

观念定位是在广告宣传中突出商品的新意义、改变消费者的习惯心理、树立新的商品观念。观念定位有逆向定位和是非定位两种方法。

准确的产品定位是广告定位策略制定的基础。广告策划者应在它的基础上把产品广告宣传锁定在最有利的目标市场上，并根据目标受众的文化背景、经济状况和心理特征等信息，策划相应的广告。

（三）广告诉求策略

广告诉求即商品广告宣传中所要强调的内容，俗称“卖点”，它体现了整个广告的宣传策略，也是广告成败的关键。首先，对诉求对象进行描述，并阐述诉求对象的特性和需求；其次确定广告诉求对象的重点，对诉求对象的需求和相关的广告信息进行分析，由此确定广告诉求重点的表达；最后，确定广告诉求的方法，即感性诉求和理性诉求。

1. 感性诉求

感性诉求广告是“以情动人”，是在广告中融入亲情、爱情、友情等情感，通过赋予商品生命力和人性化的特点，激起消费者的怀旧或向往的情感共鸣，从而能诱发消费者对商品的购买动机的广告。感性诉求通过带有快乐、悲伤、爱、恐惧等的文字、音乐或图片，直接诉诸消费的情感和情绪，从而形成或者改变消费者的品牌态度，宣传的多为品牌的附加价值。例如，一夜爆红的手机游戏《旅行青蛙》，在玩家眼里，这只萌萌的小青蛙俨然成为他们的“蛙儿子”，对它牵肠挂肚，却又无可奈何。这款游戏通过具有“陪伴”功能的广告宣传，牢牢锁住了“寂寞的都市人”的心。

2. 理性诉求

理性诉求广告是“以理服人”，通过真实而准确的广告信息传导企业、产品和服务的客观情况，引导受众经过推理判断等思维过程，作出理智的决定，宣传的多为产品或服务的利益。经典的大众甲壳虫广告语“想想还是小的好”和超长文案就是典型的理性广告策略。

（四）广告表现策略

广告表现是借助各种手段将广告的创意构思转化为广告作品的过程，即“创意的物化过程”。它是实现广告目标的中心环节，包含广告主题确立、广告创意构想确立、广告表现细节确立等。通过这一环节，广告策划离落地执行就越来越近了。广告主题是广告表现的基础，有吸引力和传播力的主题能提升广告效果。广告创意构想是广告表现策略的核心内容，通过创意概念详细地说明未来广告的样子。广告表现细节则是指广告表现的风格和广告表现的形式（含平面广告设计稿、新媒体广告文案、电视广告分镜头脚本）等。

（五）广告媒介策略

广告媒介策略即广告媒介计划的具体问题，包含对媒介策略的总体表述，对媒介投放区域、媒介类型的选择，对媒介发布日程的说明，媒介广告预算、媒介效果预估等。在制定媒介选择计划阶段，要考虑媒介与目标受众的针对性、媒介自身的传播特性等，要选择能有效到达潜在客户、交流效果大且用低成本就能达到预期目标的媒介。在制定媒介发布计划阶段，要找准广告发布时机，通过对各媒介的广告规格、发布成本、媒介效果等细节的了解，确定广告发布的媒介类型、广告发布频率、广告媒介发布排期表，并通过地区性发布、季节性发布、时间性发布等方式执行。

（六）广告活动策略

广告活动策略是为提升广告策划效果而设计的与广告创意配套的促销活动、公关活动和其他活动。通过具体的活动计划书来进行广告活动的制定，具体包含时间、地点、人物、事件、形式、场地、费用等可执行的细节。一次完整的广告策划通常都进行了广告作品和广告活动的有机结合，以确保广告目标的实现。

任务三　广告战略的制定与评价

导入案例　网易云音乐地铁广告“看见音乐的力量”

网易云音乐上线于2013年，当时的移动音乐市场已被QQ、酷狗等APP占据。与腾讯等巨头相比，网易在资金、音乐版权、用户习惯等方面都不具任何优势。在市场格局已定的情况下，网易云音乐用主打歌单、社交、大牌推荐、音乐指纹技术等四大核心功能，开创了“社会化发现与分享”机制。

2017年3月20日，网易云音乐联合杭州地铁发起了“看见音乐的力量”的营销活动。活动中，网易云音乐从4亿条乐评中筛选出点赞数最高的85条优质乐评，“你那么孤独，却说一个人真好”“哭着吃过饭的人是能够走下去的”“十年前你说生如夏花般绚烂，十年后你说平凡才是唯一的答案”“年轻时我想变成任何人，除了我自己”“我不喜欢这世界，我只喜欢你”……这些摘自网易云音乐各个歌单下的高赞评论，印满了杭州市地铁1号线和整个江陵路地铁站。（图3-3）

图3-3　网易云音乐杭州地铁广告

活动推出第二天，网易云音乐官方微信号主传播文案成为热门文章，是平时阅读量的5倍。超过2 000个微信公众号对其进行了转载，总阅读量超过1 000万。网易云音乐在手机应用商场里，从音乐类排行榜的第3名上升到第1名，从免费排行榜中的第35位上升至第16位，百度指数增长80%，微信指数翻了216倍，达到1 300万峰值。同时也引得知乎、陌陌、阿里钉钉等品牌争相效仿。2017年4月11日，网易云音乐确定获得7.5亿元A轮融资，融资后，网易云音乐估值达80亿元。网易云音乐地铁广告取得成功的关键在于以下三点。

一是网易云选择了杭州1号线和江陵路站作为投放点。前期调研发现，整个1号线地铁沿线涵盖了商业、商务、休闲娱乐、居住、交通等功能区，至于江陵路站，作为高新产业区的中心和商住密集区，附近人群的兴趣标签、年龄分布与网易云的目标受众画像其实是相当重合的，这些年轻群体更热衷于追热点、喜欢分享自己的情感体验。其大面积地投放品牌专列、品牌灯箱、地铁梯牌，简单来说就是承包了整个杭州一号线，如此强烈的视觉冲击力，你不看到都难。

二是网易云音乐抓住的就是音乐爱好者和感性用户。网易云开创了独特的音乐模式，最特别的就网易云音乐评论。网易云音乐的UGC内容乐评质量一直很高，很多人都因此养成了“边听歌边看评论”的习惯。打开网易云音乐评论，热门歌曲评论量几乎都是“999+”，“1万+”的评论也有很多，每一首歌下面都有不同的故事，而网易云音乐这次地铁广告的最成功之处就在于，用听众的故事，去打动听众，这种直击心灵的营销方式，可谓是精彩绝伦。

三是地铁是很好的情感载体。它与“奋斗的疲惫和孤独”的感受连在一起的，容易完成情绪扩散与传播。网易云音乐选择在地铁车厢做广告，是因为它从用户的角度出发，揣摩受众内心的情感。每趟地铁上乘坐的都是为生活奔波的人，忙碌的背后可能有高兴的事情，也可能有不开心的事情，这些评论无疑精确地抓住了受众的痛点，引发了不同人的共鸣。这次传播活动不仅引起了受众的共鸣，使受众产生了强烈的参与感，促使受众分享到各个社交媒体平台上，而且吸引了许多主流媒体对其进行报道。

案例思考

广告战略的制定是从何入手的？网易云音乐地铁广告模式是否能够被复制？

一、广告战略策划的程序

广告战略是广告发布者在宏观上对广告决策的把握，它是以战略眼光为企业长远利益考虑，为产品开拓市场着想，通俗来说，广告战略策划的过程就是“放长线钓大鱼”的过程。研究广告战略的目的是提高广告宣传的效果，使企业以最低的广告预算达到最好的广告效果。在激烈的市场竞争当中，一个企业要想长期立于不败之地，不仅要有好的产品，也需要好的广告战略。接下来，我们将从五个方面来看看广告战略是如何策划出来的。

（一）明确广告战略思想

广告战略思想是广告活动的指南。开展广告活动首先要解决“为什么做广告”的问题。这个“为什么”包含两层意思：一是开展广告活动的意义，即广告活动对企业的经营将产生什么影响；二是广告预期达到的效果。解决“为什么”问题的关键就是在广告战略策划时要有明确的战略思想。

广告战略思想具有长期性和渗透性，对树立品牌形象至关重要。在广告战略策划中，思想观念往往决定了广告的风格特征和价值取向。我们将它分为以下五种类型。

1. 积极进取型

这种观念十分重视广告的作用，在推广新产品和开拓新市场的过程中常常被使用。一般来说，持积极进取观念的企业大多在市场上尚未占据领导地位，但具有较强的竞争力。

2. 高效集中型

这种观念很重视广告活动的近期效益，在广告战略策划中强调以集中的广告投资和大规模的广告宣传在某一个市场上或某一段时间内形成绝对的广告竞争优势，以求短期内集中奏效。这种高效集中的思想观念所获得的广告效果十分明显，但风险也比较大，一旦广告战略策划的方向有所偏差，整个广告活动将失去作用。

3. 长期渗透型

这种观念特别重视广告的长期效应，在广告战略中强调持之以恒、潜移默化、逐步渗透。持这种观念的企业一般面临的市场竞争比较激烈，产品的生命周期较长，企业要在广告宣传上及时奏效困难很大，需要付出较高的代价。所以，企业往往采取长期渗透的战略，逐步增强企业在目标市场上的竞争优势。

4. 稳健持重型

这种观念以维持企业现有市场地位和既得利益为主要目标，很少有进一步的夸张要求。其战略姿态属于防御型，以抵御竞争者的进攻为主。持稳健持重观念的企业一般有两种：一种是已处于市场领导地位的企业，对使自己获得成功的传统手段充满信心，往往倾向于用这种观念维护企业的利益；另一种是受主客观因素制约时无能力开展积极竞争的企业，其往往从维持现在的目标出发。

5. 消极保守型

持这种观念的企业不是很重视广告的作用，广告活动的主要目标在于维持产品销售。一般企业在产品畅销时就忘记了广告曾经发挥的巨大作用而停止广告宣传，从而导致销售的失败。当然也有企业因自身处于市场垄断地位或是缺乏强有力的竞争对手而持消极保守的思想观念。这些都是缺乏市场竞争意识，不懂得广告战略作用的表现。

这 5 种广告战略的思想观念适用于不同情况，广告策划者应根据企业实际问题确立与之相应的广告战略观点，这样才能使广告战略具有正确的指导思想。

（二）设定广告战略目标

广告战略目标是广告活动所要达到的预期目的，它是广告活动的总体要求，规定着广告活动的总任务，决定着广告活动的行动和发展方向。因此，广告战略目标是广告战略策划的前提与基础。

从广告实现的作用看，广告战略目标有两个极端：单纯推销商品（经济效益）和完全塑造形象（社会效益）。在通常情况下，广告目标的确立不会走极端，而是在两个端点间选一个适当的位置（A 或 B 点），如下图 3-4 所示。

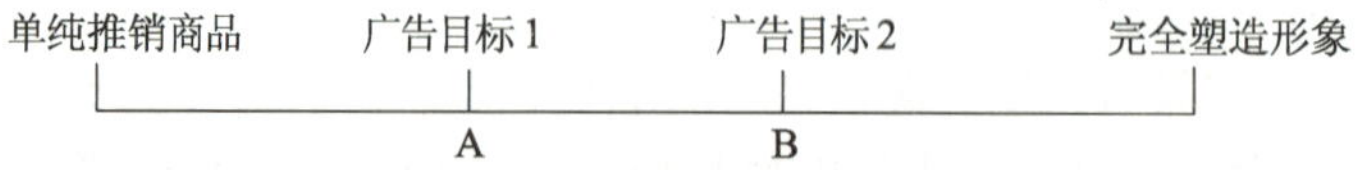

图 3-4　广告战略目标侧重点

广告战略目标可以促进企业营销目标的实现，为了更清晰地制定广告战略目标，指导广告活动，我们将广告战略目标分为三大类。

1. 按内容划分

广告战略目标包含产品推广、市场扩展、销售增长和提升企业形象。前三个可以直接在市场中看到反馈，而企业形象则需要时间去检验。但 4 个战略目标的实现都具备长期性，不可一蹴而就。

2. 按阶段划分

广告战略目标包含创牌、竞争和保牌。当产品刚刚进入市场，广告战略目标是创牌，着重宣传新产品的功能和特点，提高消费者对品牌的记忆度；当产品被市场接受并有了自己的位置和对手，广告战略目标是竞争，宣传重点则放在突出广告产品与同类产品比较的优势，提醒消费者认牌购买；当产品到了成熟期甚至即将退出市场，广告战略目标是保牌，向受众告知你们的老朋友还在，增强消费者对产品的信心和信任，形成购买习惯。

3. 按效果划分

广告战略目标包含广告促销和广告传播。从促销的角度看，广告战略目标是指广告活动所要达到的促销目标，即销售增长率、利润增长率和市场占有率；从传播的角度看，广告战略目标是指广告活动所要达到的心理目标，即广告信息的视听率、注意率等。

知识链接

广告战略目标制定的原则

可行性原则。策划者应从实际出发，慎重考虑主客观环境条件的限制，比如广告预算与媒体的关系、广告制作水平等因素。目标要建立在扎实的基础之上，切实可行。另外，确定目标还要明确实现目标的期限。

统一性原则。由于广告目标隶属于企业整体营销目标，因此制定广告目标时，必须要考虑与市场营销各方面因素的协调，尽可能使广告目标统一，并主张出现两个以上目标时，一定要主次分明，突出重点。

具体性原则。广告目标要具体化、数量化。企业经常用产量、产值、品种、利税额等数字来表示企业完成计划目标的情况。广告目标也可用具体数字来表示，如市场覆盖面、市场占有率、广告投资额与利润的比率等。用具体指标来表示目标完成的程度，可使广告目标具体化。尽管企业和产品形象很难用确切的数字来衡量，但也可以用知名度、信任度来衡量。

集中性原则。即企业要选择最重要的目标，集中力量去努力达到，以免广告行动没有重点，火力分散。

社会责任原则。目标确定阶段，广告主和从业人员必须注意到企业应尽的社会责任和义务，广告不仅要取得一定的经济效果，还要取得一定的社会效果。

（三）分析企业内外环境

1. 企业内部环境的分析

内部环境的分析主要是对产品和企业进行分析。对产品的分析从产品本身、产品供求关系等方面进行；对企业分析主要从企业规模、企业理念、企业文化等方面进行。其中，企业文化是指企业的理念、精神和信仰等，它涉及广告战略策划中的竞争意识、形象意识、创新意识等。

2. 企业外部环境的分析

外部环境的分析主要是指对市场环境、消费者和竞争者的分析。

（1）对市场环境的分析指的是对竞争状况、经济技术、社会文化和政治法律等进行分析，它能为企业确定目标市场、制定成功的广告策略提供可靠的依据。

（2）对消费者的分析指的是对其基本情况（性别/年龄/职业/收入水平/购买能力等）、消费习惯、生活方式、对产品及广告的认识程度等进行分析。

（3）对竞争对手的分析指的是对其优劣势、产品情况、市场现状、广告策略等进行分析。

分析外部环境能够帮助企业找出问题与机会，从而把握有利因素，消除、克服不利因素，制定出正确的广告战略。

（四）确定广告战略任务

确定广告战略任务即确定广告内容、广告受众、广告效果等，将广告战略目标具体化。

1. 确定广告内容

确定广告内容即根据广告战略思想和企业内外环境，对一定时期内广告活动的具体内容做出选择，是解决在一定时期内“宣传什么”的问题。在广告活动中，要对广告内容加以选择，确定主要内容。比如，确定内容是以宣传企业为主，还是以宣传产品为主。如果以宣传产品为主，还要进一步确定是以宣传品牌为主、宣传质量为主，还是以宣传功能为主。另外，在一定时期内的广告活动中，广告内容并非自始至终保持不变。企业可以根据不同发展阶段，确定不同的广告内容。比如产品刚上市时，可以以宣传品牌为主；产品已为人所知后，可以改为以宣传功能为主；在市场竞争激烈时，则应以宣传质量或服务为主。

2. 确定广告受众

只有明确了目标受众，广告才有说话的对象，找到与产品密切相关的受众，广告的效果才能体现出来。因此，确定广告宣传的目标受众，广告策划者才能根据目标受众的特征，制定有针对性的广告战略，确定他们的关心点，确定广告创意和投放媒介，制作符合目标受众口味并能打动他们的广告作品，引起他们的关注和行动，提高广告宣传的实际效果。

3. 确定广告效果

广告战略目标是广告活动的预设目标，广告效果则是广告活动的实际目标。在广告战略思想中已经明确了广告的主要目标，但那还是比较抽象的，在确定广告战略任务时应将此目标体现为一系列衡量广告效果的指标体系，如销售额增长率、市场占有率等。有了这样的指标体系才能对广告战略的效果进行评估，从而确定广告战略的实施步骤。

（五）制定广告策略

广告策略是广告策划过程中具体环节的运筹和谋划，是实现广告战略的措施与手段。广告策略的主要特点是多样性、针对性、灵活性、具体性。多样性指广告活动及各个环节都应含有相应的广告策略；针对性指广告策略要针对不同产品、不同媒体、不同消费者、不同广告活动环节来策划；灵活性指广告策略应随市场条件的变化和媒介的差异等因素做出相应调整;具体性指广告策略应侧重于广告活动的具体环节,它应该是清晰可执行的。

常见的广告策略的制定主要是考虑时间、空间、产品、市场等因素。

1. 从时间上看

广告策略要对广告发布的时间和频度作出统一的、合理的安排。广告时间策略的制定,要视广告产品的生命周期阶段、广告的竞争状况、企业的营销策略、市场竞争等多种因素的变化而灵活运用,主要包括广告时限策略、广告频率策略等。

(1) 广告时限策略。广告时限策略是指在一次广告活动中,确定广告宣传时间长短以及如何使用既定广告时限的策略。

(2) 广告频率策略。广告频率策略是指广告策划者对单位时间内同一广告在电视、报刊、网络、户外等不同媒介中重复出现的次数的制定。

2. 从空间上看

广告策略要考虑社会、经济、文化与自然等条件,根据它们来确定适合企业的最理想的广告策略,主要包括目标市场广告策略和全球市场广告策略。

(1) 目标市场广告策略。目标市场广告策略是指企业在市场细分的基础上,选择最有开发价值的市场,并根据该市场的特点,采取相应的广告策略。

(2) 全球市场广告策略。全球市场广告策略是指从全球的范围考虑受众的特性并进行广告诉求与创意的制定。

3. 从产品条件看

广告策略要考虑广告产品的特性和用途,确立广告传播媒介和推送的方式,主要包括产品生命周期广告策略、产品系列广告策略等。

(1) 产品生命周期广告策略。产品生命周期广告策略是指按产品的导入期、成长期、成熟期和衰退期四个时期进行具体广告策略的制定。

(2) 产品系列广告策略。产品系列广告策略是指从品牌系列、主题系列、形式系列和功能系列等不同角度进行广告策略的制定。

4. 从市场条件看

广告策略要根据不同市场的特点采取恰当的广告对策。主要包括差别化广告策略、无差别化广告策略等。

(1) 差别化广告策略。差别化广告策略是指企业根据不同的细分市场,设计不同的产品广告。它能满足不同消费者的不同需求,尤其适合竞争对手多的情形,但也可能因诉求方向太多而找不到重点。

(2) 无差别化广告策略。无差别化广告策略是指企业生产一种产品,使用一种渠道,向一个目标市场,做相同主题广告诉求。这种策略容易给消费者留下深刻印象,迅速提高知名度,降低广告成本,但在市场竞争激烈时,不能满足消费者的多种需求。

二、广告战略策划的方法

广告战略策划可以通过以下三种方法来进行。

（一）角色界定法

这个方法主张广告策划者化作一名消费者，潜入他的心里，重新考虑问题：

(1)我是谁？

(2)我有什么爱好？

(3)我需要什么产品？

(4)我想得到什么承诺？

(5)我希望被如何对待？

(6)我喜欢什么类型的广告？

……

通过对上述问题的回答，策划者变身消费者，从他们的角度去思考问题，了解客户真正所需，从而进行更有针对性的广告策划。

（二）要点思考法

要点思考法也是回答问题，但这一次问题的设置将更加细致：

(1)你的竞争对手是谁？他有什么特征？处于何处地位？

(2)你的广告对象是谁？他们是否使用过同类产品？他们对现有产品满意吗？他们是否都有新的需求？

(3)你希望让广告对象知道什么？希望他们对你的广告产生什么样的感受？你觉得这一次的广告是否会奏效？

这是广告战略策划时必须考虑的三个方面的问题。

（三）战略模型法

广告战略模型的建立基于两个事实：第一，一些消费者在购买商品时，习惯于用感性的方式做决定，而另一些会以理性为考虑基础；第二，一些消费者在购买过程中，会进行长时间的对比和考虑，而另一些能在很短的时间内做出购买决定。为什么会产生这样的现象呢？我们将通过下面的广告战略模型图进行解读，如图3-5所示。

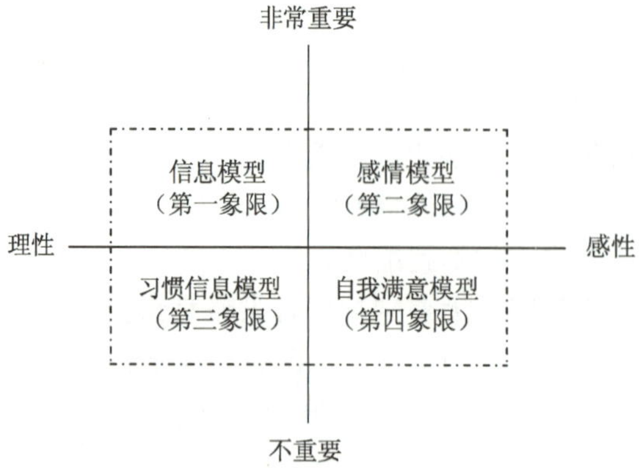

图3-5　广告战略模型

第一象限：理性/高重要性。在这一模型中，消费者需要购买的一般是重要的大件商品。因为这一类产品价格昂贵，因此购买时需要进行理性的思考与权衡，有一些消费者会通过长时间的观察和比较之后再进行购买。因此，在信息模型中，广告战略策划应以理性说服为主，广告中注意强调产品优势，并通过详细的说明或例证来证明，要让消费者产生放心购买的意愿。如住房、商用笔记本、汽车等产品广告非常适合信息模型。

第二象限：感性/高重要性。这一模型中，消费者需要购买的主要是高档化妆品、珠宝、服饰等和情感需求相关的产品，因此，消费者虽然会考虑价格因素，但更注重个人感受。在感情模型中，消费者往往会凭借兴趣、态度、感情等因素做出购买决定，而不太注重产品的细节信息，广告策划者应通过广告中富有诱惑力的画面和充满感情的文案打动受众，激发出“欲望>需求”的购买意识，从而获得良好的广告效果。

第三象限：理性/低重要性。这一模型中，消费者需要购买的主要是食品、家居用品等生活必需品，消费者只需花费很少的时间就可做出购买决定，而这一决定往往是根据他们日常的生活习惯而来的，往往会形成“固定的购买清单”。但这类产品售价一般不会特别高，因此，通过在广告中突出优惠券、赠品等细节能很快吸引他们的注意，且这类产品的品牌带来的心理差异不是特别大，所以只要让他们尝试一次“优惠”，他们就会继续购买下去。

第四象限：感性/低重要性。这一模型中，消费者需要购买的产品一般是烟酒类产品，一旦产品符合消费者的口味，他们很容易成为品牌的忠实粉丝。此外，消费者对这些产品的满意不仅仅来自口味，还来自品牌，如同样是酒，选择“劲酒”的人觉得自己喝的是“健康”，选择“江小白”的人认为自己喝的是“寂寞”。因此，在自我满意模型中，广告战略策划的重点是让受众把注意力放在品牌上。

三、广告战略的制定

（一）从企业发展的角度制定广告战略

企业发展首先应“知己知彼”，即在与同行业的比较中充分认识自身的实力，全面了解本企业在经济、技术、产品等方面的优劣，把握竞争对手特别是主要对手的实力，明确本企业在同行业中的地位次序。处于不同地位次序的企业，其发展战略和广告战略是不同的。

1. 市场领导者广告战略的制定

市场领导者的发展战略是稳定自己在本行业的中心地位，尽量发挥规模优势。广告战略重点应放在稳定优势商品市场占有率上，只要使优势商品建立了第一的稳固地位，其他非优势商品也可能因为社会心理作用而一样畅销。广告不必再重复宣传“我们是第一”，优势商品已经代替了这种宣传。此外，对其经营规模的宣传也是必要的，可以加强人们的信任感和加深人们对企业优势的了解。

2. 市场挑战者广告战略的制定

市场挑战者的发展战略是联合第三、第四位次企业，形成合作力量，在灵活机动和新颖领域方面，争取机会向第一位次企业挑战。广告战略重点应放在把握广告时机和对新领域的宣传。此外，在广告的一些敏感因素方面要注重与低位次企业的协调，谨防他们变成第一位次企业的同盟。

3. 市场跟随者广告战略的制定

市场跟随者则着重于和第一位次企业结成同盟，借助其力量打破市场的相对稳定性，促成市场的多变化，以创造超过第二位次企业的机会。广告战略重点应放在争取大众市场，细致地迎合顾客需要，着力宣传自己的短期更新产品。此外，要注意暗示其与第一位次企业的同盟关系。

4. 市场补缺者广告战略的制定

市场补缺者是弱者，互相联合、避免摩擦、集中力量、注重开发，积蓄形成与市场领导者企业对等的力量，是市场补缺者企业的发展战略。广告战略重点应放在对自己有利的某些特定市场环节上，或者能发挥自己特长的某些特定有限区域内，切忌不顾自己的情况仿效高位次企业的广告宣传。

（二）从产品生命周期方面制定广告战略

1. 投入期广告战略

在产品投入期，由于其刚投放市场，尚未引起消费者注意，因而广告战略要侧重于尽快在消费者头脑中建立良好的“产品第一印象”，扩大突出产品特点的广告宣传。产品投入期的广告预算要与广告战略相适应，尽可能多拿出一些经费，以保证其广告在规模声势上的效果。

2. 成长期广告战略

在产品成长期，竞争对手相应比较多，这时的广告战略要侧重于宣传产品的独特特点，并通过这种宣传巩固厂名和商标的声誉，取得市场优势地位。同时，成长期内的广告在战略上必须考虑能最大限度地遏制仿制品。这种遏制，除了广告经费、规模、声势等方面外，还要力求广告本身具有竞争者或仿制者所无法借用技术。产品能否稳步立足于市场，这时所制定的广告战略具有关键性的意义。

3. 成熟期广告战略

在产品成熟期，产品已进入旺销的阶段，消费者开始大量购买，此时产品营销已形成某种“传统”，广告的推销效果也较明显，容易“立竿见影”。这时的广告战略，应侧重于劝说老顾客继续购买本产品，并劝说潜在消费者试用本产品，尽量通过广告挖掘潜力扩大销售。让广告起到维持这种“传统”的作用，是这一时期广告的基本战略。

4. 衰退期广告战略

在产品衰退期，产品的竞争焦点已从功能、质量方面转移到价格、服务方面，因而广告战略的侧重点应放在宣传价格优惠和优质售后服务方面。明智的广告战略是审时度势，如果本身是市场高位次企业，而且足以承受因降价而造成的利润损失，那么可以着重宣传价格优惠；如果本身与竞争对手相比是低位次企业，而且不能承受因降价而造成的利润损失，那么就应该转移阵地，伺机而动，另谋新策，而不要不自量力，孤注一掷硬拼价格战。

在产品衰退期，产品已逐步失去市场，正在被其他产品所取代，因而这一时期的广告战略重点不能再放在宣传产品本身上面，而应该着重宣传商标，通过广告维护企业的良好形象，保持企业的良好声誉，等待新一代产品出现。广告战略制定者应该有一个明确的观念：广告战略是企业整个营销战略的一部分，从全局和整体上看，一种产品走向衰退，绝不是商标也走向衰退，更不是企业走向衰退。相反，企业要利用这一商标开发新产品，跨越现在，赢得将来的更大发展。

（三）从广告的实施方面制定广告战略

广告的实施要受多种因素制约，企业本身的资源能力、位次高低、规模大小、活动范围以及市场目标、产品特点等等，都可能给广告实施造成限制。因此，制定广告战略必须充分考虑其实施的现实性和可能性。

1. 资源能力有限的低位次企业

对于这类企业，广告实施要力争既省钱又便于控制，不宜采用长时间的大规模宣传措施，只能重点突破，发挥专一独特、机动灵活的优势，以求获得高效益。广告的实施结果不是在较大或较多的市场上去占有较小份额，而是要在较小的细分市场上或少数几个市场上获得较高的市场占有率，即以追求市场占有率为重点。据此，广告实施宜于采用集中方式，即针对一个或少数几个细分市场，调动各种广告宣传方式与手段。与此相应的广告战略应是密集性战略。

2. 小批量多品种生产的企业

这类企业通常实行多渠道销售，根据细分市场的特点，灵活机动地制订不同的市场营销计划。在这种情况下，广告战略的制定要考查各个细分市场之间的差异问题。针对这种差异，广告的实施要采用差别选择方式，与此相应的广告战略也应当是差别性战略。

3. 替代性不强的企业

独家经营某产品的企业，或者是生产消费者选择性不大、需求弹性较小的产品（如日用品）的企业，或者是实力雄厚、竞争力较强的企业，或者是生产生命周期较长的产品的企业，其广告的实施一般采用统一的广告宣传内容与主题，将总体市场看成同质的一个大市场，只管需求的共同点，不管其差别点，而且在广告形象方面力求大众化，选用媒体以电视、报纸、大众化杂志等为主。与此相应的广告战略也应当制定无差别性广告战略。

四、广告战略的评价

就广告策划全过程来说，广告战略的制定是阶段性工作。但是，广告战略的制定并不是一次性完成的。广告战略经过发展研究制定之后，还不能立即用于指导全局，还必须对所制定的广告战略进行评价。评价广告战略要采用科学的标准和正确的方法，以防止因为战略制定不恰当而对整个广告运动造成误导。广告战略评价就是对广告战略制定的一种再审查、再检验。

（一）广告战略的评价标准

广告战略是企业营销战略的组成部分，它必须与企业整个营销战略配套，为营销战略服务，因此，一种广告战略将为企业营销带来什么样的效果和效益，是至关重要的核心问题。评价广告战略必须围绕这个核心问题进行。

评价广告战略所使用的标准一般有两个：价值标准和“满意”标准。

1. 价值标准

所谓价值标准，就是要多角度多方法地比较认定一种广告战略是否能大限度地给企业带来好处，这些好处包括：在全局上引导广告活动产生长期稳定的宣传效果，保证广告活动给企业带来良好的形象效应、品牌效应和经济利益，赋予企业在竞争中生存发展的意义，等等。使用价值标准，涉及定量分析的数学方法及测试手段问题，对技术性要求较高，同时还涉及经济合理性问题，指标体系较为复杂。所以，使用价值标准评价广告战略，大多由专门业务机构进行。

2. “满意”标准

所谓“满意”标准，就是广告战略从有利于企业竞争和营造市场营销态势等方面能优于其他企业，是合理的且是使企业感到满意的。“满意”标准目前使用得比较普遍。这是因为：第一，它一般涉及的是经验判断法，操作难度较小，弹性较大；第二，广告策划是复杂的工作，要使广告战略制定达到最优化程度非常困难，策划者由于认识能力、时间、经费、情报来源等多方面的限制，不可能对各种战略的未来后果尽知无误，而只能追求一个有限合理、相对满意的标准。

（二）评价广告战略的方法

1. 经验判断法

经验判断法是依靠广告策划者的直接经验和间接经验，对最初构想的所有广告战略原始方案进行再比较，从最劣的方案开始逐一淘汰，保留淘汰后所剩下的方案，可视为最合理的战略方案。在实际操作中，可以对制定各个战略方案时所根据的各个小项进行“经验评分”，然后按各小项的得分高低进行排队比较，小项总分最高的方案，或关键小项得分最高的方案，根据情况可评价为最合理的战略方案。也可以将选定的战略方案与过去本企业已经采用过和别人已经采用过的同类战略方案进行历史的纵向比较，同时将选定的战略方案与现在广告业界正在采用或根据情报得知正拟计划采用的同类战略方案进行现状的横向比较，运用策划者的知识和经验，评价该方案的合理性与其他方案的合理性之间的差距，并在比较中注意形成明确的借鉴、改进和完善意见。

2. 数学分析法

数学分析法一般为专门机构专业人员使用，主要运用数学工具做定量分析，比如计算概率、测定期望值、对策运筹研究、效用统计研究等等。数学分析法要求分析结果精确度高，误差不能超过限度，因而要求战略策划者所提供的调查研究材料数据必须准确可靠，不能想当然地提供原始材料。否则，数学分析法所得出的评价结论可能毫无意义，严重的还可能得出完全错误的评价结论，使合理的战略方案被否决，使不合理的战略方案被确认，结果导致整个广告运动的失败。

3. 试验分析法

首先假定该战略方案是最优秀、最合理的，然后在人工条件下设计出该战略方案的适用环境，并运用这一战略作指导，在该人工环境中开展实际广告活动，同时观察分析广告的效应、效果和效益，进行综合评价，看是否能达到预定的指标，即看其能否使该战略方案的合理性得到验证。使用这种评价方法，要注意两点：第一是人工环境的设计必须充分考虑与社会市场环境的相似性，对各种外在影响和干扰因素要有足够的估计，因为社会市场环境十分复杂，绝不可能像人工环境那样“纯净”；第二是整个测试过程中，要对人工环境的各方面条件始终实行强有力的监控，以防其条件的"隐性变形"而影响测试结果的可靠性。

项目小结

广告战略是企业为实现经营目标而对规划期内的广告活动所制定的指导思想和总体设计，是展开广告活动的长期规划，它规定广告活动的整体走势和运作方向，指导具体的广告策略活动。广告战略它不是着眼于局部的广告活动、短期的广告行为以及为眼前的利益所做的具体安排，而是具有全局性、长期性、方向性、抗衡性和指导性的谋划。

广告策略是广告策划者在广告信息传播过程中，为实现广告战略目标所应用的各种具体方法、对策和手段，是战略的细分与措施。因此，广告策略就是实现广告战略目标的具体操作，是为了实现营销目标所做出的阶段性广告活动纲领。如果说营销目标是对大方向的把握，广告战略是宏观的、长期的战略部署，广告策略则是具体的执行手段与对策，负责解决实际问题。

广告战略策划程序包括明确广告战略思想、设定广告战略目标、分析企业内外环境、确定广告战略任务和制定广告策略 5 个步骤。广告战略策划可以通过角色界定法、要点思考法、战略模型法三种方法来进行。评价广告战略要采用科学的标准和正确的方法，以防止因为战略制定不恰当而对整个广告运动造成误导。

项目综合训练

★ 话题讨论

1. 企业的广告战略是在对企业实力、市场、产品和广告的实施等方面战略分析的基础上制定的，广告战略具有整体性和全局性，广告战略一经确定，只能执行，不能变动。对此，请谈谈你的认识。

2. 列举一个你较熟悉的商品广告，分析这则广告所突出的战略思想是什么？

3. 当市场领导者企业遇到挑战的时候，应如何调整其广告战略？

4. 企业应如何根据市场需求范围和需求目标的多样性和变动性制定广告战略？

★ 复习思考题

1. 怎样理解广告战略的内涵和特征？广告战略策划主要包括哪些内容？
2. 广告战略与营销战略之间的逻辑关系怎样？
3. 如何设定广告战略目标？
4. 试述广告战略与广告策略的关系。
5. 列举一个上市新产品的广告战略及相关广告活动。

★ 案例分析：

明确广告战略思想

2004 年 OPPO 正式进入市场。从"充电五分钟，通话两小时"到"前后两千万，拍照更清晰”再到“更多年轻人选择的拍照手机”，OPPO 不仅在产品策略上做到一年一款旗舰机型，其广告语也随着主打机型的推出而发生改变。OPPO 华丽的“明星家族”也让同行们震撼，杨幂、迪丽热巴、李易峰、陈伟霆、TFBOYS、杨洋，几乎请来“半个娱乐圈”的青春偶像。2016 年 9 月，OPPO 发布全新品牌广告《美因苛求》，TVC 中演员张震工作时“再来一次”的认真态度与 OPPO 的品牌主张实现了完美结合，广告受到了年轻消费群体的一致好评，符合他们对生活品质的精神诉求。OPPO 通过一次次积极的广告宣传向市场领导品牌发起攻势，也因此获得了巨大的成功。专业市场研究机构赛诺发布的《中国移动市场月度分析报告》中显示：2017 年 11 月中国手机整体容量 3 140 万部，其中，OPPO 以 19.2%的份额获得市场占比第一，销售额 129.73 亿元，销售量 603 万部。与此同时，OPPO 的海外发展也越来越顺畅

2010 年 58 同城决定邀请杨幂代言，但却卡在了宣传语上，因为 58 同城的服务项目过多，无法用一句话来完整概括。不过 58 同城 CEO 姚劲波在公司官方微博下看到一句网友留言，写道：“这个网站太神奇了，我刚刚发布租房信息，按下去按钮后随即就有人打电话过来要租房了！”姚劲波受这条评论启发，于是就想出了“这是一个神奇的网站”广告语。这个广告语同杨幂一起传遍了大江南北，电视台、公交车、报纸、网站，随处可见，以至于多年后一提起 58 同城，消费者还是会亲切地说出这句广告语。

招商银行，一直以来以“招商银行，因您而变”为广告语，多年来在广告创意上并未进行很大的突破。2017 年 11 月，招商银行的一则“世界再大，大不过一盘番茄炒蛋”广告语让全国网民泪目。一个留学在外的大学生为了招呼朋友想做一盘番茄炒蛋，因为自己不会炒菜，习惯性地给妈妈发了一条微信，然而此时已经是中国的凌晨 4 点，被吵醒的爸爸妈妈不但没有怪罪儿子，且因语音讲不清楚制作方法，还亲自去厨房录制了番茄炒蛋的视频。虽然这则广告在网上引起了正反两方巨大的争议，但也因此让一直稳健持重的招商银行赢得了全民的关注，且在话题性、情感共鸣、弱化广告性上做得非常成功。

（资料来源：潘君，冯娟.广告策划与创意[M].武汉：中国地质大学出版社，2018.）

问题：

（1）开展广告活动，首先要解决的是为什么做广告的问题，通过搜集上述三个案例相关资料，谈谈你对广告战略指导思想的认识。

（2）企业进行广告战略策划时，需要考虑哪些问题？

★ 模拟训练

【模拟任务】“某品牌混合动力汽车”中长期广告战略规划。

【模拟目的】了解广告战略规划基本知识和内容，了解战略规划特征，对混合动力汽车和新能源汽车市场有一定的前瞻性思考和判断。

【模拟内容】

（1）明确战略指导思想。

（2）确定广告战略目标。

（3）分析企业内外部环境，进行人力、物力、财力资源分析。

（4）确定广告战略内容。

（5）制定广告策略。

【模拟要求】

（1）成立策划小组，6~8 人为一小组，共同完成训练项目。

（2）选择策划品牌，收集该品牌混合动力汽车资料。

（3）开展消费趋势、环保和再生能源动力汽车等的调研工作。

（4）完成战略规划构想，形成 3 000 字左右战略规划报告，要求内容详细，环节有序，文字表述准确。

（5）制作 25 页左右的 PPT 提案报告，要求图文并茂，提案生动。

（6）小组推选代表，分享模拟任务完成情况和成果。

（7）由教师评价、小组自我评价、组间互评等形式共同评价模拟训练的完成情况。

学生自我评价

通过学习项目三，我能够做如下总结：

一、【相关知识】部分总结

1. 领悟的知识要点：____

____

2. 对指导实践的意义：______________________________________

____

二、【项目综合训练】部分总结

1. “话题讨论”和“复习思考题”训练总结：

（1）明确的主要问题：______________________________________

____

（2）提高的主要认识：______________________________________

____

2. “案例分析”训练总结：

（1）案例分析的思路：______________________________________

____

（2）案例分析的自我评价：__________________________________

____

3. “模拟训练”活动实践总结：

（可以从实践活动的要素、思路、方法、团队协作、完成质量和自我能力提升等方面进行总结）

项目四

广告定位与广告主题策划

项目思维导图

- 广告定位与广告主题策划
  - 学习建议
    - 学习目标
    - 学习指导
  - 广告定位
    - 导入案例——“江小白”，另辟蹊径的走心式广告定位
    - 广告定位理论
    - 广告定位理论的发展
    - 广告定位的策略
    - 广告定位的方法
  - 广告主题策划
    - 导入案例——让我做主，N自由！
    - 广告主题的概述
    - 广告主题的策划
    - 广告主题的表现方式
  - 项目小结
  - 项目综合训练
  - 学生自我评价

学习目标

■ **知识目标**

掌握广告定位策略的内容；
掌握广告主题策划的依据及内容；
熟悉广告定位策略的依据；
熟悉广告主题的主要表现方式；
了解广告定位观念。

■ **能力目标**

能够根据广告定位的依据，按照定位的基本程序，分析及运用广告定位策略；
能够运用广告主题的表现方式恰当地表现广告主题。

■ **素质目标**

培养学生广告思维和营销意识，使其在专业领域具备创造性学习能力、研究能力。

学习指导

■ 本项目主要介绍广告定位理论、广告定位策略及广告主题策划内容及表现方式等。

■ 学习的目的在于应用，理论是基础，通过任务实施训练提高实践能力是关键。所以，理论联系实际在这一项目中尤为重要。

■ 学习过程中要注意联系实际，联系实际是学好理论的重要途径。在生活中我们能够随时随地接触到广告，广告就在我们身边，要养成利用自己所学的知识观察广告、思考广告的好习惯。

■ 学习要循序渐进，注意运用正确的学习方法。要注意“知识链接”的相关内容并结合教学内容有针对性地阅读一些相关资料。在明确概念、理解内容的基础上，按要求完成“项目综合训练”。

■ 学会自我总结，自我提炼，发现问题，总结经验，不断提高知识的系统性和内容的实践性。

任务一 广告定位

导入案例 “江小白”另辟蹊径的走心式广告定位

白酒行业一直属于传统行业，品牌诉求千篇一律，都是对于历史文化的诉求、对于高端奢侈生活方式的诉求。多数企业的做法是以陈年老酒的品质诉求、以历史悠久的文化诉求、以豪华奢侈的包装形象、以政务接待或商务宴请为目标市场，在价格上不断上涨，以彰显阶层地位。

创立于2012年的江小白，将自己定位为青春型白酒，致力于向年轻群体提供高品质的单纯高粱酒，致力于捕捉和表达都市文艺青年群体的丰富情绪。江小白的品牌形象是一个卡通男孩人物：大众脸、青春型、文艺心。这几乎是“80后”的群体特征。江小白代表着青春而简单的个性，有强烈的个性表达、爱憎分明的文艺青年情结，而这正契合“80后”一代人的生活状态，注定能引起他们的共鸣。

一、“走心”的广告文案

江小白的广告文案总是金句不断，被奉为业界经典，甚至让许多一线广告公司汗颜。有网友调侃，“江小白是一家被卖酒耽误的广告公司”“江小白写的不是文案，是情绪、是故事，字字句句都是想要约你的理由”。

江小白针对不同的情境提供不同的产品来表达心声，主要产品有表达瓶、青春版500毫升以及三五挚友、拾人饮等。其中，表达瓶是其主力产品，是江小白最出名的产品，净含量为100毫升，酒精度为40度。

表达瓶就是一种可以用来表达的瓶子。消费者扫描江小白瓶身二维码，输入你想表达的文字，上传你的照片，系统就会自动生成一个专属于你的酒瓶。如果你的内容被选中，它就可以作为江小白正式产品，付诸批量生产并在全国同步上市。就是这个二维码，解释了江小白的经典文案来源，也消除了白酒行业与消费者与日俱增的隔离感，让品牌与消费者之间有了双向互动，也给了用户一个表达自己观点的机会。这一方式对于促进用户和品牌之间的互动大有裨益，同时还能为文案的持续创新提供更多的思路和想法。

以下是江小白的表达瓶语录。如此感性的语言，默默传递的情感，是否也让你心有灵犀？

耽误你的不是运气和时机，而是你数不清的犹豫。

从前羞于告白，现在害怕告别。

世上的美景无数，可最美的风景却是回家的路。

我们总是走得太急，却忘了出发的原因。

春意越来越浓，你我的友情却越来越淡，欠我的那杯酒，什么时候还？

人生就像是一道多项选择题，困扰你的，往往是众多的选择项，而不是题目本身。但正是这些选择，使得每个人的生命变得与众不同！

……

二、精准的媒介选择

传统的白酒企业大多依赖传统的渠道模式，将电视广告特别是央视广告作为主要的品牌传播媒介。而江小白根据产品的青春型定位，将社区论坛、微博、微信等社会化营销工具运用得比较娴熟，其媒体受众基本是“80后”“90后”。对这样的一批年轻消费群体来说，传统媒体对其影响力较小，如年轻消费者很少花时间看电视，也很少收听广播或者阅读纸质报纸和杂志。这个群体成长于互联网时代，乐于接受新事物，追求时尚，敢于表达自己的主张，个性突出。从这个方面来讲，社会参与度高的媒体更容易让他们接受。因此，江小白除了在微博、微信等线上推广以外，江小白还选择了两个地点进行线下的广告投放：一个是地铁广告，另一个是在大量的中小型饭店和大排档之类的餐饮地点投放广告。选择地铁广告是因为地铁是白领年轻人的首选出行方式，在这里投放广告就能覆盖大量的目标消费者。第二个地点是大量的中小型饭店和大排档，因为购买江小白的主要消费人群集中在饭店和大排档等用餐的场所。

同时，江小白还通过在《暗黑者》《火锅英雄》《好先生》和《小别离》等热播影视剧中植入广告，提高江小白品牌在电视、电影和网络上的曝光度。

案例思考

江小白的广告是如何赢得年轻人的心的？请为江小白设计一句广告文案和相关的海报。

一、广告定位理论

（一）广告定位的概念

广告定位理论的创始人艾·里斯和杰·特劳特曾指出："定位是一种观念，它改变了广告的本质。"他们认为，广告定位是以产品为出发点的，如一种商品、一项服务、一家公司，但定位的对象不是产品，而是针对潜在顾客的思想。也就是说，要为产品在潜在顾客的大脑中确定一个合适的位置。美国著名营销学者菲利普·科特勒认为："定位是勾画企业的形象和所提供的价值的行为，它需要向顾客说明本企业的产品与现有的竞争者和潜在的竞争者的产品有什么区别。"美国现代广告之父大卫·奥格威于 1971 年提出了广告定位的概念。他认为，现代广告活动的结果，不在于怎样规划广告，而在于把商品放在什么位置上。大卫·奥格威广告定位理论的特点在于，突出广告产品的特殊个性内涵，即在同类产品中的优点，而这些优点又正是消费者所需求的。

可见，广告定位是现代广告理论和实践中极为重要的观念。广告定位是在广告策划和制作中，通过突出产品符合消费心理需求的鲜明特点，确立产品在竞争中的地位，促使产品形象深深烙印在受众心中，使消费者产生选购该产品的稳固印象。

广告定位是将顾客需求、品牌特点、本产品优势相结合，确定产品的广告形象，采用多种表现手法不断强化并在消费者心目中树立起这种形象的一种广告策略。广告定位并不改变产品本身，其实质是选取产品宣传重点，然后予以突出表现。广告定位的目的就是要在广告宣传中，为企业和产品创造、培养一定的特色，树立独特的市场形象，从而满足目标消费者的某种需求和偏爱，为促进企业产品销售服务。

（二）广告定位的作用

1. 正确的广告定位是广告宣传的基准

企业的产品宣传要借助于广告这种形式，但"广告什么"和"向什么人广告"，则是广告决策的首要问题。在现实的广告活动中，不管你有无定位意识，愿意或不愿意都必须给拟开展的广告活动进行定位。科学的广告定位对于企业广告战略的实施与实现，无疑会带来积极的、有效的作用，而失误的广告定位必然给企业带来利益上的损失。

2. 正确的广告定位有利于进一步巩固产品和企业形象

企业产品定位是指在开发产品的过程中，根据客观现实的需要，企业必然会根据所针对的目标市场为自己的产品进行定位，以确定企业生产经营的方向。企业形象定位是指企业根据自身实际所开展的企业经营意识、企业行为表现和企业外观特征的活动，在客观上能够促进企业产品的销售。无论是产品定位，还是企业形象定位，无疑都要借助于正确的广告定位来加以巩固和促进。

3. 准确的广告定位是说服消费者的关键

一个消费者需要的商品能否真正引起其购买行为的出现，首先就要看广告定位是否准确，否则，即使是消费者需要的商品，由于广告定位不准，也会失去促销的作用，使许多真正的目标对象错过购买商品的机会。在现代社会中，消费者对商品的购买，不仅是对产品功能和价格的选择，更是对企业精神、经营管理作风、企业服务水准的全面选择，而企业形象定位优良与否，又正是消费者选择的依据之一，优良的企业形象定位，必然使消费者对产品产生"信得过"的购买信心与动力，促进商品销售。

4. 准确的广告定位有利于商品识别

在现代营销市场中，生产和销售某类产品的企业很多，这就造成某类产品的品牌多种多样，所以广告主在广告定位中要突出自己品牌的与众不同，使消费者认牌选购。消费者购买行为产生之前，需要此产品的信息，更需要不同品牌的同类产品的信息，广告定位所提供给消费者的信息中应该包括本品牌特有的性质和功能，以便消费者更好地识别。准确的广告定位不但告诉了消费者"此产品的有用性"，更告诉了消费者"本品牌产品的与众不同性"。

5. 准确的广告定位是广告表现和广告评价的基础

在广告活动中，广告表现必须以广告定位为基础进行广告视听觉表现，广告表现要以广告定位为目标与导向，体现出广告表现服务于广告定位的思维逻辑。一则广告的好与坏、优与劣，要以广告定位情况来进行分析和评价。这是因为对广告所进行的评价，实际上是对广告表现及产生的社会效果的评价，广告表现要以广告定位为核心展开工作，对广告表现进行评价归根结底就是对广告定位的评价。也就是说，评价广告的依据是，看它是否表现出准确的广告定位思想，是否比较准确地表现出广告定位的主题，而不是单纯围绕广告表现形式而大发议论。准确的广告定位既是广告表现的基础与基准，又应该是广告评价的前提基础之一。

6. 准确的广告定位有助于企业经营管理科学化

广告作为企业行为中的重要内容之一，是企业战略目标实现的重要手段，广告定位看起来仿佛只是属于广告活动的范畴，实则是企业经营管理中不可缺少的重要组成部分，科学的企业经营管理，有助于准确地进行广告定位，而准确的广告定位在促进企业营销目标实现的同时又反过来促进企业管理的科学化和规范化。

二、广告定位理论的发展

广告定位理论的发展共经历了四大阶段。

（一）USP 阶段

20 世纪 50 年代左右，美国的罗瑟·瑞夫斯提出广告应有“独有的销售主张”（Unique Selling Proposition，简称 USP）。他主张广告要把注意力集中于商品的特点及消费者利益之上，强调在广告中要注意商品之间的差异，并选择消费者最容易接受的特点作为广告主题。20 世纪 50 年代末期，随着产品时代被市场营销时代代替，确立“独有的销售主张”就变得日益困难。但是，USP 理论中的基本思想则被随后的广告思潮吸取。因而，直至今日，许多广告人把 USP 赋予诸多的现代意义，为当代广告活动所采用。

（二）形象广告阶段

从 20 世纪 50 年代以来，西方经济发达国家的生产得到迅速发展，新产品不断涌现，同类产品在市场上的竞争十分激烈。许多广告人通过各种广告宣传和促销手段，不断为企业提高声誉，开创著名品牌产品，使消费者根据企业的名声与印象来选择商品。此时期，涌现出一大批著名的广告人，广告思想都以树立品牌形象为核心，在客观的广告实践中，推动了企业营销活动的开展。这一时期最具代表性的人物就是被称为“形象时代建筑大师”的大卫·奥格威。他的最著名的命题之一就是：“每一广告都是对品牌印象的长期投资。”

（三）广告定位阶段

1969 年艾·里斯和杰·特劳特在美国《产业行销杂志》写了一篇名为《定位是人们在今日模仿主义市场所玩的竞赛》的文章，使用了“定位”一词。广告定位阶段自 20 世纪 70 年代初期产生，到 20 世纪 80 年代中期达到顶峰，其广告理论的核心就是使商品在消费者心目中确立一个位置。正如艾·里斯和杰·特劳特所指出的：“广告已进入一个以定位策略为主的时代，想在我们传播过多的社会中取得成功，一个公司必须在其潜在顾客的心智中创造一个位置。”“在定位的时代，去发明或发现了不起的事物并不够，甚至还不需要。然而，你一定要把进入潜在顾客的心智，作为首要之图。”

（四）系统形象广告定位阶段

进入 20 世纪 90 年代后，世界经济日益突破地区界限，发展成为全球性的世界性大经济。企业之间的竞争从局部的产品竞争、价格竞争、信息竞争、意识竞争等发展到整体性形象竞争，原来的广告定位思想也发生了变化，发展为系统形象的广告定位。这种广告定位思想，变革了产品形象和企业形象定位的局部性和主观性的特点，也改变了 20 世纪 70—80 年代广告定位的不统一性、零散性、随机性，更多地从完整性、本质性、优异性的角度明确广告定位。系统形象广告定位，最初产生于美国 20 世纪 50 年代中期，发展于 20 世纪 60—70 年代，成熟于 20 世纪 80—90 年代。这种广告形态不但在欧美，而且在亚洲都产生了划时代的影响。在一些著名企业中，管理者在系统形象广告领域都做了大量的工作，这就促进了企业的经济效益和社会效益大幅提高。

三、广告定位的策略

（一）市场定位策略

这是市场细分策略在广告定位中的具体运用，将产品定位在最有利的市场位置上。这也是运用比较广泛的一种定位。任何企业，无论其规模如何，都不能同时满足所有消费者的所有需要；而只能为自己的产品销售选定一个或几个特定的目标市场，为自己的产品选择某个范围内的特定消费者，这就是市场定位。

例如，国高集团公司曾代理德国必特堡啤酒的广告，经过细致的市场调查发现：许多消费者认为德国啤酒味“太重、太苦”，青年人不爱喝，仅中年人喝，于是广告将28~45岁中收入较高、事业有成、文化素养好、讲究生活品位的男士作为必特堡的目标对象，确定“成熟男人深爱必特堡”这一广告定位。“味苦，喝必特堡啤酒，令您回味起人生甘甜，享受生活真趣”的广告词将必特堡啤酒成功打进广州市场。

（二）产品定位策略

产品定位策略强调的是在广告中最大限度地挖掘产品自身特点，把最能代表该产品的特性、性格、品质、内涵等个性作为宣传重点，强调其与同类商品的不同之处，并能给消费者带来更大的利益。在现实操作过程中，产品定位可以从以下方面切入。

1. 功效定位

功效定位是指在广告宣传中，突出产品能给消费者带来同类产品所不能给予的利益和好处，使该商品在同类产品中有明显的区别，以增强竞争力，以增强选择性需求。例如，宝洁公司洗发水广告中，飘柔广告的利益承诺是“柔顺头发”；海飞丝广告的利益承诺是“去头屑”；潘婷广告的利益承诺是“营养头发”，这些都是功效定位。

2. 品质定位

品质定位是通过强调产品具体的良好品质，及其给消费者带来的物质和精神的享受，而建立和塑造起产品在消费者心目中的地位。这种广告定位策略所强调的品质必须是产品具体看得见，摸得着的品质，不能空泛。这是一般广告中最惯用的一种定位方式，因为创造并展示一个产品的优秀品质，是企业谋求市场的最基本要求。品质定位不应仅仅是笼统地宣传用料上乘、品质优良等，而应从具体的品质上加以细节描述。例如，在众多饮用水广告中，乐百氏纯净水广告着重宣传商品的品质，将无色无味的水介绍得有滋有味，突出了“二十七层过滤”的生产过程，让消费者饮用时尽可放心，甚至使人觉得不会有比这更纯净的水了。

3. 质量定位

质量定位是指在广告宣传中，通过强调产品的耐用性、可靠性等指标而进行的一种广告定位策略。这种策略在具体实施中应注意产品的质量要确实过硬，广告不能浮夸，要用生动形象化的语言，给予消费者真实的感受。例如，康师傅方便面上市之际，把广告定位在“香喷喷、好吃看得见”，并对看得见的香喷喷用料进行重点宣传，使消费者对其品质产生信赖感，从而产生强烈的购买欲望。

4. 价格定位

价格定位是指产品的品质、性能、造型等方面与同类产品相似，没有什么特殊的地方得以吸引消费者，在这种情况下，广告宣传便可以使用价格定位，使产品的价格具有竞争优势，从而吸引更多消费者，挖掘出更多的潜在受众，从而有效地击败竞争对手。实际中，这种定位往往表现为宣传产品的价廉物美和物有所值。

然而，由于产品特点、需求特点和消费心理特点的不同，价格的促销程度和作用方式也有很大差别，在广告中利用价格因素的策略也就不一样。

（1）低价定位策略。根据需求价格弹性的一般规律，低价效应是广告价格定位策略中最常见的。在广告中，突出商品价格低廉往往能吸引更多的消费者，这是由于大多数人都希望能以较少的代价换取相同的使用价值，而且商品价格低廉，买得起的人也会增多。广告以减价、折价、优惠销售等作为定位形态。例如，百事可乐针对可口可乐瓶形固定、容量少、几十年一贯制的弱点，改用比其容量大的瓶子，却以与可口可乐相同的价格出售。百事可乐广告主题是：同样是 5 分钱，原来只可买 6.5 盎司一瓶的可口可乐，而现在却可买到 12 盎司一瓶的百事可乐。“一样代价，双重享受”的广告，这个“价格更便宜”的定位夺走了可口可乐在美国大众中的相当一部分市场。

（2）高价定位策略。高价定位是以高位价格突出商品的档次，塑造高品质的商品形象，多运用于汽车、香水、手表等高档商品。之所以可以将这类产品价格定得相对高昂，原因是高档商品的价值在于其可以带给人们精神上的满足感而非仅仅是使用价值，他们认为高昂的价格才能体现其鹤立鸡群的尊贵的形象。所以，这类商品的价格越高，越能显示出商品的名望，也就越能体现出购买者的地位、实力、声望。高价定位的成功秘诀在于抢先在同类商品中确定高价值的位置。当然，这个位置必须是有事实根据的，而且是消费者能够接受的。例如，“世界上最贵的香水只有快乐牌(Joy)”“为什么你应该买伯爵表(Piaget)，它是世界上最贵的表”。

5. 服务定位

服务定位就是强调公司及产品完善的服务措施和周详的服务保证，以解除消费者的后顾之忧。上海大众有一则宣传优质服务的广告，整则广告是一象棋的棋盘，中间是“汉界”和“楚河”，两头两部汽车，中间还有一根直线上写着一行黑体字：“上海大众乌鲁木齐维修站和上海大众的直线距离长达 3 300 公里，但是服务水平丝毫没有差距。”该则广告意在说明，乌鲁木齐虽然与上海相距遥远，自然环境不同，风俗习惯迥异，方言上也有差别，但是，设施装备一样全，技术水平一样高，维修速度一样快，服务质量一样好，可以享受到完全一样的优质服务。根据广告产品服务质量定位策略，上海大众把广告的诉求内容集中在热情、高效、优质的服务质量上，而不是在宣传产品名字与其他优点，不但进一步加深了消费者对产品质量的信赖。而且使企业产品及识别标志有了更丰富的内容，提高和扩大了企业的知名度，美誉度。

（三）形象定位策略

1. 品牌形象定位

品牌形象定位即把定位的着眼点放在扩大和宣传品牌上。目前的市场竞争已进入了同质化时代，很多同类商品使消费者无法从简单的识别中辨别出优劣。企业之间的竞争就在于品牌的竞争，谁抢先树立了自己的品牌，谁就赢得了商机。例如，洋河蓝色经典广告，“世界上最宽广的是海，比海更高远的是天空，比天空更博大的是男人的情怀”，用蓝色代表产品，给人以深刻的印象，增强了品牌辨识度。其广告语表达出了一种宽广博大、宁静致远的男人情怀，在同质产品中差异化显著，突出了品牌形象。

2. 企业形象定位

企业形象定位是把定位的重点放在如何凸显企业的形象和树立一个什么样的企业形象上。通过注入某种文化、某种感情、某种内涵于企业形象之中，形成独特的品牌差异。真正成功的企业形象，是恰到好处地把握住时代脉搏，击中人类共同的感动与追求。定位可以从企业文化的角度、企业情感的角度、企业信誉的角度、企业特色的角度来树立企业的形象。例如，“海尔，真诚到永远”这句经典广告语，尽管没有直接对海尔集团的产品进行宣传和介绍，但却是对海尔集团企业理念和企业文化的凝练概括，为客户着想的经营理念一下子拉近了企业与目标受众的心理距离。

（四）观念定位策略

日本产品设计家平岛廉久认为：商品提供给消费者的价值有两种，一种是硬性商品价值，是指商品提供给消费者的实际功能。另一种是软性商品价值，是指能满足消费者感情需求的附加功能。这种附加功能是由商品本身延伸出的一种观念，是人们购买商品时的一种感受、一种希望、一种梦想。正如一位广告人所说：“对于妇女，卖给她们的不是鞋，而是漂亮的脚。”

在现代社会，人们购买商品是为了满足感性需求。如果广告仅仅向消费者诉诸商品的具体功能，很难产生强烈的吸引力。观念定位法就是突出商品的新意义，改变消费者的习惯心理，树立新的商品观念的广告定位方法。

1. 流行观念定位

流行观念定位是指以社会流行观念创造出商品的附加功能，以迎合消费者心态的广告定位方法。例如，美国箭牌系列口香糖，薄荷香型的青箭、兰花香型的白箭、鲜果香型的黄箭和玉桂香型的红箭，四种品牌口味各异。厂家除了在包装上加以区分外，还利用社会正流行的色彩观念，赋予各种口味颇有创意的附加功能。在广告宣传中，青箭是“清新的箭”，以清新香醇的口味令人从里到外清新舒畅；红箭是“热情的箭”，以独特的口味令人散发持久的热情；黄箭是“友谊的箭”，可以缩短距离，搭建友谊的桥梁；白箭则是“健康的箭”，它的广告词写道：“运动，有益身心健康，如何帮助脸部做运动呢？每天嚼白箭口香糖，运动你的脸。”嚼口香糖“运动你的脸”，这是非常有创意的定位，不但使商品的附加功能更突出，而且将市场范围由青少年扩展到成年人，正是这种既新颖独特又符合社会流行观念的广告定位，使箭牌口香糖在美国市场上畅销不衰。

2. 个体成功观念定位

这类定位包括对个人生存的全部正面价值的肯定，如事业、成功、地位、身份、财产、健康、友谊、爱情、审美等，此类定位方法运用得最为普遍。例如，法国有多种贮存20多年的XO高档白兰地，多为高级宴会饮用。为了进一步提高它的知名度，扩大销售，一方面，厂家对酒瓶形状进行改造，采用长颈酒瓶设计，以示与众不同；另一方面，在广告策划上，把长颈XO定位在“高贵”上，并推出了一个含蓄、幽默的广告语“长颈XO，高人一等”，既宣传了酒瓶设计和产品质量的高人一等，又暗含了饮用者将拥有一种更高贵的气派，可谓是一箭双雕。

3. 逆向观念定位

逆向观念定位是相对于正向观念定位而言的。所谓正向观念定位就是以突出广告商品的优异之处进行定位，是被普遍采用的一种定位方法。逆向观念定位是指借助于有名气的竞争对手的声誉来引起消费者对自己的关注、同情和支持，以便在竞争中占领一定市场份额的广告定位方法。例如，台湾建弘电子公司开发的普腾(Proten)电视，在美国CBS、ABC各大电视台测试的结果证明，其性能超过专业水准。为了打开美国市场，树立自己的品牌形象，公司当时的总经理洪敏泰决定采用借名的方法进行广告宣传。当时日本索尼在美国已建立起优秀的品牌形象。于是，普腾电视就打出了“对不起了，索尼(Sorry，Sony)”的广告口号，展开了强大的广告攻势。普腾采取了进攻性的逆向观念定位法，借竞争对手之名引起了更多、更大的关注，同时动摇了竞争对手固有的地位，改变了消费者的看法并取而代之，此法多适用于二、三流企业和二、三流商品。

4. 是非观念定位

是非观念定位是指在广告中注入一种新的消费观念，通过新旧观念的对比让消费者“明辨是非”，接受新的消费观的广告定位方法。因为它是美国七喜汽水公司非可乐型汽水运用成功的典型例子，所以又称为非可乐定位策略。七喜汽水为了挤进饮料市场，运用逆向思维把七喜汽水定位成“一种非可乐型饮料”，人为地创造出一种新的消费观念：饮料分为可乐型和非可乐型两种。可口可乐是可乐型饮料的代表，而七喜汽水则是非可乐型饮料的代表，这样就促使消费者在两种不同类型的饮料中选择。七喜汽水打出的广告标题是“过去到现在一直用一种方式思考吗？现在可以改变了”，广告口号则是“七喜，非可乐”。这一口号被美国广告界公认为是一个辉煌的、划时代的广告口号。它打破了传统的思维习惯，不是在七喜汽水瓶里找到“非可乐”的构想，而是在饮用者的头脑中找到了它。因此，七喜汽水以非可乐定位的形式引起了消费者的注意，获得消费者的青睐，此口号打出的第一年，七喜汽水的销量就上升了15%。是非观念定位是一种以守为攻、变被动为主动的定位方法，适用于三流企业、三流商品。这样可以避开一、二流企业的锋芒，另辟市场，从侧面与其展开竞争。

（五）重新定位策略

重新定位也叫再定位，即根据市场变化，重新制定广告策略。市场是复杂的，决策失误也是常有的事。为了避免错误的定位导致商品无法发挥其特性，出现滞销的问题，就需要广告策划者重新定位。例如，通用食品公司的麦氏咖啡最先打入市场时定位为速溶咖啡，但由于与人们的传统习惯相背离，传统上人们对咖啡更讲求煮，认为用速溶咖啡待客不礼貌。于是又进行了重新定位，“精选的咖啡尝起来就像煮的咖啡一样”，把速溶咖啡同极好的煮咖啡联系在了一起。由于广告做得很成功，“滴滴香浓，意犹未尽”的广告语众人皆知。可见，这种重新定位，可以进一步挖掘商品的某一方面的个性和特点，塑造与众不同的形象，使其独具特色，更有说服力，也可以进一步明确商品给消费者带来的利益和需要，以达到吸引和贴近消费者的目的。

知识链接

广告产品色彩定位

美学和心理学研究成果及艺术实践早已证明，色彩对人们的情绪、性格、思维均有很大影响。个人对色彩的选择也能反映出人的个性特点。比如，色调沉实而近于黑，给人稳定坚实之感，是强烈的男性化色彩，只要注意明度适当，避免沉闷感，无疑会给男性生活用品增加魅力，而那种性格内向的中年男性，尤其喜爱甚至偏好这种色彩效果。

广告宣传突出产品或包装的色彩特点时，除了要适应消费者的个性特点外，还要注意调动消费者的心理愉快感和色彩联想力。心理愉快感跟民族习俗、所处环境、季节时令等都有关系。比如，在部分苗族聚居地区，黑色会引起居民的愉快感；在海边或高原，蓝色会引起愉快感；在夏季，冷色会引起愉快感；在冬季，暖色会引起愉快感；等等。

色彩联想力跟个人的兴趣爱好、理想追求、生活习惯及生活遭遇等密切相关。比如，对于白色，医院的医护人员很容易产生职业联想，久住医院的病人则容易产生病痛联想，常进餐厅的食客容易产生清洁联想，喜欢围棋的人则可能产生兴趣联想，等等。因此，采用色彩定位广告策略，还要注意目标市场的特点，注意消费者群体的色彩感应特点，并根据这种特点而确定应该突出产品或包装的何种色彩特点，才能调动消费者心理愉快感和色彩联想力。

成功的品牌都有各自独特的色彩语言，可口可乐的红色象征热情与活力，百事可乐的蓝色象征新生代的变化，众多果汁饮料的水果原色代表健康。每一种色彩都能赋予品牌相应的个性，但同时，一种色彩只能帮助一种品牌成功。因此，爆果汽作为后起之秀，效仿任何一种已有品牌的色彩都是不明智的。唯有性感的黑色，目前还没有被任何一款饮料采用，它不仅浓缩了传统亮色的活力和健康，还具备独一无二的控制力量，代表了备受年轻人青睐的新生代语言，这种感觉正是其他饮料品牌所缺少的。绝无仅有的色彩包装再加上特有的外观设计，让爆果汽彻底地过足了瘾，也让爆果汽彻底地征服了消费者的心智，从而赢得了市场。

广告中对色彩的定位一定要慎重，如果选择不当，所宣传的色彩特点便不能成为人们购买行为的诱因，甚至还可能因为人们对色彩的特殊敏感性而产生广告负效应。

（资料来源：范云峰，王珏.营销广告策划[M].北京：中国经济出版社，2004.）

四、广告定位的方法

（一）抢先定位法

抢先定位法是指广告主在进行广告定位时，力争使自己的产品品牌率先进入目标受众的心目之中，借此抢占市场第一位置的定位方法。经验证明，最先进入人们心目中的品牌，平均比第二位的品牌在长期市场占有率方面要高很多，而且这种关系很难在短期内得到改变。

（二）强化定位法

强化定位法是指企业在成为市场领导者后，继续通过广告活动，进一步加强产品在消费者心目中的印象，以确保第一位置的定位方法。例如，在面临百事可乐严峻挑战的情况下，可口可乐公司推出的强化广告语是“只有可口可乐，才是真正可乐”，很好地解决了市场有新竞争者的棘手问题。

（三）比附定位法

比附定位法是指企业在广告定位中，在明确自己当前市场地位的基础上，用直接比较或类比的方法，在目标受众心目中开拓和建立自己的产品形象和产品地位的定位方法。无铅汽油、无糖食品等都是新观念相对于老观念的比附定位，而宁城老窖在广告中宣称自己是“塞外茅台”的做法，则是一种借行业领先者声誉开创自我品牌的比附定位手段。

（四）补隙定位法

补隙定位法是指企业在进行广告策划时，根据自己的产品特点，寻找消费者心目中的空隙，并力求在产品的各种特征上有别于竞争对手，以此填补竞争对手留下的市场空白的定位方法。事实上，当前各类产品之间的市场竞争尽管异常激烈，但只要通过对市场的悉心研究，就可以找到竞争对手的薄弱之处和留出的市场空间。

任务二　广告主题策划

导入案例　　**让我做主，N自由！**

理发店——徐静蕾冲进去，猛跌坐在椅子上，冷冷地说：“剪得越短越好！”显然她刚分手。看着她冷漠的表情，理发师无奈……碎发一缕缕掉下，徐静蕾两眼紧闭，泪水滑落，痛苦万分。当她慢慢地睁开眼，发现头发并没有被剪短……“这样也挺好，对吗？”她冲着理发师笑笑，然后洒脱而去。

办公室——徐静蕾深情地拿起上司桌上的家庭合照，突然，她心仪的上司出现，令她措手不及，“喜欢他……直到最近听说他和她要分开……”一天，上司平静地对她说：“下班后，和你谈谈好吗？”她嫣然一笑，拿出一封辞职信，转身离去。“其实，我只是喜欢暗恋他的感觉……”

演播室——徐静蕾挂上手机：“就这样吧。”她神色黯然，开始了天气预报：“一股强冷空气南下到达我市，预计12小时内将会有暴雨。整个暴雨过程将持续2到3天。”徐静蕾深有感触地一转话音：“我们将用雨水冲刷已经燃尽的爱情灰烬，我相信，雨过天晴之后的一切将会比原来更加美好。”家中看电视的男友，对此感到无比惊讶，而总监也连忙示意切换镜头。雨中，徐静蕾转身潇洒离去……

酒吧里——吉他手深情地弹唱，引起阵阵叫好声，吉他手深邃的眼神和徐静蕾不期而遇，她有点被他打动，在一片赞叹声中，吉他手不顾旁人的示好，径自走到她面前："你知道吗？你很特别！"她一笑："你知道吗？我不喜欢长发的男孩！"爱憎分明：徐静蕾一甩头，走了。

相信看过这组广告的人，当时心里都有一种很特别的感觉。21世纪初，N自由是介入洗发水白热化纷争时的一个新锐。当时宝洁光芒四射，洗发水广告如果不能突破宝洁印象，无异于以卵击石。策划者从《新周刊》专题提出的"她世纪"得到启示：出生于20世纪七八十年代的她世纪女性，个性鲜明，爱憎分明，一旦决定就义无反顾，她们的美丽犹如行云流水，自如，自由，自在。她们将拥有21世纪，21世纪是N自由的世纪，N自由广告主题由此确立："让我做主，N自由！"

然而，让谁喊出她世纪女性的宣言呢？策划者选定了徐静蕾。因为，在《同桌的你》《一场风花雪月的事》《爱情麻辣烫》等影视剧中，徐静蕾扮演的都是小家碧玉的角色，恰好她在《让爱做主》中摇身一变，从一个传统女性变成敢爱敢恨的女性，让人耳目一新。正是这个原因激发了策划者的创意，于是为徐静蕾编导了四个"她世纪的情感故事"，演绎"N自由=她世纪"。

（资料来源：谢仲文.广告策划教程[M].桂林：广西师范大学出版社，2005.）

案例思考

广告主题策划如何体现品牌内涵或品牌个性所代表的精神意义？

一、广告主题的概述

（一）广告主题的含义

广告主题就是广告为达到某个目的而要说明和传播的基本观念。这一观念是在广告商品中提炼出来的，对消费者有着实质的或心理上的价值。广告主题是广告的中心思想，是广告内容和目的的集中体现和概括，是广告诉求的基本点及广告创意的基石。广告主题像一根红线贯穿于广告之中，使组成广告的各种要素有机地组合成一则完整的广告作品，广告设计、广告创意、广告策划、广告文案、广告表达均要围绕广告主题。

（二）广告主题策划是广告策划的灵魂

广告主题是广告的灵魂，是广告通过其内容所要表达的基本观点或明确的意图，广告主题在很大程度上决定着广告作品的格调与价值。

1. 广告主题贯穿于广告活动中

广告活动的每个环节都与广告主题息息相关。广告创意要以广告主题为依据，所有的广告创意、构思都必须以能表现广告主题为原则，广告策划也是为了寻求表现广告主题的最佳方式，广告媒介计划及组合同样也要为表现广告主题服务，广告作品的设计、制作都是为了表现广告主题。广告效果是由广告主题对视听众的影响和刺激而引起的。

2. 广告主题在广告作品中具有统率作用

这主要体现在广告作品的所有构成要素都必须服从于广告主题，凡是与广告主题相抵触的或者与广告主题关系不密切的因素，都不能为广告作品所容纳。同时，广告作品中的各个要素并不是凌乱的堆砌，而是由广告主题把它们联系起来，构成一个完整的广告作品。

3. 广告主题使消费者产生心理共鸣

这是广告效果产生的关键，也是广告成功的关键。大多数人对广告漫不经心，缺乏视、听、读的耐心。如果广告主题不突出，广告内容庞杂，就会增加人们接触广告的抗拒心理。所以，一则广告的生命力全在于其广告主题是否正确恰当。广告主题越鲜明突出，越容易引起消费者注意并产生共鸣，只有主题明确的广告才能使人们在短时间内明白广告内容，乐于接受广告信息。

4. 广告主题决定广告诉求力量

广告的一大目标就是追求强大的诉求力量。广告的诉求力量一般来源于诉求焦点与诉求方式的选择。无论是诉求焦点还是诉求方式，只有符合广告主题的要求，才能发挥出广告诉求的力量。广告主题明确，就能突出诉求重点，使广告内容精练，在有效时间和空间内表现商品、劳务的优点，使人们在接触广告的瞬间，能够对商品产生兴趣，激发购买欲望。

知识链接

广告主题的要求

（1）显著。广告主题要能够最大限度地引起人们对主题的注意，因此，在选择时，必须要考虑广告主题是否具备显著性。

（2）易懂。通过易懂的广告主题，能够向消费者准确地传递广告的核心信息，使消费者通过广告获取产品、企业对满足需求的意义。

（3）刺激。广告主题确定后，广告的表现将围绕它来进行。选择对消费者的购买动机有刺激性的主题，能使广告激发消费者的购买欲望。

（4）统一。为了保持广告信息传播的连续性，增加广告的累积效应，无论从时间上还是在各种媒体上，都要保持广告信息的内在统一，而实现这种统一的条件就是要保持广告主题的统一。不统一的广告主题将引起消费者对产品或企业认识的混乱。

（5）独特。广告主题是广告创意的基础，新颖、独特的广告主题，能够给人留下长久的印象。要防止和避免同一产品广告主题同一化或广告信息过多，主题不突出，消费者难以理解。

（资料来源：李志刚.广告学原理与实务［M］.2版.重庆：重庆大学出版社，2018.）

二、广告主题的策划

（一）广告主题策划依据

广告主题是广告策划、设计人员经过对企业目标的理解，对产品个性特征的认识，以及对市场和消费者需求的观察、分析、思考而提炼出的诉求重点。广告主题策划要考虑广告目标、信息个性和消费心理等因素，使三者相辅相成。

1. 广告目标

广告目标是广告战略的核心，广告的主题必须服从和服务于广告目标的要求。确认这一构成要素，一方面要考虑如何使广告目标符合企业的整体目标；另一方面要考虑广告目标融入广告主题的可能性，确保这种目标经过广告主题得以实现。

2. 信息个性

信息个性是指广告所宣传的商品、企业或观念的与众不同的特点。广告要表现商品或服务的特点，广告主题也必须突出其个性差异。寻找并确定信息个性是个复杂的过程。这需要广泛了解广告产品和广告企业有关的信息，还要充分了解竞争产品或非竞争性的同类产品的各种特点，了解竞争产品广告的主题构成要素，然后研究各种历史的和现实的资讯材料，进行反复比较研究，提出多种备选方案，最后才能确定。

3. 消费者心理

在买方市场条件下，各种产品极大丰富，竞争激烈，消费者所关心的问题不再是能否买到某种商品，而是所购买的商品能否满足自我、表现自我、塑造自我，消费者的心理因素在购买活动中已处于主导地位，理所当然该纳入广告主题的考量范围。确认消费者心理这一构成要素时，尤其要注意目标市场的细分情况，尽可能使所确认的消费者心理要素，能够准确地反映目标市场的心理趋势及人文特点，使广告主题与消费者发生更大的共鸣。

（二）广告主题策划的内容

1. 从产品实体因素出发确定广告主题

产品实体是产品价值的载体，是消费者利益实现的基础，实体价值可以充任广告主题的立意点。广告专家大卫·奥格威非常重视从产品实体出发寻找广告主题构想的方法。一般来说，可以从以下产品的具体实体因素确定广告主题。

（1）产品的品质、原料、构成成分、结构、性能等；

（2）产品的生产和管理的方法、生产过程、生产条件、生产环境、生产历史等；

（3）产品的设计特征，如品名、标志、包装等。

例如，沃尔沃卡车广告深谙“如何把无聊的产品介绍变酷炫”。2013 年沃尔沃《Epic Split》广告中，老牌“硬汉”尚格云顿，站在两辆倒行的卡车中间脚踩侧镜表演劈叉“一字马”（图 4-1），用行动诠释了沃尔沃动态转向系统无与伦比的稳定性。2019 年《The Tower》广告，为了展示四款新车的坚固强大，沃尔沃卡车将 4 辆卡车“叠罗汉”（图 4-2），打造了一座高 15 米、重 58 吨的卡车巨塔，并让其全球总裁 Roger Alm 站到了巨塔之上。

图 4-1 沃尔沃卡车“一字马”广告

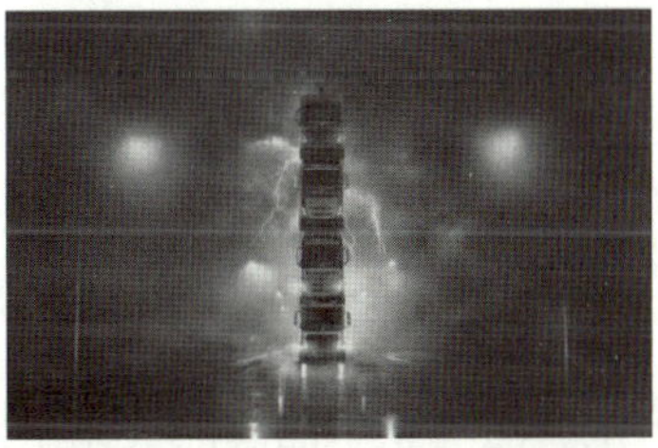

图 4-2 沃尔沃卡车“叠罗汉”广告

2. 从产品的使用情况出发确定广告主题

产品的使用情况是指消费者在产品的使用过程中能获得什么价值，这是在广告中大量出现的主题，也是最不容易把握和表现的主题。

（1）从产品的用途和用法方面确定广告主题。例如，“肠虫清”的“两片”广告；“白加黑”感冒药的“白天吃白片不瞌睡，晚上吃黑片睡得香”；“活力 28”洗衣粉中的“1 比 4”。

（2）从产品使用的实际价值和效果，即从产品可能给消费者带来的利益方面确定广告主题。例如，“飘柔”洗发水的英文商标为“REJOICE”，给人以“狂歌劲舞”“欢呼雀跃”的动感；而相应的中文商标为“飘柔”，则给人以“飘若游丝”“柔如微风”的静感。英文和中文商标的动静结合，刚柔相济，给人以美的诱惑。

（3）从消费者对产品使用的反应方面确定广告主题。例如“大宝”晚霜、日霜广告中，通过不同身份的消费者（教师、女工、京剧演员、摄影记者）对产品使用的评价，烘托了“大宝”产品“价廉物美”的广告主题。

3. 从产品价格、档次出发确定广告主题

企业对自己的产品从价格、档次、品位等方面都有一个基本的定位，这一定位也可被选择为广告主题。

例如，台湾全联超市和台湾奥美开始合作后，广告一直围绕着“省钱”这一主题：“全联不会让你付钱去买那些带不回去的东西”（2006）；“便宜一样有好货”（2007）；“爱惜金钱，便宜买好货”（2008）……“省钱存梦想”（2012）“全联经济美学”（2015）。如图 4-3 所示。

图 4-3　台湾全联超市“全联经济美学”广告

4. 从产品与其他产品的关系出发确定广告主题

（1）从产品与其他相关产品的关系出发确定广告主题。人们生活的需要是相互关联的，而一种产品只能满足人们生活的某些部分需要，而有了这部分需要又常常引发对另外部分产品的需要。例如，川崎火锅调料广告：“吃火锅的时候，没有川崎怎么行！”

（2）从产品与竞争品牌的关系出发确定广告主题。产品在市场上并非孤立存在的，它总会与同类产品和替代产品发生竞争关系。竞争品牌的广告会影响和制

约本品牌的广告信息,这种影响可能是正面的,也可能是负面的。如果广告策划人员选择从竞争关系出发来确立广告主题,应明确自己品牌产品与竞争品牌建立差异的可能,消费者能否接受这种差异。例如,"新盖中盖"的高钙片广告"这人啊一上年纪就缺钙,过去一天三遍地吃,麻烦!现在好了,有了新盖中盖高钙片,一片顶过去五片,高压片,水果味,一个片嘣五楼,不费劲儿!一天一片,效果不错,还实惠",强调用"新盖中盖"补钙,一天只需"一片"。

5. 从消费者对产品的关心点和期望出发确定广告主题

消费者关心点是其对某一产品产生注意或有需求欲望时,对该产品最为在意的那些价值功能。广告策划人员应该顺应这种关注指向,将广告主题建立在消费者关注价值之上。例如,帮宝适将消费者对纸尿裤的期望利益点"干爽舒适"作为广告主题。

6. 从产品的价值链出发确定广告主题

(1) 从产品的社会关系价值链出发确定广告主题。产品不仅对消费者个体消费有价值,而且通过其某一属性价值在消费者社会关系中的扩散,体现了其社会价值,这种社会价值就是我们通常所言的友谊、亲情、爱情等,它也可以成为我们确定广告主题的立意点。例如,脑白金的广告"今年过节不收礼呀,收礼只收脑白金""今年孝敬咱爸妈,送礼还送脑白金",是将产品的价值属性放到消费者的社会关系中去考察,通过社会价值的体现来选择广告主题。

(2) 从产品的主观价值链出发确定广告主题。产品的一项价值可以延伸出另一项价值,另一项价值又可以延伸出另外的价值,这种价值的衍生便构成产品的价值链。广告策划者从价值链中提炼那些最有特色最有吸引力的环节作为广告主题的利益点。例如,"雀巢"咖啡的"味道好极了","德芙"巧克力"纵享丝滑","蓝天六必治"牙膏广告"牙好,胃口就好,吃饭倍儿香,身体倍儿棒"等。

7. 从创造产品新价值出发确定广告主题

(1) 从唤醒消费需求出发确定广告主题。消费者除了对产品属性具有现存需求外,还有潜在需求,即潜伏于消费者心理和社会关系中,消费者自身还未充分认识到的需求。以这种需求作为确定广告主题的立意点进行广告活动,往往会收到较好的效果。例如,在日本,一般工薪阶层很少有在家用早餐的习惯。日本电通广告公司却从无需求中看到巨大的潜在价值。为唤起对家用早餐的潜在需求,电通为"玛琪汤"(系一种不费烹调时间的速成汤)创造了一个有名的以"早安!玛琪"为主题的广告活动。广告利用工薪族上班时往往不得已空着肚子,以父母、太太为这种不正常的生活习惯而替他们担忧和操心的情况为核心,展开广告主题宣传,获得了较大成功。

(2) 从创造消费需求出发确定广告主题。消费者有时对某一产品处于一种"无需求"的状态,即消费者对某一产品不感兴趣或漠不关心,这一般是由于消费者对产品的价值没有认识,在这种情况下,广告可以起到引导和创造消费的作用,而广告主题也以挖掘产品的新价值为立意点。例如,Mercedes-Benz 和世界手表业巨头 Swatch 公司的创意合作产物 smart,恰恰看中了众多大型车厂都忽略了具有相当大潜力的微型车市场,smart 是针对追求时尚的年轻人设计开发的微型车,拥有袖珍车身和卡通外形，广告主题突出了其时尚小众微型的特点，如图 4-4 与图 4-5 所示。

图 4-4　smart 广告“字母篇”

图 4-5　smart 广告“隐藏篇”

三、广告主题的表现方式

广告主题确定以后，通过什么方式表现广告主题是广告策划的关键步骤。广告主题的表现手法很多，在广告主题表现手法应用时，要根据实际情况选择使用，创新使用。只要能更好地体现主题，吸引消费者，就是好的广告主题表现方式。

（一）直陈式表现广告主题

直陈式表现方式即直接在广告中说明产品的特点、用途、功能等，这是最常见的一种广告表现方法。以产品的功能价值作为广告主题，既包含有物质性的，又包含有心理性的。例如，2003 年，一首儿歌唱红了一个婴儿品牌：“洗呀洗呀洗澡澡，宝宝金水少不了，滴一滴呀泡一泡，没有蚊子没虫咬。”接着是一个十分准确诱人的告白：“宝宝金水——去痱、止痒、防蚊虫！”这个广告就是通过宣扬商品本身的质量、特性、功能等，从而带给消费者利益的一个典型，它曾经激起无数年轻父母的舐犊之情。

（二）比较式表现广告主题

比较式表现方式，即将自己与同类产品相比较，或与自身以前的情况相比较，得出结论，表明本产品的优势、特点。这种技巧在客观效果上提高了该产品的知名度。比如，我们看到的海飞丝洗发水广告便是运用这样的技巧。它将自己与普通的洗发水相比较，突出自己能止头痒、去头屑的特长，从而使消费者在接受这种比较中加深印象，产生购买行为。许多日用品、化妆品、洗涤用品都采用这种方法。

运用这一方法时，要注意比较的技巧，不允许在广告中直名称呼另一产品，贬低它，抬高自己。同时还要注意在同一性能方面比较，不要用此方的长处，比彼方的短处。

（三）实证式表现广告主题

实证式表现方式即通过实际验证产品的性能、质量或产品在各地、各级评选中获奖的情况以及消费者在使用该产品后的赞誉，特别是通过社会上有声望的名流、学者、专家、明星等现身说法，从实际效果上来证明广告商品的各种品质。

（四）示范式表现广告主题

示范式表现方式即通过向消费者展示使用商品的过程，以及使用商品以后给消费者带来的便利，表现商品的作用、功能、用途和效果。这种表现技巧往往用于表现新产品或原有产品经过改进后的情况。

（五）联想式表现广告主题

这是一种重在启发人们想象，渲染商品形象，使消费者从更宽更远的范围来领会购买商品、接受服务将获得的好处的表现方式。

（六）移情式表现广告主题

这是一种以抒情为主、以情感人的广告表现技巧。广告本身似乎并不热衷于推销产品或服务，而是着力抒发一种人间真情，使人受到纯真感情熏陶和洗涤，进而对广告宣传的产品或服务产生好感。

（七）悬念式表现广告主题

根据产品或服务的性质制造出一定的悬念，让消费者在好奇状态下探究广告信息。悬念式表现往往有意想不到的效果，但悬念的设计要合理，出乎意料，却在情理之中才好。如果过分玄虚、夸张，会导致开始还有好奇心的消费者到最后大呼上当。同时要注意的是，不能用恐吓的方式设计悬念，我国有的企业，如某些化妆品、牙膏厂在做广告时，就采用了警醒式设计悬念，拍出了皮肤中的螨虫及牙齿中的细菌等镜头，很多消费者一看到这两个广告，就立刻转换频道。

广告的主题表现手法有多种，以上几种只是比较典型的方法。广告策划者在广告主题表现手法应用时要根据实际情况，选择使用。还可以有所创新，只要能更好地体现主题，吸引消费者，就是好的广告。当然，我们不能丢掉最基本的原则，即广告做得要好，产品也要好，虚假广告是要被市场淘汰的，要受到惩罚的。

知识链接

广告主题构想的成功经验

广告主题构想是一个非常复杂的思维活动过程，它涉及多方面的知识，如心理学、市场营销学、商品学和广告学等。广告主题构想既需要理论指导，也需要不断总结广告策划的新鲜经验。理论和经验的结合，是广告主题构想成功的关键。

1. 广告主题构想必须与产品有关联性

广告宣传对象有产品、服务、观点以及运动。产品广告主要是宣传产品和服务，因此广告主题构想必须与产品有关联性。广告专家威廉·伯恩巴克认为，广告与产品关联是成功广告的特征之一，广告与产品没有关联性，这个广告就失去了意义。广告与产品的关联性有的是直接的，有的是间接的；有时是明显的，有时也不明显。广告与产品关联或多或少，或强或弱，但不能没有关联。广告与产品关联的必要性，道理似乎很简单，但在广告实践中却存在许多问题。如旅游广告附加了许多与产品没有关联的背景、噱头，或多或少地淡化了产品本身，产生了喧宾夺主的后果，使人们忘记了产品的主要特征。所以成功的广告构想，必须时刻记住广告的目标，即宣传广告产品。

2. 广告主题构想必须为消费者提供利益承诺

消费者购买商品是为了满足某种需要，解决某个问题，这就是企业为消费者提供的利益。广告主应该特别注意所做广告的商品能够明确为消费者解决什么问题，给消费者带来什么好处，从而将这些有利于消费者的事实表现出来……要使消费者了解"利"之所在，或在脑海中浮现出"有利"的印象。广告必须给消费者提供一定的利益承诺，只有利益才能影响消费者。利益是你所作的承诺，而销售特点则是你送达承诺的证明方式。这是一个明显的特点，但值得强调的是：除非其中有某种对潜在顾客有价值的东西，否则潜在顾客就没有兴趣。

广告的利益承诺可以是核心利益，也可以是附加利益。对消费者的利益承诺，有些承诺直接表现在广告信息中，有些则是隐蔽在广告信息的背后。虽然广告没有直接陈述商品所带来的这些利益，但受众可以从广告的其他信息中得到有关的利益承诺。因为商品是产品利益的载体，产品的品牌、市场地位、制作过程、销售信息，都能够反映产品给消费者带来的利益。

广告的利益承诺是吸引消费者的重要方面。但仅有利益承诺是不够的，还必须说明这种承诺的根据和理由，这样对消费者更有说服力。

3. 确定消费者对产品的关注点和期望

广告的主题构想必须考虑消费者的需求。消费者需求是指消费者对产品利益的整体满足。但一件产品具有多方面的特征，如款式、用料、质量、价格等。不同消费者对产品特征的关注点是不同的，不仅如此，他们对各个特征的关注程度也有差异。这两个方面必然会影响广告和产品的销售效果。

在产品的主要特征中，消费者关心什么是关注点问题，对某一个关注点关心到什么程度或关注的具体形式是关注点的"期望"问题。如某人对商品的关注点是价格，关注点的"期望"为高价或中低价。另外，关注点的"期望"还可以表现为关注的具体内容或形式，如消费者对产品的关注点为款式，它的具体形式有古朴的、传统的、典雅的，或平实的、新潮的、新奇的、浪漫的，这些关注点的形式就是关注点的"期望"。

4. 考虑其他广告对本广告的影响

广告主在设计新的广告时，要考虑其他广告产生的影响。首先要考虑本企业过去发布的广告的影响。广告主研究已发布的广告，就是要总结经验、吸取教训。现在，国内有些企业发布的广告受到了消费者的严厉批评，但这些企业对此视而不见、充耳不闻。无论是产品开发还是广告设计，消费者当中蕴藏着丰富的智慧，听取他们的意见对广告设计大有好处。在广告设计中，避免和删除旧广告中令消费者心里"添堵"的部分，或许会使消费者对你的广告更感兴趣。

在广告的设计和制作中，还要考虑其他品牌广告对本广告的影响。当一个品牌的广告进入消费者视野时，竞争品牌的广告信息已经占领或者同时进入受众心中，强势品牌广告就会影响本广告的效果。竞争品牌广告对本品牌广告的影响有正面的也有负面的，具体表现为：促进作用，屏蔽作用和同化作用。

5. 正确处理广告信息的事实真实与知觉真实的关系

广告的信息有产品本身的信息，还有产品与人、产品与文化、产品与心理之间的关系。产品信息的真实性是人们关注的焦点。广告信息的真实性可以分为事实真实和知觉真实两大类。事实真实反映实际产品的真实性，而知觉真实反映的是心理感觉。反映现实中的产品的客观信息,要求客观真实,需要采取事实性的解释。而心理上的产品主观信息,则要求知觉真实,需要采取想象性解释。

6. 广告信息要单纯集中

我们知道,广告是广告主通过大众媒体向非特定的受众进行的公开性宣传。因此,只有广告内容单纯集中,才能在短时间内引起消费者的注意和兴趣。

一个广告主发布什么样的信息、发布多少信息,是广告构想首先要考虑的问题。日本广告专家仁科贞文认为:在一个作品中,究竟应该编入多少产品信息为好,在一次有组织的宣传活动中,是否应该只限于传达一个内容,产品概念是否应该让一个中心概念来代表,等等,这里有个最佳信息量的问题。碰上相互无关的数字或无意义的连缀时,就要考虑人一次能掌握的知觉范围。研究表明,人一次能掌握的知觉范围不超过7个,凡7个以下的,数量越少越容易掌握。

台湾的庄丽卿女士指出:"不要以为凭借广告就可以解决所有的问题,广告并不是万灵丹。如果需要太多,广告传达的重点太杂,易使消费者混淆,广告效果就会大打折扣。""因此,请列出需要的先后顺序,选择最迫切、最具影响力的需要作为广告重点。"

(资料来源:周立公.现代广告学:理论·策略·技巧[M].上海:上海财经大学出版社,2010.)

项目小结

广告定位策略是为使广告活动达到预期目标,而确定广告产品位置的方式。广告定位应着眼于产品,充分认识自己产品的优点和特点是进行广告定位的基础和依据。广告定位策略的确定应围绕广告目标,因时、因地、因人、因商品而异,灵活选择,合理运用。定位从产品开始,但定位并不是要对产品做什么事,而是对未来的潜在顾客的心智上下功夫。其基本目的就是要突破过多传播的屏障,使广告和品牌信息在受众的心中找到一个位置。

广告主题是广告为达到某项目的而要说明的基本观念。广告主题是广告的灵魂,是广告通过其内容所要表达的基本观点或明确的意图。确立广告主题必须考虑广告目标、信息个性、消费心理三个因素,并将这三要素和谐统一起来。广告主题必须引人注目、易懂、简洁,具有冲击力和独特之处。广告主题策划的内容涉及面很广,既包括产品实体因素、商品的使用情况、商品价格、产品与其他产品的关系,又包括消费者对产品的关心点和期望,以及建立产品的价值链和创造产品新价值等诸多方面的内容。

项目综合训练

★ 话题讨论

1. 奥美创始人大卫·奥格威曾说,"广告最主要的目标是为塑造品牌服务,任何一个广告都是对品牌的长期投资。"请谈谈你对这句话的理解。

2. 美国的多芬(DOVE)香皂,以"含四分之一滋润成分"来进行定位;七喜汽水在广告宣传中把饮料分为可乐和非可乐两大类，将自己定位为非可乐饮料；喜之郎将一种新推出的果冻定位为“可以吸的果冻”。讨论上述产品分别运用了哪些广告定位理论？并结合所给案例进行分析说明。

3. 分享一例用直陈式方式表现广告主题的广告。

4. 分享一例用悬念式方式表现广告主题的广告。

★ 复习思考题

1. 什么是广告定位？广告定位与产品定位有何区别？
2. 广告定位理论的发展经历了哪些阶段？
3. 广告定位策略有哪些？以实际案例加以说明。
4. 怎样理解广告主题的含义？
5. 广告主题策划的实质性内容包括哪些方面？
6. 谈谈广告主题表现优劣的评价标准。

★ 案例分析

案例一：依云宝宝系列广告

早在 1935 年，依云（Evian）矿泉水便首次作为婴儿用水，被推荐给广大的母亲们。这可以算作依云与婴儿的第一个连接。随后在 1998 年的一次头脑风暴中，依云代理公司 BETC，通过对依云历史的研究，从品牌价值里提炼出“婴儿”的概念。至此，依云宝宝正式诞生，并且在 BETC 的努力下，一直被沿用至今。

1998 年依云推出“水中芭蕾宝宝”广告，广告中数十名宝宝花样游泳的画面，给人留下了深刻印象。（图 4-6）

2009 年依云推出“旱冰宝宝”广告，这则 60 秒时长的影视广告摄制于英国伦敦松林摄影室，背景选在一家城市公园。视频一开始，伴随着说唱团体“糖山帮”（Sugarhill Gang）1979 年的经典单曲《说唱者的喜悦》（Rapper's Delight），一个宝宝按下一台比他个头还大的手提录音机的播放键，几名穿着纸尿裤的宝宝脚踩旱冰鞋，隆重出场，忽而跳上栅栏，忽而翻跟头，忽而又大跳 Hip-Hop，一大群宝宝做各种姿势的弹跳和空翻，简直比 Hip-Hop 明星还要酷炫。广告的利益点简单又清晰：喝依云（Evian）矿泉水，让生命更年轻。（图 4-7）

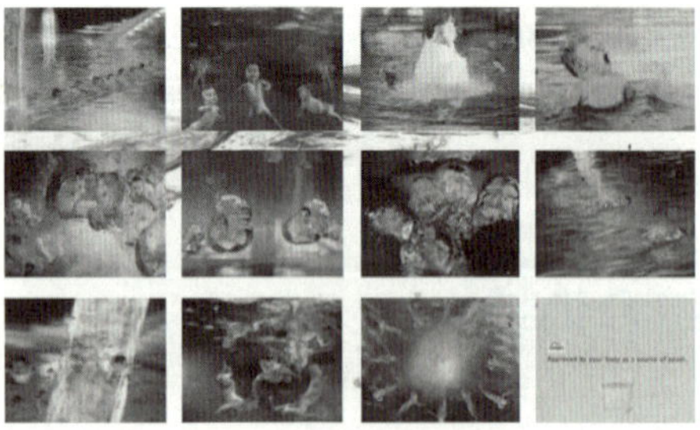

图 4-6　1998 年“水中芭蕾宝宝”广告

图 4-7　2009 年“旱冰宝宝”广告

2013 年依云推出“baby & me”广告。在这个短片中，主角从镜子中看到自己变成活泼可爱的小孩，开心得随着音乐跳舞，后来越来越多的人一起加入进来。该视频在播出不到一周内，就在YouTube网站上吸引了超过2 900万的浏览量。同时间依云还推出智能手机APP、地铁站广告牌与照相亭等活动为此品牌役助势。通过形象化地连接成人与儿童，使人们追忆起童年时期天真烂漫、无拘无束的童真状态，获得久违的情感体验，从而对童真概念保持高度兴趣。（图4-8）

2014依云推出了“baby & me”的第二部，选用蜘蛛侠作为主角，继续传递出“live young”的理念。广告中，蜘蛛侠飞檐走壁耍帅扮酷时，意外发现了镜子里竟有一个自己的儿童版。好胜心强的蜘蛛侠同这个萌感十足的小蜘蛛侠展开了一场比赛，利用蜘蛛丝，两人表演着自己的特技，街舞、炫技轮番上演。（图4-9）

图4-8　2013年“baby & me”广告

图4-9　2014年“baby & me”第二部广告

2019年，依云矿泉水发布了名为“The Baby Bare Necessities”短片，延续之前的宝宝风格。依云还为本次短片的配乐特意重新编制了依云版的“The Bare Necessities”。片中涉及了骑行达人、街头潮人，以及6月24日开幕的英国温布尔登网球锦标赛的官方指定用水便是依云。整个短片都在传达依云的口号：Live young（活出年轻）。片中前温网女单冠军，1993年出生的加尔比妮·穆古拉扎和儿童版的自己对打，自己战胜了自己。（图4-10）

图4-10　依云2019年“The Baby Bare Necessities”广告

问题：

1. 与其他品牌的矿泉水相比较，依云矿泉水的市场定位有何特别之处？
2. 依云宝宝系列广告的广告主题是什么？它是以何种方式表现广告主题的？

案例二：可口可乐广告语的变化

1886 年，第一瓶可口可乐问世，需要更多的人去品尝这一款新产品，“Drink Coca-Cola”（请喝可口可乐）成为可口可乐的第一句广告语，并在此后的十多年里一直是可口可乐的推广主题。

1904 年，可口可乐在美国进入了巩固发展期，“Delicious and Refreshing”（美味畅爽）道出了可口可乐的产品特质，也是使用频率最多的广告语之一，畅行百年，历久不衰。

1927 年，可口可乐开始了第一波全球扩张，中国市场也名列其中。一句“Around the corner from everywhere”（任何角落，随手可得），霸气外露的同时，也彰显了可口可乐的全球化战略。

1963 年，可口可乐用“Things Go Better with Coke”（心旷神怡，万事胜意）来安抚每一颗落寞的心。

1971 年，可口可乐的广告“Hilltop”（山顶篇）引起了巨大的反响。在片中，来自世界各地的青少年聚集到意大利的一个山顶，用纯真的声音唱出“I'd like to buy the world a Coke”（我想给世界来杯可口可乐），表达出可口可乐世界大同的心愿，为更多的新朋友带来欢乐。

1979 年，中美正式建交，可口可乐也重返中国。为了表达内心的澎湃，可口可乐广告语也变为了“Have a coke and a smile”（可口可乐添欢笑）。

2009 年，伴随着一系列脍炙人口的快乐营销活动，可口可乐启用了广告语“Open Happiness”（畅爽开怀），奠定了可口可乐制造、分享、传递快乐的使者形象。

2016 年，可口可乐推出全新营销主题“Taste the Feeling”（这感觉够爽），回归产品本身，强调“畅饮任何一款可口可乐产品所带来的简单快乐，让那一刻变得与众不同”。

可口可乐从诞生伊始，就始终伴随着突显时代特色的广告语。这些广告语不仅反映了品牌内涵，更是一个时代的象征。而你不知道的是，纵使可口可乐更换过的 48 次广告语，却始终遵循统一的原则：短小精悍；因地制宜，在各个国家都能拥有接地气的翻译；与众不同；与时俱进又不失经典；反映品牌内涵。

问题：

（1）纵观可口可乐广告语的演变，请从广告定位与广告主题方面，谈一谈你的认识。

（2）很多知名品牌的广告语长期不变，为何可口可乐广告语频繁变换？谈谈你的看法。

★ 模拟训练

【模拟任务】某饮料产品的广告定位策划。

【模拟目的】要求学生掌握广告定位理论，熟悉广告定位流程，能够进行广告定位。并运用适当的技巧与表现方式，进一步进行广告主题策划。

【模拟内容】

（1）成立策划小组，完成小组成员间的分工。

（2）选择一家拟策划的饮料产品，调研企业广告产品定位策略运用的类型，弄明白为什么采取这一策略，该定位策略所带来的经营效果怎样。

（3）确定企业广告定位策略侧重点，制定企业广告定位战略。

（4）尝试从消费心理的角度，为这款产品设计广告主题。

【模拟要求】

（1）制定切实可行的调研计划。

（2）选用正确的调研方法，深入实际取得第一手且有说服力的资料。

（3）形成广告定位策略方案和广告主题。

（4）各小组分别推选一名学生介绍工作任务的完成情况。

（5）由教师评价、小组自我评价、组间互评等形式共同评价模拟训练的完成情况。

学生自我评价

通过学习项目四，我能够做如下总结：

一、【相关知识】部分总结

1. 领悟的知识要点：____

____

2. 对指导实践的意义：______________________________________

____

二、【项目综合训练】部分总结

1. “话题讨论”和“复习思考题”训练总结：

（1）明确的主要问题：______________________________________

____

（2）提高的主要认识：______________________________________

____

2. “案例分析”训练总结：

（1）案例分析的思路：______________________________________

____

（2）案例分析的自我评价：__________________________________

____

3.“模拟训练”活动实践总结：

（可以从实践活动的要素、思路、方法、团队协作、完成质量和自我能力提升等方面进行总结）

项目五

广告创意与广告表现策划

项目思维导图

- 广告创意与广告表现策划
  - 学习建议
    - 学习目标
    - 学习指导
  - 广告创意概述
    - 导入案例——甲壳虫：最后一英里
    - 广告创意的概念
    - 广告创意的特征
    - 广告创意产生的过程
  - 广告创意思维与技法
    - 导入案例——“别买我”，Patagonia逆向思维引爆创新营销
    - 广告创意基本理论
    - 广告创意思维方法
    - 广告创意的经典技法
  - 广告表现
    - 导入案例——Smirnoff伏特加首支全球广告：一场品牌流亡史
    - 广告表现的概述
    - 广告表现的形式
    - 广告表现的策略
  - 广告文案
    - 导入案例——“月光下的收成”广告文案
    - 广告标题
    - 广告标语
    - 正文
    - 随文
  - 项目小结
  - 项目综合训练
  - 学生自我评价

学习目标

■ **知识目标**

掌握广告创意的含义及特征；

掌握广告表现的基本策略；

掌握广告文案结构及写作要求；

熟悉创意思维方法与文案的创作要求；

了解广告创意产生的过程；

了解广告创意基本理论和经典技法。

■ **能力目标**

能够分析优秀广告作品的广告创意与文案写作特点；

能够灵活运用理论，展开广告策划中的广告创意与广告表现实践。

■ **素质目标**

培养学生广告思维和创新意识，使其在专业领域具备创造性学习能力、沟通与表达能力、团队协作能力。

学习指导

■ 本项目主要介绍广告创意及创意思维，广告表现以及广告文案等内容。

■ 本项目知识要点多，涉及面广，操作性强，操作技术和方法较为复杂。

■ 学习过程中要注意联系实际，突破定势思维模式，扩展思维空间。要用联系的观点，系统的观点分析和解决本项目所涉及的理论和实践方面的问题。

■ 学习要循序渐进，注意运用正确的学习方法。要注意“知识链接”的相关内容并结合教学内容有针对性地阅读一些相关资料。在明确概念、理解内容的基础上，按要求完成“项目综合训练”。

■ 多参与小组讨论及实践活动，增强团队协作精神，提高实践能力。

任务一　广告创意概述

导入案例

甲壳虫：最后一英里

很多时候，某一品牌在面世之后，总想要达到一鸣惊人的效果。而很少有品牌在落幕退出历史舞台的时候，能做到和消费者好好告别挥手再见。

2019年7月10日，最后一辆甲壳虫驶出生产线后，官方正式宣布停产。这个81岁的产品，不得不面对残酷的现实，退出历史舞台。

不知甲壳虫曾经是多少年轻人的梦想，又承载了多少人希望的未来。为了纪念这个81岁高龄的长者，大众特意制作了这支告别广告“最后一英里”。

短片讲述了甲壳虫与小男孩(用户)之间的故事,故事中的甲壳虫汽车是用户的交通工具,且是小男孩人生重要时刻的见证者和陪伴者。初次见面的欣喜若狂,第一次学会开车的兴奋忐忑,恋爱中甜蜜的见证,以及生息繁衍直至耄耋之年。

如图 5-1,在最后的旅程中,甲壳虫穿越人群,走过黑夜,驶向田野,人们在与汽车挥手道别的同时,甲壳虫也在向城市中的人、乡间小道、山川河流告别,甲壳虫也在完成最后的使命——“最后一英里”中,向这个繁华的世界挥手告别。在告别的人群中,广告采用了广告经典“Think Small”重现的方式,让人感觉到品牌的情怀与温暖,让人充满了依恋。

图 5-1 “最后一英里”广告

故事将甲壳虫的成长经历,化成一个人的成长经历,把车的“最后一英里”与人的老年相对比,让人在温暖的音乐中,感觉到一丝丝惋惜的同时,也联想到了属于品牌的独家记忆。81 年的历史变迁,唯一不变的是甲壳虫的外观,永远保持着最初的模样。

案例思考

分析该广告的创意,广告传递的是伤感还是希望?你是如何理解的?

广告创意是从无到有的创作活动,是一种思维过程,一种内在的、模糊的、隐含的意念。通过广告定位和广告主题策划确定广告“说什么”后,广告创意需要解决的是“怎么说”的问题。同样一个诉求内容,理论上有无数种表达方式,如何表达才能达到最佳的效果呢?这完全有赖于广告创意人员的创意涵养和灵感及其创造力。

“创意是广告的灵魂”,这句广告界的至理名言充分说明了广告创意是一个极其复杂的思维过程。广告主题确定以后,如何运用艺术手法将广告主题形象化地表现出来,就需要策划人员精心的构思。成功的广告必然要有成功的创意,要达到主题新颖、鲜明,品味高尚,意蕴深厚,视觉表现及文字表达优良,真正达到不仅使人爱看,更要使广告耐看的效果。

一、广告创意的概念

“创意”翻译自“Create”“Creative”“Creation”。有时候“Idea”也被翻译成创意。广告界对“创意”的理解各有不同。

（一）“大创意”与“小创意”

以大卫·奥格威为代表的“科学派”认为广告是一门科学，不能仅凭“感觉”和“艺术”美感来创作广告。广告创意作用于广告整个过程，是个系统工程，应该强调“如何科学地引发消费者购买”，而不仅是“引起消费者注意”，仅仅强调创意表现。因此，“大创意”观点认为，广告创意是广告活动中涉及创新性的所有环节。比如广告战略创意、广告策略创意、广告主题创意、文字创意、插画创意、视觉设计创意等。

以威廉·伯恩巴克为代表的“艺术派”则认为广告本质是说服的艺术而不是科学。因此，广告创意是强调“怎么说”，即广告的表现形式，强调如何以创新的具象化表现来传达广告信息，并征服消费者，而不强调“说什么”，也就是广告内容。因此，“小创意”观点认为，广告创意是为传达广告信息而提出的创新想法和表现。比如创新的文案、创新的表现形式等。

上述对创意的大小之分，主要是从不同角度说明创意的创新推动力的存在，“大创意”看重创意在广告活动全过程的推动力，而“小创意”则是强调表现形式的创新推动力。两派虽观点不同，但是都强调创意在广告中的核心地位。艺术派的广告大师威廉·伯恩巴克曾经说：“广告创意是赋予广告生命和灵魂的活动。”科学派的广告教父大卫·奥格威也曾说过：“没有好的创意，广告充其量是二流作品。”“若你的广告的基础不是上乘的创意，它必遭失败。”

（二）Idea & Good Idea & Big Idea

广告界习惯将创意与英文单词“Idea”等同，大卫·奥格威认为，广告创意不仅是“Idea”，还应是“Good Idea”。因为“Idea”英文原意是思想、意见、想象、观念，“Good Idea”则可理解为有创造性、原创性的好创意。创意是广告的灵魂，光有“Idea”远远不够，更要是“Good Idea”，用新颖、有趣、突破或其他别具一格的广告表现，才能克服大量同质广告的无聊，征服消费者，这才是好创意的最大魅力所在。

值得一提的是，被称为史上最叛逆另类的广告大师乔治·路易斯曾经出版了一本畅销20余载的行业著作《BIG IDEA》，中文版又名《蔚蓝诡计》，他在里面就将创意“Idea”定义为“Big Idea”（大创意），他认为“广告是一种有毒的气体，他能使你流泪，他能使你精神错乱，能使你神魂颠倒……我的工作就是让100万看起来像1 000万”。不难看出，他所提出的广告创意是一种创新思想和表现形式，用big来修饰idea，有放大创意的作用，强调魔性的表达会具有极强的影响力。

结合以上观点，我们认为广告创意就是贯穿于广告创造过程中，紧紧围绕广告主题，运用创造性思维方式来解决广告信息传播困境，将抽象的广告诉求转化为具象化的表现的创新的艺术构思，目的在于推动与消费者的有效沟通。在整个广告的创造过程中，广告创意起着关键的作用，它是决定广告成功与否的关键。广告创意的表现形式就是某种新颖独特且有社会价值的概念、点子、构想、意象和形象。

知识链接

“创意”的解读

“创意”至少包含五个层面的意思。仓:代表仓储积累,这是创意的基础;立刀旁:代表锋芒锐利,有了这种品质才能势如破竹;立:代表立意,创意要明确观点和主张;曰:代表表达,创意要善于与受众沟通;心:代表诚心和用心,有了二心才能感悟其真谛。

二、广告创意的特征

创意是自由的,没有限制的,可以天马行空地任意想象,但广告是有明确目标指向的,需要具体实施的。因此,广告创意的最大特点是如何在艺术的自由想象和经济技术规律间建立一种微妙的平衡。

(一) 好创意的特质

1. 广告创意必须围绕广告主题

在信息爆炸的当今社会,广告无处不在,受众淹没在了碎片信息的海洋里。所以,广告在创意和表现信息时必须突出主题、诉求单一、目标明确、表现简洁、表达准确,使信息传播渠道畅通,以达到更好的信息传播效果。例如,海飞丝洗发水的创意概念始终就是“去头屑”。海飞丝在日本市场推出了一支趣味广告片“别让头屑暴露了你的踪迹”(图 5-2)。这支广告片以动画形式呈现,讲述了间谍安藤在逃亡过程中屡屡被追查者发现行踪的故事。当追查者将安藤包围时,安藤惊讶于追查者的追捕之迅速,便问了一句为什么总是能找到自己。为首的追查者“毫无意外”地对安藤“据实交代”了:因为安藤的头皮屑实在太多了,每次总能循着头皮屑的踪迹找到安藤的所在。之后安藤用了海飞丝的去屑洗发水,从而成功摆脱追查。

图 5-2 海飞丝趣味动画广告

2. 广告创意要瞄准广告目标对象

广告目标对象是指广告诉求对象,是广告活动所有的目标受众,这是广告定位中“向谁广告”的问题。广告创意不是为了创意而创意,而是要使广告信息直达人的内心深处,唤起共鸣,不是简单地对消费者说教,自说自话。广告的目的是打动消费者,如果广告创意不对消费者进行研究,缺少人性化的力量,那么消费者必然会无视广告。无论诉求对象是什么年龄,什么身份,只要他心智正常,必然希望爱与被爱,希望被关心、被尊重、被理解,喜欢看到美好的事物,喜欢趣味,喜欢欢乐,不喜欢被人粗暴对待,不喜欢被说教,不喜欢威胁,不喜欢枯燥乏味。其实人性并不抽象,而是具体体现在一点一滴的生活中,因此想要有好的创意就需要我们观察生活,增加生活的体验。例如,乔治·路易斯在 1961 年为感冒药“咳定”所创作的广告，整个广告黑底白字，画面上就是一天晚上夫妻俩被小孩子咳嗽吵醒后的对白："约翰，是比利在咳嗽吗？""起来喂他吃咳定。"创意取自生活中的一个场景，司空见惯，广告中没有华丽的语言，也没有复杂的色彩，简短的两句对话朴素而平实，然而，父母对孩子的关爱之情却直达消费者的内心。

3. 广告创意要以新颖独特为生命

广告创意的新颖独特是指创作广告时不要模仿其他广告创意，唯有在创意上新颖独特才会在众多的广告中一枝独秀，从而产生感召力和影响力。广告创意要突破常规、标新立异，不能因循守旧、人云亦云。如果想在纷繁复杂、眼花缭乱的各式广告中吸引目标受众的注意，则必须有创意，给人们耳目一新、眼前一亮的感觉，这也是最难达到的原则。原创不只是要在表现手法和信息内容上有独特创意，更重要的是在主题诉求上要有创意点子，让目标受众感兴趣和关注，并且过目不忘，进而形成长久的记忆。例如，意大利服饰品牌贝纳通推出的广告"摒弃仇恨"，该广告获得了 2012 年戛纳广告节平面类的大奖，评委认为，之所以选中它们，是因为他们打破了规则，不同于传统广告，它们不只是在宣传服装和品牌。

4. 广告创意要以情趣生动为手段

广告创意要想将消费者带入一个印象深刻、浮想联翩、妙趣横生、难以忘怀的境界中去，就要采用情趣生动的表现手法，立足现实、体现现实，以引发消费者共鸣。但是，广告创意的艺术处理必须严格限制在不损害真实的范围之内。例如，麦斯威尔咖啡的平面广告，广告画面右边是一杯香味浓郁的冒着热气的麦斯威尔咖啡，左边是著名的比萨斜塔，我们一看就知道，广告要表达的是比萨斜塔之所以倾倒是因为闻到了麦斯威尔咖啡的香味，这会让消费者对味道醇美的麦斯威尔咖啡心生向往。

5. 广告创意要以形象化为表现

广告创意要基于事实，集中凝练出主题思想与广告语，并且从表象、意念和联想中获取创作的素材，将形象化的妙语、诗歌、音乐与富有感染力的图画、摄影融会贯通，构成一幅完美的广告作品。例如，Bonafide Black Coffee 广告（图 5-3），通过一只具象化的手，建立咖啡与提神之间的关联，暗示它可以让你更加醒神，喝完之后精神会为之一振，时刻保持清醒。

图 5-3　Bonafide Black Coffee 广告

（二）失败创意的表现

1. 千篇一律

"千篇一律"字面理解为一千篇文章都一个样，也比喻办事按一个格式，非常机械，现泛指事物形式陈旧呆板、呆滞的意思。据统计，一个成年人每天要受到

2 000多次广告和品牌内容的“饱和攻击”，许多广告不具备创新的意识，千篇一律，不仅不能抢夺受众的注意力，还会被自动忽略，最终淹没在信息流中。

2. 哗众取宠

“哗众取宠”是指以浮夸的言行迎合群众，骗取群众的信赖和支持的意思。某些失败的广告就是以浮夸的方式引起受众注意，或以虚假信息骗取受众信任，但这些都属于短期效果，一旦谎言被戳穿，反而引起受众反感。

3. 自以为是

“自以为是”是指以为自己是对的，形容过分主观，不谦虚。预判受众心理需求是广告创意定位的基础，但某些失败的创意却因为错判受众需求心理，自以为“创意”是消费者所需要的，结果适得其反。

4. 莫名其妙

“莫名其妙”是指发生的事情很奇怪，说不出可解释的道理来。广告的成败在于是否将信息有效传达给受众，并被有效认知，所以信息的内容与传达的质量影响受众认知效果。有些失败的案例就是因为信息质量不佳，含糊不清，让受众不知所云，莫名其妙。

5. 狂妄自大

“狂妄自大”是指十分骄傲自满，自以为了不起。广告创意的失败有些在于说不清或说不对，但有些属于说错了，而且是故意为之，明显具有“狂妄自大”的特点。

知识链接

广告创意的新时代特征

根据CNNIC中国互联网络信息中心2018年1月31日公布的《中国互联网发展状况统计报告》显示，截至2017年12月我国网民已经达到7.72亿，而手机网民占97.5%。互联网及移动互联网已经成为受众获取资讯的主要方式，而信息流广告、原生广告、电商广告、贴片视频广告、短视频广告、直播广告、广播广告等广告形式孕育而生，广告创意也产生了新的特质，如话题性、黏稠性、互动性、体验性、整合性等。

(1) 话题性。“热搜”“头条”“网红”代表当今网络舆论话题、事件、人物的热度，也代表大众的集中关注度，因此制造话题、借势营销是当下广告创意常用的做法。话题包括节假日、突发事件、娱乐新闻等。

(2) 黏稠性。所谓黏稠性是指广告创意既可以在第一时间引起受众注意，还能在一段时间内持续被关注。每日更新的话题成千上万，大费周章制造的话题如果不能有效地延续，极容易被另一个话题的势头盖过。因此，新时代的广告创意是具备一种极强的吸引力的，通过一系列的策划手段，将广告创意的效果持续性地发酵。而如何增强创意的黏性？答案可以从美国作者奇普·希思的《让创意更有黏性》中获得一些提示：简约、意外、具体、可信、情感、故事。

(3) 互动性。移动互联技术让网民随时随地上网变成可能，也为广告精准找到目标受众形成互动提供可能。这不仅有利于广告内容快速、大面积传播，而且广告效果可以直接在线测评，更有利于反馈受众意见，指导后期广告营销策略调整。

互动性还体现在它打破了传统广告互动模式，即广告主、广告代理通过媒介传递信息到受众方，受众方被动接受信息再反馈的单一互动模式。自媒体时代人人都是主播，受众会在其间不断切换着广告创意的产生者、传播者、消费者等角色。因此，新媒体时代广告创意要特别关注受众的角色转变。

（4）体验性。扫二维码、加关注、转发、评论，由互动迎来的粉丝经济，为广告创意提供了许多新重点。H5是移动互联时代，广告主最爱的广告创意形式之一，其最大魅力就是可以让受众体验参与的乐趣，“点击”“滑动”“再来一次”“立即行动”等设置，让广告效果在网友指尖实现。以AR为代表的应用，将传统广告的视听互动，变为情景式的体验互动，极大增强了广告的说服力，激发消费者购买欲望。未来，人工智能会让广告创意找到更多的呈现方式，而增加体验感无疑是创意吸引消费者的有效途径。

（5）整合性。整合性是指广告创意会整合传统媒体与新媒体、线上与线下等多方资源，提出最优的广告营销方案。快闪店是一种不在同一地久留、俗称Pop-up shop或temporary store的品牌游击店（Guerrilla Store），是在商业发达的地区设置的临时性铺位，供零售商在比较短的时间内（若干星期）推销其品牌，抓住一些季节性的消费者。

快闪的模式配合特殊的广告文案，总是能变为社会热议话题，吸引受众关注与到店消费，增强受众体验感、互动感，对产品销售、品牌曝光都有极强的推动力。因此，未来广告创意也应该多关注如何整合特殊的营销方式和资源，以实现更为有效的广告效果。

总之，未来广告的创意会随着互联网的技术呈现新的形态与特质，科技、文化、价值观、艺术的结合，增强用户的体验感是关键，因此，创意不变的是要服务于“使用”与“满足”，传达有效的沟通信息。

（资料来源：潘君，冯娟.广告策划与创意[M].武汉：中国地质大学出版社，2018.）

三、广告创意产生的过程

美国广告界泰斗詹姆斯·韦伯·扬认为：“创意的生成同福特汽车的制造过程一样明晰。这个过程就像在一条流水线上作业。我们的思维也需要遵循一套可以被学习和掌控的操作技巧，它的操控方法与生产工具似乎并无二致，必须多加练习，才能熟能生巧。”

创意生成过程包含如下五个阶段。

（一）收集资料阶段

收集资料是广告创意的前提准备阶段。资料是创意的食粮。广告创意是建立在周密调查、广泛占有资料、充分把握相关信息基础上的。

詹姆斯·韦伯·扬把这种资料分为特定资料和一般资料两种类型。

1. 特定资料

特定资料指那些与创意密切相关的产品、服务、消费者及竞争者等方面的资料，这是广告创意的主要依据，创意者必须对特定资料有全面而深刻的认识，才有可能发现产品或服务与目标消费者之间存在的某种特殊的关联性，这样才能产生创意。不掌握特定资料，创意就成了无源之水，无本之木。

2. 一般资料

一般资料是指广泛涉猎的知识与讯息，可以理解为行业的动态和文化、艺术、生活等方方面面的讯息。它包括宏观市场的趋势，购买能力的增减，目标市场的分割状况、位置、容纳量。此外，就是自然环境、国际环境、企业环境、广告环境及政治环境的各种资料。

广告创意的过程，实际上就是创意者运用个人的一切知识和信息去重新组合和使用的过程。广告创意者的知识和信息量直接影响着广告创意的质量。若想收集这些资料就要做生活的有心人，随时观察生活、体验生活、改变生活，并把它们记录下来，以备在进行创作时厚积薄发。

（二）整理分析阶段

这一阶段主要是对收集来的资料进行归纳和整理。依据广告目标，列出广告商品与竞争商品的共性、优势或局限，通过比较分析，从而找出广告商品的竞争优势及其给消费者带来的利益点，也就是广告的主要诉求点，以寻求广告创意的突破口。主要经过如下步骤：列出广告商品与同类商品都具有的共同属性；列出广告商品与竞争商品的优势、劣势，通过对比分析，找出广告商品的竞争优势；列出广告商品的竞争优势给消费者带来的便利，即诉求点；找出消费者最关心、最迫切需求的问题，即定位点，找到定位点，也就找到了广告创意的突破口。

詹姆斯·韦伯·扬强调"在心智上养成寻求各事实之间关系的习惯，成为产生创意最为重要之事"。如果能在看似无关的事实之间，发现它们的相关性并把它们进行新的组合，这样就能产生精彩的创意。创意的初始阶段，有许多元素组合的想法涌现，即灵感爆发，这时无论灵感多么可笑、无厘头、天马行空或是疯狂，都要将它一一记录，因为灵感转瞬即逝。

（三）酝酿孵化阶段

在这一阶段，主要是对已形成的广告概念进行孵化，听其自然，放任自流，将广告概念全部放开，尽量不去想这个问题，只是把它置于潜意识的心智中，让思维进入"无所为"的状态中。詹姆斯·韦伯·扬说："创意第三步是放下一切。"这种状态下，由于各种干扰信号的消失，思维较为松弛，比紧张时能更好地进行创造性思考。一旦有信息偶尔进入，就会使人猛然顿悟，往往有柳暗花明的奇妙效果。

（四）形成突破阶段

突破阶段是广告创意的产生阶段，即灵感闪现阶段。灵感闪现也称"尤里卡效应"。"尤里卡"是希腊语，意为"我想出来了"，源于古希腊科学家阿基米德灵感突现时的忘情呼喊，它标志着伟大创意的诞生。

在构思过程中，可能会产生许多新的创意，要注意把每一个新的创意记录下来，以便之后筛选优化。

（五）验证优化阶段

在这个阶段，创意人员要把新生的创意带到现实世界中，创意必须符合具体条件或实际要求，才能发挥作用。此时，创意人员可能会发现，它并不像刚刚产生的一刻那样非凡，需要雕琢，甚至需要舍弃。这就需要把它交给其他广告同仁审阅评论，使之不断完善、成熟。因为，个人的思维再好也有其局限性，容易以主观意愿代替客观存在。广泛听取别人意见，甚至将创意在小范围内试运行，对检验和完善创意有积极作用。

任务二　广告创意思维与技法

导入案例　“别买我”，Patagonia 逆向思维引爆创新营销

Patagonia 是美国一线的户外品牌，有“户外 GUCCI”之称，不论是产品设计，还是工艺、功能，都有很好的口碑。这是一家注重产品质量而非产品销售数量的公司，其因让顾客在购买自己家产品前三思而出名。

图 5-4　Patagonia“别买我”平面广告

在美国的黑色星期五（也就是传统意义上的销售高峰期开始的周五），其他品牌都在大肆做营销活动。但是这个品牌却推出了一个“反黑色星期五”营销活动，鼓励他们的消费者去维修旧物而非购买新品。Patagonia 也因为打出“别买我”广告而出名（图 5-4）。

看似劝导顾客不要购买新品，实则这个营销策略取得了巨大的成功。这个策略帮助这家品牌赢得了良好的社会口碑。随着环保低碳的理念深入人心，这个品牌所倡导的生活态度被越来越多的人接受和欣赏。Patagonia 所提倡的“拒绝过度的消费”，一度让它成为可以与快时尚品牌 Forever21 一较高下的运动品牌。在 2008 年的时候，Patagonia 的利润翻了三倍。

Patagonia 的品牌理念为它树立了良好的品牌形象，所有 Patagonia 的粉丝相信这个品牌，欣赏这个品牌的理念，并且坚持这样的观念和生活方式。Patagonia 表示：“我们设计和售卖商品必须是持久耐用的，这是为了环保，也是为了消费者少花冤枉钱。我们必须告诉消费者，不要购买自己不需要的产品，因为你浪费的不仅是自己的钱，更是地球的资源。我们从地球索取的资源远多于回馈给地球的。”

案例思考

为什么 Patagonia 采用提倡消费者购物前要三思这样的策略？谈谈此广告创意与其品牌文化的内在关系。

一、广告创意基本理论

（一）USP 理论

USP（Unique Selling Proposition）即“独有的销售主张”，其主张找出产品独具的特点，然后以足够强大的声音说出来，而且要不断地强调。USP 理论是罗瑟·瑞夫斯在 20 世纪 50 年代首创的，他当时是美国达彼思广告公司董事长。1954 年，玛氏糖果公司总经理找到罗瑟·瑞夫斯，他认为自己的广告不成功，需要罗瑟·瑞夫斯为其提供一个能够被消费者接受的创意。当时，玛氏巧克力是美国唯一用糖衣包着的巧克力糖果，具有耐高温而不易溶化的特性，这是任何其他品牌巧克力豆不具备的，是其产品自身最独特的优势。因此罗瑟·瑞夫斯由此切入，构思出“Melts in Your Mouth not in Your Hand”（只溶在口，不溶在手）的金句（图 5-5），通过电视进行反复的广告投放，其间玛氏公司还专门请人撰写了两则笑话配合宣传，双管齐下使这款命名为 M&M's 的巧克力迅速成为家喻户晓的糖果。

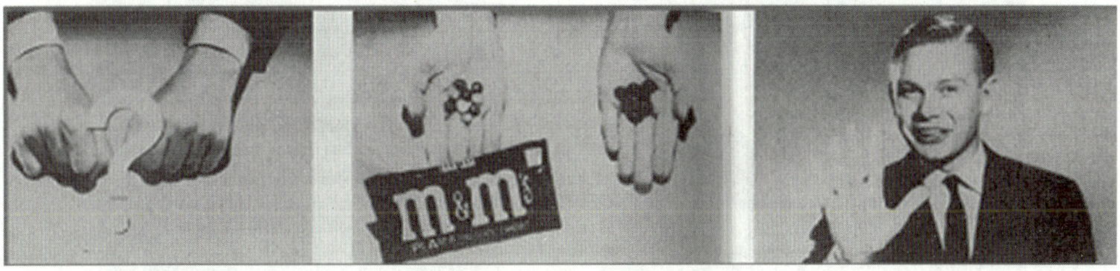

图 5-5 玛氏巧克力 M&M's 的广告

USP 理论独特销售主张包括三个要点：

1. 明确的承诺

广告必须给消费者一个明确的承诺，告诉消费者广告产品的特色功效及购买可以获得什么具体利益。

2. 独特的主张

广告要提出一个独一无二的主张，是竞争对手没有或者无法提出的，是品牌或产品所具有的独特个性。

3. 实效的销售

广告要提出一个能打动消费者，吸引消费者来购买产品的有说服力的建议。这一项主张必须很强，足以影响成百万的社会公众。

20 世纪 90 年代，达彼思将 USP 定义为：USP 的创造力在于揭示一个品牌的精髓，并强有力地证实它的独特性，使之所向披靡，势不可当。USP 理论经过不断丰富、发展和完善，具有了更强的针对性，更能适合新环境的要求。USP 理论在与品牌结合的过程中，它不仅能帮助企业销售产品，还肩负起营建和增长品牌资产的新的使命。

（二）品牌形象理论

品牌形象理论，是由广告大师大卫·奥格威在 20 世纪 60 年代中期提出来的。大卫·奥格威从 1951 年起为哈萨威衬衫创作广告。当时的白色商务衬衫无非在材料、袖口、领子、口袋上做文章，都难以成为界定一个衬衫品牌的标志。大卫·奥格威决定用穿衬衫的人而不是衬衫本身来界定品牌。如图 5-6，广告中戴眼罩的男人形象占据了 3/4 的空间，剩下的 1/4 是连篇累牍的广告文案，而戴眼罩男人的形象在广告史上则成为不朽的典范。广告使哈萨威衬衫在 114 年的默默无闻后一举成名，仅一年的销量就提高了三倍。

该理论主要有四大核心要点：为品牌塑造形象是广告最主要的目的；任何一个广告都是对品牌的长远投资；描绘品牌的形象要比强调产品的具体功能特性重要得多；广告尤其应该重视运用形象来满足消费者心理的需求。在品牌形象理论指导下的广告创意，要以塑造并维持一个良好的品牌形象为出发点和落脚点。如图 5-7，万宝路香烟在改变“女士烟”的定位之后，通过在广告中一再强调万宝路香烟的男子汉气概，成功打造出了粗犷豪迈、英雄气概的美国西部牛仔品牌形象。

图 5-6　哈萨威衬衫广告

图 5-7　万宝路香烟广告

（三）共鸣理论

共鸣理论，是如今我们在进行广告制作过程中，最常使用的创意方法之一。共鸣理论的核心主张表现为：在广告中极力展示目标消费者珍贵的、难以忘怀的生活经历、人生体验和感受，以此来唤醒并激发他们内心深处的回忆，同时赋予品牌特定的内涵和象征意义，建立目标消费者的移情联想。简而言之，就是通过广告引发消费者情感上的共鸣。

与 USP 理论主张以产品的具体功能点作为广告理性诉求不同，共鸣理论更偏向于消费者的感性消费。人是情感丰富的动物，都渴望拥有温暖的亲情、浪漫的爱情、坚固的友情，还有着满腔的爱国情怀，同时喜欢追忆逝去的青春，怀念童年的旧时光。通过广告诉求与人们的这些情感、经历产生共振而带来的效果和震撼，是深刻而持久的，能够真正触碰到消费者的内心。比如，百雀羚的长图广告“百雀羚 1931”（图 5-8），用长达 4 米多的海报，带我们回到了 1931 年的旧上海：身穿旗袍的美女特工、洋楼、洋行、街边卖报的报童、大剧院、大百货……浓浓的民国风让消费者仿佛身临其境，引发了人们对那个时代的记忆与怀念。而广告的怀旧主题与 1931 年诞生的百雀羚品牌遥相呼应，无疑让消费者产生了品牌联想。

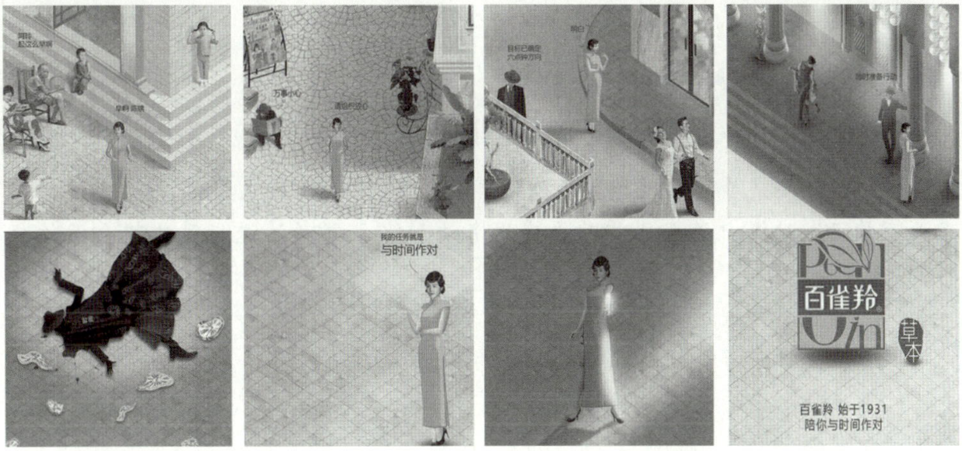

图 5-8　“百雀羚 1931”长图广告

二、广告创意思维方法

广告创意是一种思维活动，它的过程很难捕捉与描述，但也不是完全无规律可循。广告创意的思维方法有垂直思维与水平思维、顺向思维与逆向思维、发散思维与聚合思维、形象思维与逻辑思维等。

（一）垂直思维与水平思维

1. 垂直思维

垂直思维是按照一定的思维路线或思维逻辑进行的向上或向下的垂直式思考方法，强调运用逻辑思维在一个比较固定的范围内，对问题进行纵深挖掘。这是一种符合事物发展方向和人类习惯的思维方式，遵循由低到高、由浅到深、由始到终等线索，因而思维脉络清晰明了，合乎逻辑。其特征是从前因后果、逻辑顺序、历史现状等角度逻辑推理，强调的是缜密、精确、严谨、有序，思考的路线一般是线性的，即沿着线性思路，循序渐进地解析、演绎、推理、求证。

2. 水平思维

水平思维法也叫横向思维，是通过改变原有的定式、传统观念，通过分析比较，从多个方向找出新的思维点，用全新的思维去思考。水平思维的创意具有多维性，它改变了解决问题的一般思维，要求尽量摆脱固有模式的束缚，多方向、多角度、多方位地思考问题，从而使思维的维度大大增加，有可能从其他领域中得到解决问题的启示。

区别于垂直思维，水平思维不是过多地考虑事物的确定性，而是考虑它多种选择的可能性；关心的不是完善旧观点，而是如何提出新观点；不是一味地追求正确性，而是追求丰富性。水平思维克服了固执偏见和旧观念对人的束缚，有利于人们突破思维定式，获得创造性构想；但水平思考思维也有其局限性，它不能像垂直思考思维方法那样对问题进行深入的挖掘，难以透彻地把握事物的本质。因此，在进行广告创意的过程中，往往要运用两种思考方法，用水平思维横向拓展，用垂直思维纵深挖掘，两者结合，才能产生别出心裁、效力强、影响深的广告创意。

知识链接

水平思考法与垂直思考法的区别

水平思考法是英国心理学家爱德华·德·博诺在20世纪60年代末期进行管理心理学研究时提出的。他曾对垂直思考法和水平思考法进行了比较全面的分析，其差异表现在：

（1）垂直思考法是选择性的，水平思考法是生生不息的。

（2）垂直性思考是分析性的，水平思考是激发性的。

（3）垂直思考的移动只在有了一个方向时才移动，水平思考的移动则是为了产生一个新方向。

（4）垂直思考是按部就班，水平思考则是激发性的。

（5）用垂直思考，每一步必须都正确，才能推导出正确的结论，水平思考则不需要。

（6）垂直思考为了封闭某些途径要用否定，水平思考则无否定可言。

（7）垂直思考要集中排除不相关者，水平思考则欢迎新东西闯入。

（8）用垂直思考，类别、分类和名称都是固定的，水平思考则不必。

（9）垂直思考遵循最可能的途径，水平思考则探索最不可能的途径。

（10）垂直思考是无限的过程，水平思考则是或然性的过程。

（二）顺向思维与逆向思维

1. 顺向思维

顺向思维就是常规的、传统的思维方法，是指人们按照传统的从上到下、从小到大、从左到右、从前到后、从低到高等常规的序列方向进行思考的方法。比如，要宣传一部防水手机，那么顺向思维的广告创意通常是：不小心手机掉在水中，捞起来照样使用，最终创意文案体现产品特性——防水耐用。但是，往往这种常用的表现手法一般会缺乏冲击力，无法给予宣传目标惊喜和意外。

2. 逆向思维

逆向思维是一种反常规、反传统、出奇制胜的思维方式，符合相反相成的规律。在广告创意中多利用人们的逆反心理，有意识地脱开习惯的思维轨道，往往会取得意想不到的效果。反其道而行之，创意往往新奇、独特、别具一格，思维不易落入俗套，易产生颠覆性的产品概念和广告表现形式。比如，同样是宣传一部防水手机，逆向思维的广告创意可以是：为了逃避唠叨的老婆，男主在争吵中特地把手机丢入水中逃避吵架以享受清闲时光，结果落水的手机被自己家的狗含着一路游泳带回到家中，男主又被迫继续接电话。创意文案体现产品特性——手机长时间入水，被狗叼回来后仍然能用。

非常简单的一个反转，就能给客户留下深刻的印象。顺向思维简单易懂，手机有多防水耐用，就用掉入水中还能使用体现；逆向思维是“曲线救国”，表面是把手机丢掉逃避吵架，但创意文案开展反转，通过即便把手机丢入水中还是得接电话的搞笑结局体现手机防水耐用特性。这类逆向思维实际上在广告创意中运用得较为普遍,而且常常是根据主创意文案来保持反转矛盾。

实践证明,逆向思维是一种重要的思考能力。对于全面提高人才的创造能力及解决问题能力具有非常重要的意义。逆向思维具备下列特点:第一,普遍性。逆向思维在各种领域、各种活动中都有适用性。第二,批判性。逆向思维是对传统、惯例、常识的反叛,是对常规的挑战。它能够克服思维定式,破除由经验和习惯造成的僵化的认知模式。第三,新颖性。由于受过去经验的影响,人们容易只看到自己熟悉的一面,而对另一面却视而不见。其结果就是思路僵化、刻板,摆脱不掉习惯的束缚。逆向思维能克服这一障碍,带来的结果往往是出人意料,给人耳目一新的感觉。

(三)发散思维与聚合思维

1. 发散思维

发散思维又称作辐射思维、开放思维等,就是从已经明确或被限定的因素出发,进行各个方向的思考,设想出多种构思方案的思考方式。这种由点到面的发散思考的方式,是思维向四面八方的延伸和扩展。这种思维既遵循逻辑思维的一般规律,对于设计对象有一个清晰和全面的认识,同时又不受逻辑思维的限制,不墨守成规和按部就班。发散思维主要用于创意构思的初级阶段,是展开思路,发挥想象,寻求尽可能多的答案、设想或解决方法的有效手段。

2. 聚合思维

聚合思维是在所掌握的众多材料和各种信息的基础上,从一个方案入手,朝着一个目标进行深入构思的思维方式。聚合思维多用于创意思维的中、后期,是创意构思的深化、充实和完善的重要过程。例如,理智地分析和调控广告形象的各部分关系,利用对社会生活、产品使用等方面的知识和经验去验证和改善创意构思等。2016 年全新奔驰 E 级在社交媒体用一幅“关二爷”的画宣告自己即将到来,并用“过 5 关、斩 6 将”暗指宝马 5 系、奥迪 A6L,同时还用“文武双全”来代表全新奔驰 E 级不仅有商务版车型,还有运动版车型,如图 5-9 所示。后续,在此基础上宝马和奥迪分别用“想当年,大 E 失荆州、失 E 走麦城,无宝马,不英雄!”“群雄逐鹿,‘奥’视天下,岂可轻‘迪’”给出了自己的广告文案。更有捷豹、沃尔沃、凯迪拉克、雷克萨斯,甚至吉利、陆风、众泰等都在此思路下给出了自己的创意文案。可以说,奔驰的文案是用发散思维将“车”与“关二爷”建立联想,后续品牌则运用聚合思维在此主题下进行了深入的构思。

图 5-9　“BBA”创意广告文案

（四）形象思维与逻辑思维

1. 形象思维

形象思维是指人类通过感知形象，即以视觉、听觉、触觉对外界进行认知，进而对色彩、线条、形状、声音、解构、质感等表象进行分析、综合、分解、提取，整合其内涵属性关系，进而进行联想、想象和结构性的重构，创造出完整的全新艺术形态，从而利用这种形象揭示事物的本质属性和事物的内涵结构关系。形象思维具有具体性、细节性、直观性、可感性等特点。在平面广告的创意设计中，形象思维尤为重要。形象思维具有可感性、非逻辑性和整体性的特征，这种思维方式是运用感性形象认识世界的，设计人员需要丰富的想象力和对客观世界敏锐的洞察和独特的视角。

2. 逻辑思维

逻辑一词包含有思想、原则、理性、规律的意思，这个概念来源于古希腊哲学家赫拉克利特所使用的“逻各斯”一词，其本义即为言语、理性和思维。逻辑思维是在已知条件基础之上，利用已经被证明的抽象概念、规律，来进行推理、判断的思维。它呈现出理性、抽象的科学特点，在对事物的分析中运用概念、判断推理和论证等抽象思维模式，来揭示事物本身。逻辑思维是以推理为表征的，它既不同于想象、联想，也不同于形象的表达。推理不仅使人们获得不能由经验直接得到的知识，而且还能获得不能由感觉直接得到的知识。

三、广告创意的经典技法

（一）“二旧化一新”法

亚瑟·科斯勒的“二旧化一新”的概念不是专门为广告创意提出来的。它是亚瑟·科斯勒在研究人类心智作用对创意的影响时提出的一种构思。“二旧化一新”思维方法的基本含义是：新构思常出自两个相抵触想法的再结合，这种组合是以前从未考虑过、从未想到的，其结果会产生突破性的新组合。有时，即使是完全对立、互相抵触的两个事件，也可以经由创意的行动和谐地融为一体，成为引人注意的构思。

对于“二旧化一新”的创意方法，詹姆斯·韦伯·扬在其《创意的生成》中也进行了深入的探讨。在他看来，创意的基础原则有两个：第一，创意完全是把原来的许多旧元素进行新组合；第二，必须具有把旧元素予以新的组合的能力。他认为广告中的创意，常常是有着生活与事件“一般知识”的人们，对来自产品的特定知识加以重新组合的结果。而这种对各要素进行重新组合的创意方法就类似于万花筒中所发生的组合。万花筒中放置的彩色玻璃片数量越多，其构成令人印象深刻的新组合的可能性就越大。同样，人的心智中积累的旧元素越多，也就越有增加令人印象深刻的新组合或新创意的机会。因此，对广告创意者而言，“在心智上养成寻求各事实之间关系的习惯，成为产生创意最为重要之事”。

宝洁公司的汰渍洗衣粉，为了表达其不伤衣服的特性，做了一则平面广告：

在一只鱼缸里，色彩斑斓的金鱼欢快地在里面畅游。广告语：“让衣服的色彩像金鱼一样不褪色！”画面右下角是汰渍洗衣粉的标志。

衣服—金鱼—不褪色—洗衣粉,“衣服”与“金鱼”两个看似不相关的事物组合在一起,表现不伤衣服的洗衣粉。这种组合成为了引人注目的新构思。

“二旧化一新”的创意方法的价值,主要体现在它能使创意者把各种互不相关甚至互相抵触的事物交融、组合在一起,形成一个令人注目的创意,并给人以意料之外而又情理之中的感受。

(二)头脑风暴法

头脑风暴的创意思维方法,是美国 BBDO 广告公司负责人奥斯本(Alex Osborn)于 1938 年提出来的,英文为“Brain storming”。它是指组织一批专家、学者、创意人员和其他人员共同思考、集思广益进行广告创意。

1. 会前的精心准备

(1)一般在进行头脑风暴的前两天将会议的议题、举行时间、地点通知到每一位与会者,使其有时间预先思考、准备。

(2)会议议题要明确,一般一会一题,如新商品名称、广告主题、广告目标对象的关心点等。

(3)与会人员不要过多,以 10~15 人为宜。

2. 畅谈与头脑风暴

(1)主持人是头脑风暴成功与否的关键。在头脑风暴的过程中,会议主持人要善于引导、协商,促使与会人员踊跃发言,最大限度地调动每一个与会者的积极性,激发其创造性。

(2)头脑风暴的会议规则:在头脑风暴的过程中,不要私下交谈,以免分散注意力;拒绝对他人的构思和建议进行任何批评,只谈自己的想法;发言要简明,一次只说一个想法;鼓励各种稀奇古怪的构想,自由想象,畅所欲言,毫不保留,极尽所能;相互启发,相互补充;做好会议记录与整理。

3. 筛选评估

头脑风暴要首先求创意的量,以量变求质变,鼓励综合改进,在别人的构想上产生新构想。头脑风暴结束后,由专人对会上提出的构想进行筛选、综合、补充与丰富,最终形成有效的创意。广告创意一般按照科学性、实用性、可行性、经济性、精彩度等方面综合评估,然后筛选出相对较好的方案。如果觉得不够完美,可以相隔两到三天后再举行一次会议。间隔的时间留给大家再准备,拾遗补缺,或激发新灵感。

(三)卡片式智力激励法

头脑风暴法的目的是集思广益,在宽松自由的环境下激发出人们的想法。但并不是所有的人都擅长集体自由讨论。人的个性差异会影响头脑风暴法的效果,比如有的人对于当众说出见解犹豫不决,有的人不善于口述,有的人见别人已发表与自己类似的想法就选择沉默。于是,卡片式智力激励法应运而生。

卡片式智力激励法也称卡片法,它又可分为 CBS 法、NBS 法、635 法。其中,前两种来自日本,后一种来自德国。

1. CBS 法

CBS 法由日本创造开发研究所所长高桥诚根据头脑风暴法改良而成,其特点是对每个人提出的设想进行质询和评价。具体过程是：

（1）参加者对会前所提示的主题进行设想，并把设想写在卡片上，然后带入会场（每张卡片写一个设想，每人提出五个以上的设想）。

（2）在开会时，各人把卡片放在桌子上，轮流进行解说（5~8人为一小组），与会人员在倾听他人设想时，如果自己有新构想，应立即写在备用的卡片上，并把它放在桌子上。

（3）与会人员发言完毕以后，将内容相似的卡片集中起来，并加上标题，标题写于卡片最前头。

（4）根据标题的相似性，将卡片分类排列，由主持人决定分类标题的重要程度。整个会议要用两三个小时。

2. NBS 法

NBS法是日本广播电台开发的一种智力激励法。其过程如下：

（1）各人单独进行脑力激荡活动。参加者各自在卡片上填写萌发的创意。每张卡片写一个设想，以不超过30字为宜，文字应简明易懂。时间占全部时间的1/6。

（2）参加者按座次轮流发表卡片上的创见。各成员自右往左，依次宣读自己的一张卡片，然后将卡片排列在桌子中央，排成七列。若卡片内容与他人重复，应予以舍弃，待下一轮回，但不得两次轮空。在此期间，听众可以提出质询，或实时将新的构想写在备用的卡片上，时间占全部时间的1/2。

（3）全体参加者自由发言。成员自由宣读自己手中新的设想卡片。时间占全部时间的1/3。

运用NBS法时须注意以下三个问题：成员3~5人为宜；桌子的面积要大，能够铺200张卡片；主持人需注意掌握时间。

3. 635 法

635法又称默写式智力激励法、默写式头脑风暴法，是德国人鲁尔已赫根据德意志民族习惯于沉思的性格提出来的。具体做法如下：

（1）会前准备。与会的6个人围绕环形会议桌坐好，每人面前放有一张画有6个大格18个小格（每一大格内有3个小格）的纸。

（2）公布议题。主持人公布会议主题后，要求与会者就议题发言。

（3）创意初想。首轮发言后，开始计时，要求在第一个5分钟内，每人在自己面前的纸上的第一个大格内写出3个创意，创意要尽量简明，每一个创意写在一个小格内。

（4）创意延展。第一个5分钟结束后，每人把自己面前的纸顺时针（或逆时针）传递给左侧（或右侧）的与会者，在紧接的第二个5分钟内，每人再在下一个大方格内写出自己的3个创意。新提出的3个创意，最好是受纸上已有的创意所激发，且又不同于纸上的或自己已提出的。

（5）创意爆发。按上述方法进行第三到第六个5分钟，共用时30分钟，每张纸上写满了18个设想，6张纸共108个设想。

（6）会议总结。整理分类归纳这108个设想，找出可行方案。“635”法的优点是能弥补与会者因地位、性格的差别而造成的压抑，缺点是因只是自己看和自己想，激励不够充分。

（四）检核表法

为了有效把握创意的目标和方向，促进创意性思考，头脑风暴创始人奥斯本于1964年又提出检核表法。检核表法就是用一张一览表对需要解决的问题一条条地进行审核，从各个角度诱发多种创造性设想。

检核表简单易行，通用性强，并且包括多种创造技法，因此有“创造技法之母”的称呼。检核表通常从以下8个方面进行检核。

（1）放大法。放大包括尺寸的放大、时间的延长、附件的增加、分量的加重、强度的提高、杂质的增加等。例如套餐升级、飞机座位升舱等。

（2）缩小法。把一件东西变小、浓缩、袖珍，或者放低、变短、省略会有什么效果呢？这让人产生许多联想。

（3）转化法。这件东西能不能做其他用处？或者稍微改变一下，是否还有其他的用途？

（4）适应法。有别的东西像这件东西吗？是否可以从这个东西想出其他的东西？

（5）改变法。改变原来的形状、颜色、气味、形式等，会产生什么结果？还有其他的改变吗？这一条是开发新产品、新款式的重要途径。比如服装推出不同款式、饮料开发不同口味等。

（5）代替法。有没有东西可以代替这件东西？有其他成分、其他材料、其他过程或者其他方法可以替代吗？例如复合地板代替实木地板，计算器代替算盘等。

（7）重组法。零件互换、部件互换、因果互换、程序互换会产生什么结果？

（8）颠倒法。正反互换、黑白颠倒、位置重置等。

任务三 广告表现

导入案例 Smirnoff伏特加首支全球广告：一场品牌流亡史

品牌背后的故事像是一个品牌被赐予的“天赋”，因为其所具有的偶然性和戏剧性是很多品牌可遇而不可求的宣传物料，在其上面简单发挥就可成为一个绝佳的营销创意。Smirnoff伏特加就是这样一个充满着故事与经历的品牌，这些故事镶嵌于十月革命、冷战等著名的历史标记中，每一段历史都是一次惊心动魄的回忆。近期这个老牌伏特加品牌发布的“Infamous since 1864”全球主题广告片就讲述了Smirnoff Vodka在大革命中逃离沙皇的枪口被送往法国、美国乃至世界各地的历史。

“Infamous since 1864”是Smirnoff伏特加25年以来首次面向全球的广告活动，广告片将在各个国家市场内传播。

短片由广告公司72 and Sunny New York策划与制作，导演是执导著名电影《攻壳机动队》的 Rupert Sanders。短短 1 分钟内，Rupert 就用丰富的镜头语言、间谍片一样紧张的节奏记录了 Smirnoff 伏特加如何在重重监视中被秘密送往其他国家的历程。片中 Smirnoff 伏特加秘密辗转在美国人的长靴中、法国人卷起来的报纸中以及好莱坞名流的舞会中，暗喻 Smirnoff 的品牌全球化历程（图 5-10）。

图 5-10　“Infamous since 1864”广告片

不同于圈内“自嗨”的品牌历史传记，这些电影艺术手法赋予了这部短片一种间谍片的视感，但另一方面这些手法也无意中模糊了真实与虚构的界线，历史灵感与戏剧故事交汇成品牌宣传片中最独一无二的创意。“没有人想将它拍成一部纪录片”，创意执行总监 Justine Armour 告诉外媒 AdWeek，“但 Smirnoff 伏特加背后有很多精彩的故事可讲。在故事原型中，伏特加的创始人之子 Smirnoff 曾多次被逮捕在行刑队伍面前，并在乌克兰越狱、跨境之后安顿在法国”。正如 Justine Armour 所讲，这个耳熟能详的老品牌背后确实有很多不为人知的历史故事。

现在，Smirnoff 已是全球第一伏特加品牌，畅销 130 多个国家，成为很多人记忆中的经典。这次的全球广告活动也是以品牌故事为灵感，将这瓶伏特加的经历电影化，勾起了人们对其历史的好奇心。

案例思考

从表现策略角度，谈谈 Smirnoff 伏特加广告表现的成功之处。

一、广告表现的概述

在广告传播过程中，广告信息往往需要通过具体的媒体达到与目标受众接触的目的。从广告活动来看，当广告创意策略确定后，如何从媒体特性和受众心理出发，通过对各种信息元素的编排，将广告创意转化成广告作品，完成广告创意的视觉化，是广告表现活动的思考重点。

（一）广告表现的含义

广告表现是指运用媒体特定的传播信息的优势，将广告创意概念用各种语言与非语言的符号元素进行编排与组合，形成达到广告传播目标，引起目标受众心理共鸣的广告作品的创意执行过程。广告表现过程不仅涉及作品的艺术表现技巧，更涉及传统与现代传媒技术和信息处理的策略。广告表现是广告活动中“怎么说”的环节，或者被形象地比喻为“临门一脚”。

（二）广告表现与广告创意的关系

在广告表现阶段，能否得到有价值、有影响力的创意，是广告表现作业成功的大前提。出色的广告创意,能够激发出广告表现阶段的再创造激情,使广告作品锦上添花;没有出色的广告创意作为基础,广告表现所能做的只能是对平庸诉求的渲染,不能提升广告的传播效力。自然流畅的广告表现手法,能够吸引受众注意、提高受众记忆,增强广告的传播效果。从这个意义上来讲,广告表现并不是狭义的广告制作,被动的机械制作不能更好地完成这个阶段的任务。因此,在广告活动中,广告创意与表现是相辅相成的关系。

（三）广告表现的原则

1. 为广告目标服务

广告目标是广告活动要达到的最终目的。广告表现的主要功能就是要创造有说服力和渗透力的广告作品,吸引目标受众的注意,让目标受众被广告所感染、所打动,引起其心理的共鸣,达到广告的预期目标。因此,要防止为广告而做广告,单纯追求艺术形式与美感而达不到广告目标的广告表现行为。

2. 准确体现广告创意

准确体现广告创意,是广告表现的前提。超越广告创意的要求,任灵感自由地发挥,这样的作品,往往因为没有传播的核心概念和主题而导致广告活动支离破碎,影响广告的整体效果。广告创作人员不能以创作空间和创作自由为借口,单纯地追求独特的个性与自己的喜好,要考虑到市场策略、广告预算、广告创意策略等多方面问题。

3. 符合特定媒体的特征

广告表现阶段所要做的首要任务,是为实现广告创意寻找最具有表现力和感染力的视觉语言(符号),创作出体现广告创意要求的作品。不同媒体的特点决定了媒体的表现力不同,广告作品要与媒体的具体特征相结合,必须结合媒体特征来开展思维。报纸、杂志、电视、广播、影视、网络新媒体等,由于媒体的特点不同,同一广告主题,通过这些媒体进行传播时,表现的角度要随之调整。

知识链接

影响现代广告的殿堂巨擘

1. 大卫·奥格威 David Ogilvy(1911—1999):现代广告教皇

出生英国的大卫·奥格威,是现代广告业的大师级传奇人物,他一手创立了奥美广告公司,开启了现代广告业的新纪元。他创立了奥美这个品牌,启蒙了对消费者研究的运用,同时创造出一种崭新的广告文化。被《时代》周刊称为"当今广告业最抢手的广告奇才"。

2. 亚尔伯特·拉斯克 Albert Lasker(1880—1952):现代广告之父

亚尔伯特·拉斯克出生于德国的弗赖堡,后来移民到美国,在芝加哥他成了罗德·汤姆斯广告公司的合作伙伴,之后购买了该公司。他有很多成功的广告活动,利用文案技巧,使广播媒介有了新用途,赢得了消费者的青睐,不仅改变了广告业,也改变了当时的流行文化。他被选为美国国家商业名人。

3. 史特利·雷梭 Stanley Resor(1879—1962)：广告界的“婆罗门”

史特利·雷梭出生于美国的辛辛那提市。1908 年进入 JWT 公司，成为杂志广告开创人汤普逊的继承者。他特别重视广告中商标名称的安排设计，将其视为广告的灵魂；同时他还提出应该将中产阶级作为商品促销的重点，因为他们人数众多，又具有颇强的购买力；他最具价值的创举是他第一个雇用女性文案人员，在当时，这些都是很有创见的思想。

4. 雷蒙·鲁比堪 Raymond Rubica(1892—1978)：广告界的政治家

雷蒙·鲁比堪是美国广告的先驱，与约翰·杨合作成立杨·鲁比堪(Y&R)广告公司。他重视创造力是创新的本身，他的理念和文案彻底改变了行业。创新的领导力和创造力使他被喻为“广告界的政治家”。他认为广告应该是“镜子的读者”，认知和了解顾客是有效广告的一个重要组成部分。

5. 李奥·贝纳 Leo Burnett(1891—1971)：芝加哥广告的领导者

李奥·贝纳出生在密歇根州的圣约翰，他是芝加哥广告的领导者(广告学派这个名词就是他发明的)，于 1935 年创立李奥·贝纳广告公司(Leo Burnett Worldwide)。他被《时代》周刊评选为 20 世纪 100 位最有影响力的人物之一，广告业最具“创造性”的男人之一。在 19 世纪，广告界主要是复制、重视广告产品的描述和销售冗长的广告，然而，他开发了新的简单图标，来象征容易理解的 20 世纪消费产品的好处，被认为参与了 20 世纪 60 年代的创作革命。

6. 克劳蒂·哈普金斯 Claude C. Hopkins(1867—1932)：伟大的广告先锋

克劳蒂·哈普金斯是一个伟大的广告先锋。他认为广告的存在不仅是卖东西，还应测试由它产生的结果是否有效，正因如此，他是忠实的采样信徒，也奠定了广告是为销售服务的原则；他坚持广告人应研究客户的产品和生产理由，还认为一个好的产品往往本身就是最好的销售人员。

7. 比尔·彭贝克 Bill Bernbach(1911—1982)：顶尖广告代理执行

比尔·彭贝克赢得了许多奖项和荣誉。在他的广告职业生涯中，被评为“顶尖广告代理执行”。他和奈德·杜利、马克斯·丹成立了 DDB 广告公司，作品风格往往很简单，也被认为是第一个采用结合文案人员和艺术总监作为一个创作组共同工作的模式，直到今天这种模式仍然存在于广告公司。

（资料来源：李志红，蒋宏伟.广告策划与创意[M].北京：中国轻工业出版社，2014.）

二、广告表现的形式

（一）平面广告表现

平面广告一般被称为印刷广告。平面广告传达的信息简洁明了，能够瞬间抓住消费者的目光，又因其制作成本低等优势成为广告主要的表现手段之一。

平面广告作为一种历史悠久的表现方式，在技术日益发达的今天依然呈现着非常顽强的生命力。随着时代发展，不断有新的广告形式出现，但平面广告的地位仍然无能被完全取代。

平面广告表现的元素主要包括：文字、图形、色彩和负空间。

1. 文字

文字是平面广告中重要的部分，起着核心的作用。文字能够准确、清楚地表达广告制作者的诉求意图，广告商品的信息也得以顺利传递给消费者。然而，文字并不是平面广告必不可少的元素，不着一字的广告作品也有很多。

在注意力经济的时代，要想使广告能在较短的时间内被人们所接受和记住，平面广告的文字应该做到：短小精练；多用常见字，不用生僻字；避免出现不规范的字；字体格式与广告的风格相协调。

2. 图形

图形是平面广告主要的构成要素，它能够形象地表现广告主题和广告创意。插画可以是黑白画、喷绘插画、绘画插画、摄影作品等，表现形式有写实、象征、漫画、卡通、装饰、构成等手法。

图形创意表现成功与否在很大程度上取决于文案中的图形能否迅速抓住消费者的目光，和其产生情感的共鸣。在技术日益发达的今天，图形的表现形式和制作不再是限制广告创意表达的因素，图形如何更好地传递广告商品信息，激发消费者潜在的欲望才是广告制作者应该考虑的问题。

3. 色彩

色彩是由色相、明度、纯度三个元素组成的。色相即为红、黄、绿、蓝、黑等不同的颜色；明度是指某一单色的明暗程度；纯度即单色色相的鲜艳度、饱和度，也称彩度。

色彩在广告表现中具有诉诸感觉的作用，它与公众的生理和心理反应密切相关。艳丽、典雅、灰暗等色彩感觉，影响着公众对广告内容的注意力。鲜艳、明快、和谐的色彩组合会对公众产生较好吸引力，陈旧、破碎的用色会导致公众产生“这是旧广告”的误解，而不会引起注意。因此，色彩在平面广告上有着特殊的诉求力。在平面广告中运用色彩不能单纯从美学的角度去看待色彩的构成，还要注意其与目标群体的风俗习惯、价值观念等是否契合。

4. 负空间

负空间就是物体之间的空间，是摄影里表现孤立的一种手法，常运用于建筑等领域。

在平面广告中，负空间是指除字体本身所占用的画面空间之外的空白，即字间距及其周围空白区域。文字组合的好坏，很大程度上取决于负空间的运用是否得当。字的行距应大于字距，否则观众的视线难以按一定的方向和顺序进行阅读。不同类别文字的空间要作适当的集中，并利用空白加以区分。

（二）广播广告表现

广播广告的独特之处就是通过声音来传递广告信息，也就是所说的“以声夺人”。广播广告表现要素由人声、音响、音乐构成。

1. 人声

广播是诉诸个人听觉的媒体，所以广播广告的语言要求朗读速度适中，节奏感要强，用口语化的短句子，而且要有较强的针对性，以利于理解和记忆，重要的信息要注意重复，以增强记忆效果。在声音的运用上，要注意与产品或企业的形象相吻合，通过宣讲、对话、独白、说唱等形式，对商品进行广告宣传。

2. 音响

音响是广播广告的主要表现手段之一。在广播广告中，利用音响的特点，可以对时代、地域、时间、环境加以设定，增强广告的效果。广告的音响效果必须逼真，并且与产品广告主题相符，以此提高广告的吸引力，强化产品形象。广播广告的音响主要有环境音响、产品音响和人物音响等。

3. 音乐

音乐是一种抽象的艺术形式，具有强烈的情绪感染力，对于人的情感、态度、行为影响极大。音乐在广播广告中一方面可以活跃广告的气氛，增强广播广告的吸引力，引起媒体受众的注意；另一方面有利于塑造广告产品的形象，某些有特点的音乐也可以成为广告产品的标志，使媒体受众轻易将产品与其他产品区别开来。

人声、音响和音乐作为广播广告的三要素，将它们有机融合后，可以发挥整合效能，产生强大的表现力，大大地开拓媒体受众的“视觉空间”，令听众产生身临其境的感觉。

（三）影视广告表现

影视广告在表现形式上，吸收了装潢、绘画雕塑、音乐、舞蹈、电影、文学艺术等特点，运用影视艺术形象思维的方法，使产品更富于感染力和号召力。影视广告按自身的性质而言，它是商品信息的传递，但在表现形式上又与其他种类的广告不同，它是以艺术的手段来制作的。因此说，影视广告是科学的信息传递，同时又是利用艺术手法来表现的。

1. 视觉要素

影视广告视觉要素有两种形态，即图像和字幕。影视广告图像（又称画面）是影视广告中最重要的因素。图像造型表现力和视觉冲击力是影视广告获得效果的最强有力的表现手段。影视广告画面以运动的和定格的两种方式存在。依靠运动的图像可以增强广告的表现力和感染力。巧妙地创造商品的运动的方法很多，可以让商品自身运动起来；用人的行为创造商品的运动；运用光影创造商品运动。

2. 听觉要素

影视广告的听觉要素包括广告语、音乐及音响三部分。影视广告中作为听觉部分的广告语有两种形态：一种是旁白；另一种是广告模特儿的台词。影视广告音乐包含背景音乐和广告歌。影视广告的音响是影视广告中人和物在运动时发出的，也有为了渲染情绪和气氛而附加的。

（四）网络广告表现

网络广告指利用网站上的广告横幅、文本链接、多媒体的方法，在互联网刊登或发布广告，然后通过网络传递到互联网用户的一种高科技广告运作方式。

1. 网幅广告

网幅广告包含 Banner、Button、通栏、竖边、巨幅等，是以 GIF、JPG、Flash 等格式建立的图像文件，定位在网页中大多用来表现广告内容。

2. 文本链接广告

文本链接广告是以一排文字作为一个广告提示，用户看到提示后，点击可以进入相应的广告主页。这是一种对浏览者干扰最少，但却较为有效果的网络广告形式。

3. 弹出式广告

弹出式广告又称插播式广告。访客在请求登录网页时强制插入一个广告页面或弹出广告窗口。它们有点类似电视广告，都是打断正常节目的播放，强迫观看。弹出式广告有各种尺寸，有全屏的，也有小窗口的，而且互动的程度也不同，从静态的到全部动态的都有。浏览者可以通过关闭窗口不看广告，但是它们的出现没有任何征兆，而且肯定会被浏览者看到。

4. 多媒体广告

一般指使用浏览器插件或其他编程语言编写的具有复杂视觉效果和交互功能的网络广告。这些效果的使用是否有效，一方面取决于站点的服务器端设置，另一方面取决于访问者浏览器是否能查看。一般来说，多媒体广告能表现更多、更精彩的广告内容。

5. 电子邮件广告

电子邮件广告可以直接发送，也可以通过用户订阅的电子刊物、新闻邮件和免费软件以及软件升级等其他资料一起附带发送。有的网站使用注册会员制，收集忠实读者群，将广告连同网站提供的每日更新的信息一起，准确送到该网站注册会员的电子邮箱中。

6. 其他新型广告

包括视频广告、路演广告、巨幅连播广告、翻页广告、祝贺广告、论坛版块广告、EDM 直投、定向广告，等等。

三、广告表现的策略

（一）理性广告表现策略

理性广告表现策略主要是针对理智型购买的消费者而采用的广告表现。这种广告通过真实、准确、公正地传达企业、产品、服务的客观情况，使受众经过判断、推理等思维过程，理智地做出决定。理性广告表现策略可以作正面表现，即在广告中告诉受众如果购买某种产品或接受某种服务会获得什么样的利益；也可以作反面表现，即在广告中告诉消费者不购买产品或不接受服务会对自身产生什么样的影响。

1. 逻辑要点

理性广告表现是一种采用理性说服方法的广告表现形式。这种广告诉求理性强，有理论，有材料，虚实结合，有深度，能够全面地论证企业的优势或产品的特点。理性广告欲达到预期的最佳效果，须遵循以下原则：提供购买理由；拟定说服的重点；论据比论点、论证更重要；运用双向信息交流，增加可信度，将“硬”广告“软化”。

2. 制约理性广告效果的因素

制约理性广告效果的因素有两个方面。一方面是有关产品的因素，包括同质化程度、产品的购买风险水平、产品的吸引力等。另一方面是有关消费者的因素，包括消费者的有关知识和经验、消费者的社会经济地位、消费者的购买预期和消费者的个性心理特点等。

3. 理性广告表现的具体方法

（1）直接表现。直接表现是广告表现中最基本、最常见的一种形式。直接将产品最优秀的特性作为传达的内容，从正面向消费者展示出来。这种方法使消费者直接面对宣传的产品，便于产生亲切感和信任感；也便于消费者在很短的时间内把握住产品的性能实质，留下深刻的印象，从而唤起购买欲望。

（2）逻辑推理式表现。逻辑推理这种表现手法，主要侧重于选择产品对消费者有特殊意义的内容进行广告诉求，寻求消费者能够认同的观点，并提供必要的客观事实，最终由消费者自身的逻辑推理达到信息传递的目的。如邻近某些公园风景地区的楼盘，在广告中强调周边人文环境对修养身心的价值，引导那些关心居家环境的人根据自身的需要进行购买。

（3）实证式表现。实证式表现通过现实的表演示范，向广告受众展现商品的功能和使用知识，解决人们对产品的顾虑和对产品可靠性的疑虑。这是消费者最容易理解和接受的表现方法。这种表现方式的运用，若能够邀请专家、社会地位较高的名人，会使广告更加引起人们的注意与信任。实证式表现广告，强调其真实性。比如，汰渍洗衣粉广告采用上门采访推销的方式，将普通消费者的使用效果演示出来，传达汰渍洗衣粉“有汰渍，没污渍”的广告效果。实证式表现法通过现场展示，可以消除消费者的顾虑，说服力和促销力较强。值得说明的是，在一些电视广告中，用数字特技制作的商品功能演示，如快速去污渍等不属于实证式表现的范畴。实证式表现的过程必须设计得简单和易于理解，不能让观众像对待魔术一样产生怀疑。

（4）对比式表现。对比是一种常见的理性表现形式，它把广告宣传的东西放在鲜明的对照和直接对比中来表现，借彼显此，加强说明。通过对比，呈现差异，使消费者对产品新功能、新形象产生鲜明的印象。在我国《广告法》中明确规定“广告不得贬低其他生产经营者的商品或者服务”。在国外，一般是市场占有率低的产品或者是广告费用预算偏少，处于竞争弱势的广告主，通过采取比较式广告引起人们的注意。比如，一则百事可乐对比可口可乐的广告，画面中小孩在自动售货机前，先付款买了两罐可口可乐，将其踩在脚下，以便能够得着更高一点的百事可乐，拿到百事可乐后，小孩愉快地离开了。

（5）双面论证式表现。在广告中充分肯定产品优点的同时，也适当地暴露产品的不足之处，这种手段称为双面论证。在使用双面论证时，通常要考虑接受者的已有态度、接受者的教育水平、接受者对品牌的知识经验，等等。

（二）感性广告表现策略

消费者购买和使用商品在很多情况下是为了追求一种情感上的满足或自我形象的展现。当某种商品能够满足消费者的某些心理需要或充分表现其自我形象时，它在消费者心目中的价值可能会超出商品本身。感性广告表现策略是指诉诸消费者的情绪或情感反应，传达商品带给他们的附加值或情绪上的满足，使消费者形成积极的品牌态度。感性广告中融入的亲情、爱情、友情等情感，不仅赋予了商品生命力和人性化的特点，而且容易激起消费者的怀旧或向往的情感共鸣，从而诱发消费者对商品的购买动机。

1. 逻辑要点

感性广告表现要以充满情感的语言、形象、背景气氛作用于消费者需求的兴奋点;增加产品的心理附加值;利用暗示、倡导流行等。

2. 注意事项

感性广告表现要符合消费者的文化特征;要引起消费者积极的情感反应;要适合产品的生命周期;要与产品(或品牌)相结合。

3. 感性广告表现的具体方法

(1) 情感式表现。情感式表现主要是运用戏剧性的瞬间,以突出的情感为主,来渲染主题。情感式表现可把家庭的亲情、朋友的友情、恋人的爱情等作为诉求点,表达获得某种商品后的满足感,把信息宣传融入生活的美好片段之中,以情动人,对消费者进行感情沟通,使消费者觉得亲切,富有人情味,这样易于使广告宣传贴近消费者,缩短与消费者之间的心理距离,产生情感共鸣。比如,香港大众汽车为了宣传"开车别看手机"这一公益主题,包下了电影院影片开播前的广告位,播放了一段以第一视觉呈现的汽车前进画面,再用 LBS 技术推送短信给现场观众。当观众听到短信提示音后,都纷纷拿起手机查看,而这时电影屏幕中的汽车也发生了事故。在最后的画面中,大家看到提示:"玩手机是当前交通事故的主要发生原因,珍惜生命,勿玩手机。"这种表现方式让大家以第一人物视角深刻体会到遵守交通法规的重要性。

(2) 幽默式表现。由于现代生活节奏加快,冗长的解说,乏味的说教已经使人厌倦。而充满情趣、引人发笑、耐人寻味的幽默广告能使人轻松愉快,自然而然地接受信息宣传,例如图 5-11 的广告。广告可以用幽默的情节或表现手法诠释内容,幽默的矛盾冲突可以达到出乎意料又在情理之中的艺术效果。但不能将一切生活主题都拿来搞幽默,任何涉及死亡、残疾、中伤、横祸、灾难、痛苦等的内容,都不宜当作幽默笑料。

图 5-11 幽默式广告

(3) 比喻式表现。比喻式表现是借用与产品或广告主题有一定相似关系的特征,阐述主题,让消费者通过联想和想象去理解主题。这类表现形式常常用朴素的、通俗而富有哲理的比喻,以及相关联动物形象、符号、色彩等,引导消费者去领会广告的含意,因此这种表现形式比较含蓄、婉转,但因其与人们常见的事物和象征相关联，也容易引起人们的兴趣和注意，且其意味令人回味无穷，易为人们所理解和接受，能收到较好的传播效果。比喻式广告就是抓住两种不同性质的事物的相似点，即借与事物 A 在某方面相似的事物 B，来表现事物 A 的某一特点。如图 5-12 所示，广告中的产品是洗洁精，这则广告就是利用比喻式表现方法把瓷碗比作正在照明的台灯，以体现该品牌洗洁精的强大洁净功能。

图 5-12　比喻式广告

（4）恐惧式表现。恐惧式表现指利用人们的危机意识和紧张心理，运用“敲警钟”的方法制造压力，促成他们的态度和行为向一定的方向发生变化。从传播学的角度来看，影响恐惧式表现有效性的主要因素是受众的接受心理和信息内容的本身两个方面。而恐惧式表现的信息内容只有具备了有效构成因素和适宜的诉求强度，才有可能被受众接受并产生预期的传播效果。比如，芬兰一家公益机构 Fragile Childhood 拍摄的反对父母酗酒的广告（图 5-13），伴随着阴森的音乐，每个孩子都露出隐隐害怕的表情，让人心生寒意。突然，画面里出现了可怕的怪兽，原来就是他们使孩子们感到不安。他们和孩子一起吃午餐，看着孩子们玩耍，送孩子上学。这些怪兽原来都是孩子眼中酗酒的父母。广告唯一一句文案：“How do our children see us when we’ve been drinking?”

图 5-13　恐惧式广告

（5）拟人式表现。拟人式表现就是把人以外的有生命和无生命的物类人格化，使之具有人的情感特征，用以表达广告主题。拟人表现时，设计师要根据广告主题和创意需要去选择适当的表现对象，按人们熟悉的性格表情、动作去进行拟人化的处理，以通俗、愉悦、审美的形式，引起消费者对商品的注意，从而达到广告传播的目的。如图 5-14 所示，广告将北极熊的行为方式比拟成人的行为方式，北极熊行走中脱下“衣服”使人最容易得出的结论是“热”，气候变暖。广告中残酷的画面使人们深刻认识到全球气候变暖这个问题的严重性。

图 5-14 拟人式广告

(6) 夸张式表现。在广告中,把广告要着力推荐介绍的商品的某种特性,通过极度夸张的手法表现出来。夸张的广告,有时表现生活中某些富有戏剧性的情节场面,有时又表现一种荒诞而夸张的视觉感受,利用人们的想象,使本来平凡的事物变得神奇、不同凡响。比如,伦敦哈罗德百货(Harrods)推出的"The Big Bag Theory"霸气巨型手包时尚大片(图 5-15)。

图 5-15 夸张式广告

(7) 诙谐荒诞式表现。诙谐荒诞式表现是指运用寓庄于谐的表现手法,表达的是与人们常见的事物形象具有较大差异的极端状态,这种状态使人吃惊、诧异和激动,引起兴趣,并在此心态中认知广告意向。如图 5-16 所示,左边是星巴克广告,咖啡杯的侧面有一个被重新创造出来的鼻子,人们用它喝水时,画面会非常诙谐搞笑。这种方式既聪明又幽默,增加了杯子的使用价值。右边是一个儿童防咬手指甲苦液广告。其产品包装袋子外观古怪,如果在街上看到有人在提着,会让人不由自主地笑出来。

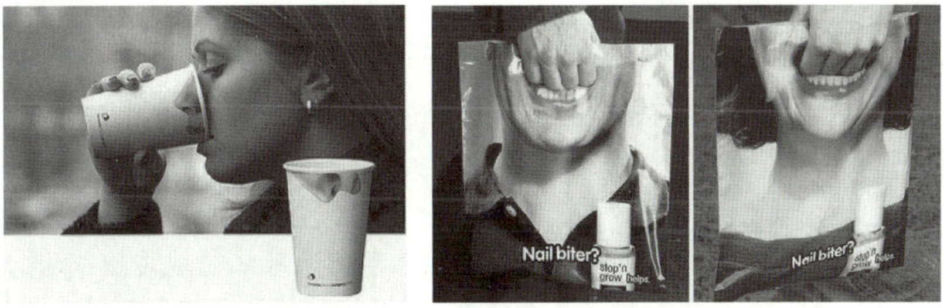

图 5-16 诙谐荒诞式广告

(8) 悬念式表现。悬念式广告表现,不直接说明是什么商品,而是为了吸引受众对广告的关注,通过调动受众的好奇心,将商品渐次地表现出来,最后一语道破。整个情节既出人意料,又在情理之中。悬念型广告表现有 3 个特点:一是欲言又止，欲扬先抑，驱使人们去追根究底，形成接受广告的较好心态；二是一反常规，与人们的观点唱反调，出其不意，出奇制胜；三是在整个情节中，处处设下疑问，促使受众去寻找答案。如某化妆品上市后为了扩大宣传，在某地的报纸上推出一则整版广告，而整整一版上除了一个大问号外，仅还有一段小文字："美白，再等一天。"第二天，在同样的版面上刊登出广告，详细介绍新上市的化妆品的美白功效，并随报赠送试用折价券。

（三）理性广告表现策略与感性广告表现策略的联系

一则广告只要说明了产品的特性或使用这个产品的好处，就是采用了理性广告表现策略。理性广告表现通过摆事实讲道理的方式来说服人，偏重客观、准确和有说服力，对完整、准确地传达商品信息非常有利，但是由于注重事实的传达和道理的阐述，广告往往显得生硬、枯燥，影响诉求对象对广告的兴趣。而感性广告表现策略则是以诉求对象情感反应为目标，不包括或只包括很少的信息，通过感觉、感情、情绪而建立起品牌与这些情感的联系。感性广告表现通过将产品与人们的爱、幸福、快乐、成就感、渴望被赞赏等需要联系起来，以使人们建立起对产品的好感。感性广告表现策略贴近诉求对象的切身感受，在亲和情方面更为突出，但是过于注重对情绪和情感的描述，往往会影响信息的传达。

在实际的广告表现中，不一定只有理性广告表现策略或感性广告表现策略，通常是将两种表现策略相结合，即采用理性表现策略传达客观的信息，又使用感性表现策略引发诉求对象的情感共鸣，结合二者的优势，以达到最佳的说服效果。但是，针对每种不同的产品、服务总有一种结合最好的诉求方式，是以理性表现为主，以感性表现为辅或是以感性表现为主，以理性表现为辅，需要视具体的情况而定。

任务四　广告文案

导入案例　**"月光下的收成"广告文案**

"绿巨人"的广告，是20世纪30年代末期由李奥·贝纳先生为"绿巨人公司"（当时叫"明尼苏达流域罐头公司"）所写的广告。

这是一则将图片与文字有机结合创作而成的广告，整篇广告六分之五以上的篇幅是一张大图片（图5-17），图片的最上边是那远在天际的月亮，它正以其特有的温柔，关切地注视着大地，因为在大地的某一个角落，绿巨人豌豆正在它朦胧的月光下紧张地工作：收割机在忙碌地工作，大卡车在来来往往地运输；其间人影隐然，忙碌非凡。看着这一派夜晚的繁忙景象，人们似乎闻到了豌豆蘸着月光和露水的清香，还有那泥土的芬芳。图片的下方是一粒粒新鲜硕大的豌豆的特写，圆鼓鼓，水灵灵，使人馋涎欲滴；图片的右下角，还有一筒罐头，在罐头的贴纸上，一个身强力壮的男子吃力地抱着一个粗大的豆荚，那豆荚足有半人多高，里面的豆粒大似西瓜。

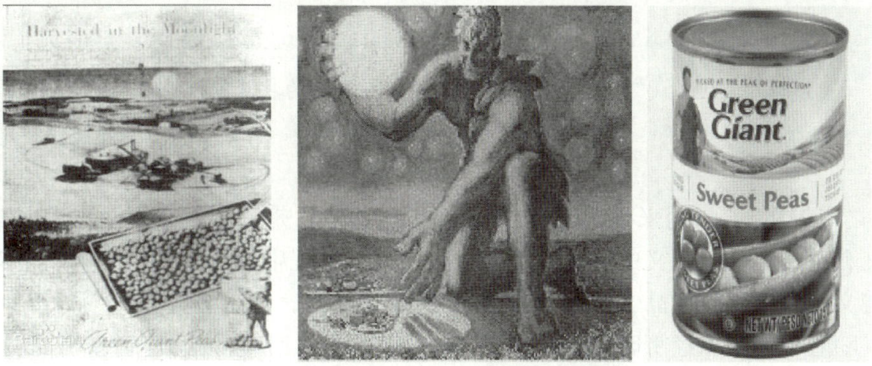

图 5-17　绿巨人豌豆广告

广告的文案部分紧密配合图片,却只有几十个字:“无论日间或夜晚,绿巨人豌豆都在转瞬间选妥,风味绝佳……从产地至罐装不超过三小时。”这是对图画的最贴切说明。李奥·贝纳曾说:“当你成功地把表示图画的文字,同时把表示文字的图画放在一处,使他们双方说同一的东西,再加上首先你有某种值得说的东西,那你就很容易地得到一个好广告了。”这则广告正是“表示图画的文字和表示文字的图画双方说着同一的东西”,而李奥·贝纳又首先有着“某种值得说的东西”:绿巨人豌豆。没有其他语言能够解释或代替这篇广告的文案,人们只能看着画面上那独特的月光下罕见的收成,展开想象的翅膀,慢慢咀嚼这几十个字:他们从其夜晚的繁忙景象自然想到其“日间”更忙,而“无论日间或夜晚”的繁忙,为的就是使“绿巨人豌豆都在转瞬间选妥”,这样的产品当然“风味绝佳”,而“风味绝佳”并不是具体的口感,因此用一个省略号“……”给消费者以无限的想象空间,让他们自己看着那月光下收打豌豆的美妙情景,去尽情地想象那绝佳的风味、去补充潜台词;而每个人所想象的“风味绝佳”的内涵自然是不一样的,这就使得绿巨人豌豆具有了超群的品质;最后一句“从产地至罐装不超过三小时”,是对“转瞬间选妥”和画面中忙碌效果的数字证明,一种豌豆罐头的整个制作过程“从产地至罐装”,居然“不超过三小时”。不用“新鲜”二字形容还能用什么?这样的画面,这样的文案,使受众不觉进入美的境界,得到的首先是美的享受,而看完广告后自己就得出了结论:绿巨人豌豆,新鲜、好吃!

最后,我们再看看这篇广告的点睛之笔:标题“月光下的收成”。它并没有平铺直叙地将广告所要表现的有关豌豆品质的词语用在上面,而是选择了一句耐人寻味、充满诗情画意的语句——月光下的收成。此语一出,顿使整个广告成为超凡脱俗的佳作,在消费者的心中留下了难以磨灭的印象。李奥·贝纳本人对这一广告也十分珍爱,他后来曾这样评价自己苦思冥想而制作的这一则广告标题的独特之处:“如果用‘新鲜罐装’做标题是非常容易说的;但是用‘月光下的收成’则兼具新闻价值与浪漫气氛,并包含着特种的关切,这在罐装豌豆的广告中是难得一见的妙句。”这是真正的创作!收成本就是使人高兴的事情,何况又是在如此美好而浪漫的月光下!

案例思考

分析"绿巨人"广告文案的结构，谈谈"月光下的收成"标题的绝妙之处。

"广告文案"一词来源于英文"Advertising Copy"，是一个舶来品。广告文案有广义和狭义之分。广义的广告文案是指广告运作过程中的所有文字信息。狭义的广告文案专指广告作品文案，即广告作品中所有的语言文字部分。

随着现代眼球经济时代的到来，今天的广告文案创作，正朝着越来越简明，越来越具有可读性的方向发展，谁能第一时间抓住受众的眼球，谁就向目标消费者迈出了成功的一步，因而广告文案对于广告作品来说就显得尤为重要与不可或缺。要求越高，挑战度越大的好广告文案已成文案撰稿人员们的心病，都渴望不鸣则已，一鸣惊人的效果。难怪美国广告界的知名人士 H·史戴平斯说："文稿是广告的核心。"

一则完整的广告文案包括广告标题、广告标语、正文、随文四个组成部分，各个部分分别传达不同的信息，发挥不同的作用。

一、广告标题

广告标题是用以揭示、评价内容的一段最简洁的文字，是广告主题的凝结与提炼。成功的广告标题，是能够传达最为重要的或最能引起诉求对象注意的信息语句。

广告专家大卫·奥格威认为："标题是大多数平面广告最重要的部分。它是决定读者是不是继续读正文的关键所在。读标题的人平均为读正文的人的 5 倍。换句话说，标题代表着为一则广告所花费用的 80%。在我们行业中，最大的错误莫过于推出一则没有标题的广告。"由此可见，广告文案中的标题是非常重要的。有调查显示，报刊广告效果的 50%～70%依赖于广告标题的写作和设计。

（一）广告标题的作用

1. 点明主题，引人注目

广告的标题，以高度概括的语句表现广告的中心内容，表明广告的宗旨，使消费者见标题而知文义。比如，大卫·奥格威为"劳斯莱斯"汽车撰写的文案标题"这辆新型'劳斯莱斯'在时速 60 英里时最大的噪声来自电钟"，该标题直接告诉了媒体受众"劳斯莱斯"汽车的特点。

2. 引起兴趣，诱读正文

常言道"看书看皮，读报读题"。媒体受众接触广告时，文案标题首先进入眼帘。如果标题没有吸引力，受众就不会读下去，广告也就达不到预期的效果。醒目或非常有特色的标题，不但能使关心某种商品广告的消费者从速阅读正文，而且还能引起无具体目的的消费者的注意，诱发其兴趣。

3. 加深印象，促进购买

消费者看广告，除了留意广告的插图外，一般是浏览广告的标题。反复次数多了，广告标题就给消费者留下深刻的印象。广告标题内容多以引起消费者的注意为目的，以鼓动性词句，发出号召，促使消费者购买。比如“只要青春不要‘痘’”，对于长青春痘的男女青年来说，看了这个广告标题，就能诱发他们购买此产品的欲望。

（二）广告标题的类型

1. 从广告标题长短角度划分

（1）单词组标题。单词组标题是指标题不是一个完整的句子，而是一个词或词组。这类标题常以产品品牌或产品的效用（特色）作为文案标题。比如“现代生活”“以旧换新”等。

（2）单语句标题。单语句标题是指标题本身是一个完整的句子，比如“今天可以购买”“美好的天从雅黛开始”等。单语句标题是最常见的一种标题类型，与单词组标题相比，它包含有较大的信息量。

（3）多词组标题。多词组标题是指标题由两个或两个以上的词组构成，词组之间是并列、转折或递进的关系。比如“七天退换、终身维修”等。

（4）多语句标题。多语句标题是指标题由两个或两个以上句子构成，句子之间有一定的逻辑关系或内在的联系。比如“MCI 的半价优惠，让您以更少的花费，不断延续与远方亲友的故事”等。

2. 从广告标题内容角度划分

（1）直接性标题。直接性标题是直截了当地将广告所要传递的主要信息在标题中表现出来，使消费者一看就知道广告的主要内容。直接性标题较间接性标题能够提供更多的信息。比如，美国煤气联合公司的广告标题“唯独这种煤气能向你提供一大桶一大桶的热水，比普通的快三倍”。直接性标题具有直接点题并促使消费者继续去看全文的功效。至少也能使消费者脑子里残留一定的广告效应，容易使消费者对产品产生好印象。

（2）间接性标题。其本身并不具备直接介绍产品或服务的功能，而只向消费者进行提醒或暗示，目的是通过富有新闻性、文学性、趣味性、戏剧性、哲理性的语言引起消费者的注意和兴趣，吸引消费者去阅读正文。间接性标题的唯一目的是吸引消费者去看广告正文，如果做不到这一点，那么整个广告就可能是失败的。比如，壳牌石油公司的广告中使用的一个间接性标题“一把防锈的无形之伞”。广告的正文解释是，经过科学研究，发明了一种防锈的新方法。如果用直接性标题可以一语道破事实，但无法解释防锈的方法。鉴于这一则广告的主题是为表明壳牌石油公司在科学研究中的领先地位，所以使用了间接性标题来吸引消费者，消费者要想弄明白其中的道理，那就只能阅读全文。

3. 从广告标题结构形式角度划分

（1）单一性标题。又称单行标题，广告标题只有一项，或直接或间接地传递广告信息。

（2）复合性标题。复合性标题常常是将直接性标题和间接性标题综合运用，构成标题的内容不止一项，最多的包括引题、正题和副题。引题一般放在正题的上面，主要用来交代背景，烘托气氛，衬托主题，或点明广告的意义。正题是表明广告的主题，传递广告的主要信息。副题一般放在正题的下面，是对正题做进一步的引申或补充说明。

复合性标题可以由引题和正题构成，比如，引题：5.1 春夏抢鲜购物节；正题：生鲜超市 8.5 折；

复合性标题也可以由正题和副题构成，比如，正题：西风酒；副题：送客亭子头，蜂醉蝶不舞，三阳开国泰，美哉柳林酒。

复合性标题还可以是引题、正题、副题相结合。比如，引题：中国名酒；正题：剑南春；副题：芳香浓郁，醇和回甜，清洌净爽，余香悠长。又如，引题：四川特产，口味一流；正题：天府花生；副题：越剥越开心。

（三）广告标题的写作形式

1. 新闻式标题

客观陈述某一新近发生的事实。提供的信息既可以是新发生的情况，也可以是新的知识、新产品的销售、新企业的开张、企业的新举措、新的商品品牌等。最有价值的信息直接表现在标题上，使人一目了然。比如，“商场开业一周年，有奖大酬宾，500 万元秋季摄影双重大赠奖”。

2. 询问式标题

这类标题是用提问的方式来引起读者的注意，使人们想去回答，从而产生共鸣和思考，加深印象。提出问题，既可以是读者也可以是广告主。比如，“咳痰不畅，怎么办”（药品广告）；“试问用餐哪里佳？理想去处是金莎”（餐厅广告）；“你猜，法国‘第一夫人’是谁”（雪铁龙轿车广告）。

3. 论断式标题

直接表现商品、服务为消费者带来的好处，或直接颂扬商品的特性和优势，但要注意不要把颂扬的话说满，引起消费者的怀疑。比如，“北京同仁堂骨刺丸：直面顽症，疏解酸痛”；“虎峪山庄，山野天然”。

4. 悬念式标题

这类广告在写作时不直接提供有关产品或服务的信息，而是使读者感到惊奇、有趣而又疑惑，吸引读者读完广告的正文。比如，“北京电台：可以听的世界杯”；“你可能不相信，三个轮子的汽车也能跑”。

5. 倡导式标题

在标题中提出自己的建议和主张，发出号召和倡议，树立良好的形象获得消费者的好感和认同。比如，“加点新鲜香吉士柠檬，让冰茶闪耀阳光的风味”（香吉士柠檬广告）；“冰了以后更好喝，喝了以后更凉爽”（七喜广告）。

6. 比较式标题

通常是用比较的方法显示所宣传的商品的优越性，使消费者明白它与同类产品的不同。比如，“一纸之差，事半功倍”（打印纸广告）。

7. 歌谚警语式标题

借用或改用古今诗词、成语典故、谣谚警策的语言形式作为广告的标题，使广告简练、生动。比如，“一日三省吾车：省油、省钱、省时”（汽车火花塞广告）；“悠悠寸草心，报得三春晖”（三九胃泰广告）。

8. 哲理式标题

这类文案标题以叙述的方式告诉媒体受众日常生活中的一个道理，以引起人们的共鸣，进而对广告产品产生兴趣。比如，“有时候，男人更需要关怀”（丽珠得乐广告）；“听自己的，喝贝克”（贝克啤酒广告）；“钩钩手，做个朋友，乐百氏奶”。（乐百氏广告）。

（四）广告标题的写作要求

（1）简洁有力，引人注目。标题的主要作用是引起人们注意，这样就应该是既简洁又凝练。标题不宜过长，最好控制在12个字之内，否则读者的记忆力要降低50%；标题的字体要区别于副题和正文的字体，一般来说用大号字体为宜；标题要放在醒目的位置。

（2）特点突出，准确易懂。广告标题要符合广告的内容、要求，要题文相符，确实体现广告的主题。语言要生动活泼、富于联想、用词贴切，不要含糊不清、故弄玄虚、题不对文。

（3）感情真挚，富有新意。广告标题要与消费者的兴趣、情感相联系，这样就容易引起共鸣，相互沟通。标题创作一定要有新意，出奇制胜，一语道破。

（4）图文并茂，互相衬托。方案撰写人员要把标题与图画视为一个整体。既要利用图画去表现标题的题意，又要利用标题去说明图画，力求两者之间互相起到陪衬和烘托的作用，以增强广告效果。

知识链接

奥格威广告标题准则

（1）标题比本文平均多5倍的阅读量，如在标题里，未能畅所欲言，就等于浪费了80%的广告费。

（2）标题向消费者承诺其所能获得的利益，这个利益就是商品所具备的基本效果。

（3）要把最大的消息贯注于标题当中。

（4）标题里最好包括商品名称。

（5）唯有富有魅力的标题，才能引导阅读副标题及本文。

（6）较长的标题比词不达意的短标题，更有说服力。

（7）不要写强迫消费者研读本文后，才能了解整个广告内容的标题。

（8）不要写迷阵式的标题。

（9）使用适合于商品诉求对象的语调。

（10）使用情绪上、气氛上具有冲击力的语调。如幸福的、爱、金钱、结婚、家庭、婴儿等。

二、广告标语

广告标语也称广告口号，它是广告主长期使用的稳定的宣传用语，是为了塑造广告产品的品牌形象或企业形象而提出的一句简明通俗、反复使用的宣传语句。

一般来说，广告标语是相对不变的，其功能是让广大媒体受众永远记忆和留下印象。广告标语在广告主开展市场营销活动中，能够有效地成为目标市场消费者识别广告主或广告产品的一种符号，它有助于塑造品牌形象，是广告主企业文化的一种凝练。

（一）广告标语的种类

1. 颂扬式

这种广告口号强调商品的好处，突出其优点。比如：雀巢咖啡的“味道好极了”；美国M&M's公司巧克力的“只溶于口，不溶于手”；可口可乐的“如此感觉无与伦比”等。

2. 号召式

这种广告口号以富有感召力的鼓动性词句，直接动员消费者产生购买行为。比如，可口可乐的“请喝可口可乐”；脑白金的“今年过节不收礼，收礼只收脑白金”。

3. 标题式

广告标题与广告口号融为一体，既起广告标题的作用，也起广告口号的作用。比如，美国云丝顿（winston）牌香烟的：“抽美国云丝顿，领略美国精神”。

4. 情感式

广告口号以富于抒情韵味的言辞构成，以便更好地激发人的联想，使人认同。比如，南方黑芝麻糊的“一股浓香、一缕温馨”；威力洗衣机的“威力洗衣机——献给母亲的爱”。

5. 幽默式

在广告口号中借用幽默的手法，表现广告主题。比如，三九皮炎平的“快止痒、止痒快、痒快止”；某液体水泥的“它能粘住一切，除了一颗破碎的心”，无不充满幽默风趣之意，使人在会意之中接受广告内容。

6. 品牌式

这种广告口号是广告标语或广告警句与广告品牌相结合，即在广告口号中加入企业名称或产品品牌，从而树立企业形象或品牌形象。这种广告口号形式目前比较普遍，尤其是一些大中型企业尤为重视。比如，格力集团的“好空调格力造”；维维豆奶的“维维豆奶，欢乐开怀——维维集团”等都在广告口号中突出对自己品牌的宣传，通过广告，既完成了促销活动，又进行了长程品牌创造。

当然，广告口号的类型并非仅仅上述几种，如果从不同角度来分析，还可以划分为许多其他的类型，如对联式、谐音式、抽象式等等。

（二）广告标语的写作要求

1. 通俗易懂，简洁易记

广告标语只有简洁易记，才能使媒体受众过目不忘，同时也便于刊登。比如，大宝系列化妆品的“皮肤好，用大宝”；麦氏咖啡的“滴滴香浓，意犹未尽”；护舒宝的“更干、更爽、更舒服”。

2. 节奏感强，富于韵味

广告标语要前后押韵，有一定的节奏感，读起来朗朗上口，既便于记忆，也易于流传。比如，铁达时表的“不在乎天长地久，只在乎曾经拥有”；戴比尔斯的“钻石恒久远,一颗永留传”;泻立停的“泻痢停,泻痢停,痢疾拉肚,一吃就停”。

3. 亲切感人,生动有趣

广告标语用人们生活中的日常用语、方言、俚语等,能增加亲切感和生动感。比如,邦迪的“邦迪相信,没有愈合不了的伤口”;长虹的“以产业报国,以民族昌盛为己任”;孔府家酒的“孔府家酒,叫人想家”。

4. 富有创造性,有新意

普通的话语常不为人们所重视,只有创造出新意才能吸引人,才能在广告“爆炸”的环境里引起人们的注意。比如,王致和臭豆腐的“一臭万年”;雀巢儿童奶粉的“成长只有一次”。

5. 突出特点,高度概括

广告标语要能起到鼓动作用,就必须用高度概括的语言,突出宣传商品的某一特点,给消费者留下深刻的印象。比如,“一毛不拔”,突出了牙刷的经久耐用;“戴博士伦舒服极了”,则突出了博士伦眼镜的作用。

知识链接

广告标题与广告口号的区别

表现功能不同。广告口号是为了加强企业、商品和服务的一贯的、长期的印象而写作的,而广告标题是为了使每一则广告作品能得到受众的注意,吸引受众阅读广告正文而写作的。

表现风格不同。广告口号因为着力于对受众的传播和波及效应的形成,在表现风格上立足于口头传播的特征,其语言表达风格就要体现口语化特征,自然、生动、流畅,给人以朗朗上口的音韵节奏感。在语言的构造上,要体现平易、朴素但富于号召力的遣词造句特点。广告标题比较起广告口号,它的表现功能要求它新颖、有特色、能吸引人,因此,可以是生动流畅的口头语风格,但因为它在广告中有提纲挈领的作用,占有一定的分量,所以它更倾向于书面语言风格的运用。

运用时限、范围不同。广告标题是一则一题,在每一则广告中,标题都是不同的。因此,运用时间短暂。而广告口号是广告主在广告的长期过程中的一贯的运用,它在一个企业或商品的广告战略中被长期地运用,被广告运作过程中的每一则广告作品所运用,是该企业在不同媒介中的广告作品的一部分。因此,广告口号所运用的时间长,而广告标题所运用的时间短;广告口号的运用范围广,而广告标题的运用范围窄。

负载信息不同。广告口号所负载的信息,一般是企业的特征、商品的特性、服务的特征等等,是企业、商品和服务的观念和特征的体现,而广告标题不一定负载这些信息,它为了吸引消费者的注意,可以用广告口号中的同样的信息负载,也可以负载与广告中的信息不相关的信息内容,在信息的负载面上,广告标题与广告口号各显特色。

总之,广告标题和广告口号在广告作品中所起的作用不同,所处的位置不同,两者之间变与不变、长期与短期、运用范围大与小等方面都有很大的不同。

三、正文

正文是广告文案的中心部分，它是指广告文案中除文案标题、画面、商标、广告主名称之外的说明性文字。文案正文能够进一步解释、论证广告标题中所说的优势和特点，提供令人信服的证明材料，从而使消费者增进对企业、产品以及服务的了解与信任。

文案正文在不同的媒体中以不同的形式出现。在印刷广告中，正文以文字叙述的形式出现，称为文稿；在广播广告中，正文以语言叙述的形式出现，称为脚本；在电视广告中，正文通过语言和画面相结合来传播，称为故事版等。

（一）正文的结构

不同的媒体，同一媒体的不同表现形式，不同的广告策略，使广告的正文内容和结构也不尽相同。有的广告图文并茂，有的广告文字居多，但是有一点应该明确，一则广告即使内容再丰富，创意、表现再精美，也必须有广告文字加以说明。通常，一篇完整的广告正文，应由引言、主体和结束语构成，但不是每一则广告的正文都要有这三个部分，广告正文的结构应根据表现策略来灵活安排。

1. 引言

承接标题（特别是间接性标题）引出下文。引言又称引子、开头，是连接标题和正文销售点之间的桥梁，如同副标题。引言属于兴趣环节，因而必须吸引读者并将其注意力引向产品或服务。引言的组织并无固定的模式，大体说来，常见者有：

（1）承题式开头法。它是直接衔着标题信息，进而将之放大的开头法。比如，“书与酒/价格相同价值不同”一文的开头为：一本书的价格只相当于一瓶酒，然而，价值和效应却大不相同。

（2）描写式开头法。以生动的笔触和文学性手法对描述对象进行描绘的开头法即是描写式开头法。比如，“朝阳冉冉升起，庆那美拉高尔夫球场令人迷恋不已。在如此优美的环境下挥杆，更是得心应手。每次击球，看球凌空飞起……”。

（3）设问开头法。亦即提出问题，并引出一种回答，从而有效地传达广告信息的方法。比如，蓝十字保险公司企业广告文案正文即以此方法开头“你负责工人的福利吗？是的，我除了记账、管理工作和刮鱼鳞外，我还负责工人的福利……”。

（4）总括式开头法。以总结的口吻、全局的眼光、豪迈的气势对宣传对象进行介绍的方法即总括式开头法。比如，日本三洋产品的广告在“更加舒适，更加愉快，伴你生活，总有三洋”的标题后，在正文开端就用“无论在大街，还是在高楼客厅、饭桌上，三洋技术早已融入您的生活，时刻为您创造一流的舒适生活和享受”来进行说明。

（5）简介式开头法。以最为简洁明快的语言对宣传对象作出说明性介绍的开头法，也是常见的方法之一。它的特点是先有一个“全貌”的介绍，再分段说明。比如，三菱空调的正文开头“迅速地使房间每个角落都变得舒适，这就是世界上具有特色的‘气流控制’”。

2. 主体

主体主要介绍产品或服务的具体情况，比如技术、效果、价格、品种、市场、代理商、产品型号等。正文的主体也是广告文案的中心段落，通常是文案中间篇幅相对较大，并衔接引言的文字组织。其目的是为许诺和保证提供证明，建立广告的可信度，通过语言启发读者想象力，培植读者的欲望。广告策划者应借助广告的调查数据、证言、担保等支持自己的产品承诺，这类证明有利于广告主避免法律纠纷，并使顾客确信广告，最终刺激销售。

因为已经有了标题、引言部分所确立的文案风格、基调，所以，在这里所要考虑的问题主要是：选择内容；对内容的展开顺序进行抉择；对主体信息和背景信息进行组合。在此，有一种意见认为，正文主体的展开首先要讲述最重要的信息，这绝非定则。但可以肯定的是，最重要的信息一定不能放在最末一段，因为按照受众的一般看法，写在最后面的信息往往是次要的或无价值的。

至于段落的大小，则完全视具体情况而定。那些信息量小、信息之间关系密切的正文可以不分段；而信息量较大或者信息之间关系不是非常密切的正文通常可分为几个段落进行。最好是每一段落尽量传达一个中心内容。

按照现实操作中的情况来看，有效地组织段落间关系是一种艺术。常见的组织形式有：

（1）由次到主的顺序。这种结构符合循序渐进的规律，易为人接受。写作者可以先给出作为原因的信息，再给出作为结果的信息，或者是先传达背景信息，再传达中心信息。

（2）由主到次的顺序。这种顺序一般先说结果，再阐释原因，或是先给出重要的信息，再给出作为背景的信息。比如避尔咳特效化痰露杂志广告文案在标题“痰何容易——避尔咳特效化痰露”之后写道：要彻底化痰止咳，唯有避尔咳，它所含的特效化痰素，迅速化解积聚气管内的有害顽痰，药效强劲。不含麻醉成分，安全可靠。避尔咳特效化痰露对各种因支气管炎、过敏及伤风感冒引起的咳嗽同样有效。有避尔咳，化痰止咳就像说话一样容易。

这篇文章先突出主要信息，而其他诸如不含麻醉成分，安全可靠，以及它的针对性则放置在随后的文字中传达。这种组织的优点是主体突出，并有坚实的支持。

（3）不分主次，并行传达。如果正文要传达多个重要信息，而这些信息又难分主次，那么，可以让它们平列出现。

3. 结尾

结尾是正文的结束部分，负责收口工作。它所要发挥的作用是：给受众一个明晰的主张与意见，简化受众反应，便于他们行动。当然，也有的结尾意在鼓励有兴趣的读者进一步询问。

常见的正文结尾法有如下几种：

（1）归纳性结尾。亦即以简洁洗练的语言，对前叙文字做一总结。

（2）吁请式结尾。这种结尾多以祈请、启发、鼓动、号召等表示整体叙述结束，有明显的号召读者行动的意图。

（3）设问式结尾。亦即在结尾处不直接说出相关结论，而是设定问题，借此包裹结论并引发读者的思考兴趣。

（4）抒情式结尾。这种文案结尾大量用来抒发一种感怀或描绘一种场景，让文字有相当的审美感知力。比如某一防止石油污染的公益广告，在描述完污染所造成的令人心颤的现象后写道：站在海湾的岸上，看着一望无际的黑色油污，看着所有的生命在慢慢死亡，我们觉得世界末日似乎已来临。它所抒发的议论与情怀，正是对前叙文字中各种死亡景象的一种升华，也是一种在情结上直戳关键的厚实一笔。

（5）展望式结尾。以瞩目未来，使读者一同建立对物态的信心作结的方式即此。这种结尾的视点总是更多地落在未来。比如常见的一种通则：抚今追昔感慨系之，瞻顾前程愈加感奋。公司笃持敬业图强精神，为各界朋友竭诚服务，与同行同仁携手共进，开辟房地产业光明未来。

（6）祝谢式结尾。这种结尾多用来表示对顾客或社会的美好祝愿，是一种在情感与关系中争取力量的表意手段。常见的形态多是：值此节日之际，××公司全体同仁谨向全国用户表示最诚挚的谢意！

（7）服务姿态式结尾。这种结尾采用向读者表明服务姿态或心态的方式来作结，有一定的亲和力。比如，“无论车在何处，都能享受及时、妥善的服务，这就是我们关心备至的体现，也是每一个维修中心对您的承诺”。

（8）描摹式结尾。这种结尾方式的文字侧重于描摹商品外部造型或心理意象，用文学性的组合来引发目标受众的反应。比如，为了保持包子的造型完美，每个“狗不理”包子捏 17 个或 18 个褶，疏密适中，看上去就像一朵白菊花。

（二）正文的具体形式

1. 对话式

对话式正文是通过两个或两个以上的人之间的对话来反映广告产品的特点、性能以及价格水平等。这种广告比平铺直叙式的广告更有趣味，更显生动，特别是可以对诉求重点进行强调、说明，以加深印象。

2. 故事式

在广告正文中通过故事情节的发展来吸引消费者。有的采用对话的形式讲述一个故事，有的采用连环画的形式描述一个故事。在广告文案构思中，以故事型来完成广告正文，能够以故事情节来揭示广告主题，传播广告产品的属性、功能和价值等，能够创造出一种轻松的信息传播与接受氛围。此类广告的吸引力和记忆度较强。

3. 直销式

这种类型又叫解释型正文，是由克劳德·霍普金斯在 20 世纪初首创并推广的。大卫·奥格威在他的广告生涯中始终忠实地采用直销式，在广告正文中最大限度地告知受众广告主题和广告商品信息。比如，他为劳斯莱斯汽车所写的文案即为一典型直销式广告正文。在这则广告文案中，大卫·奥格威用尽可能详细而实在的语言对广告产品的各类信息进行了揭示，给受众以更多的信息。

4. 幽默式

广告文案的幽默式是指以轻松的笔调、风趣优雅的语气书写广告内容，以吸引媒体受众的注意。这种广告文案正文具有较高的趣味性，能给媒体受众留下深刻的印象。如某眼镜广告“眼睛是心灵的窗子，为了保护好您的心灵，请在您的窗子上安上玻璃吧!”

5. 证明式

证明式是指在广告正文中提供权威人士或者著名人士对商品的鉴定、赞扬等,以达到对消费者的告知、诱导和说服。证明式正文中所常用的手法有:专家学者、权威人士和社会名流的证明;权威性的专业机构与专业报刊的评价;各种试验和消费者的调查与推荐。

6. 比较式

比较式是指用类比的方式,把自己的产品与其他产品相比,从而突出自己产品的特点,启发和诱导消费者,激发其购买兴趣。

(三) 正文的写作要求

1. 真实可信

弄虚作假或有意含糊其词,是违背职业道德,对消费者不负责任的做法。是不能达到预期的促销目的的,是失败的广告。

2. 言简意明

做到“篇无累句,句无累字”。引语要开门见山,结尾要干净利落。正文部分只须简明地点出产品或服务的特征。同时对特征的陈述要做到重点突出,不要面面俱到,泛泛而谈,使读者得不到真正有价值的信息。不同的媒体,广告正文的要求不同,印刷媒体广告正文要长于电子媒体;新商品和服务要长于常规商品和服务。

3. 生动有趣

个性鲜明,不要千人一面;语言要有形象感、人情味。

4. 措辞得体

广告正文措辞要考虑消费人群的特征。面对儿童消费群的语言要简单、明确;面对知识分了,语言要细腻、规范。同时还要考虑到商品的特点,工业品的广告用词要准确、具体;日用品的广告可以用一些使人产生联想的语言。广告措辞还要注意语言文明、高尚,不要低级庸俗。

四、随文

广告随文对广告正文起补充和辅助的作用,是广告附带的必要说明,它可以促进销售行为的实施,可产生固定性记忆和认知铺垫。

(一) 随文的构成

广告随文又称附文,是对广告内容做进一步的补充说明。具体而言,它是向受众说明、介绍广告主、商品及有关附属信息的文字部分。它是整个广告文案的有机组成部分,具有重要的推销作用。随文的写作旨在强化企业和商品的某些特征,提供联系方法或进一步促使受众购买产品。例如,假如正文介绍了某企业获得了各种荣誉,那么随文一般都会附上有关获奖证书、证件的复印资料,这样,可增加受众对产品的信赖感。通常广告随文由以下几部分内容组成。

1. 企业标识内容

它是广告所宣传的企业或机构等广告主方面的信息,如企业名称、企业专用字体及专用颜色、企业的标识等，特别是做企业形象广告时，这部分内容必不可少。

2. 商品标识内容

它是广告产品的附加信息，包括产品的商标和商品名称等。这些要素也都是广告产品的关键信息，直接关系到产品能不能常驻受众的心中。

3. 联系方式

向受众提供与广告主联系的方法，是随文常见的内容。它包括广告主的地址、电话、传真、网址、手机号、邮政编码、联系人及联系方式等。

4. 权威机构的认证标识或获奖证明资料

广告主过硬的获奖证明资料（如专利认可证、卫生许可证、国际 ISO 认证等）。其中有些内容或许正文已提及过，但随文中如有相关的复印材料，对受众就更有说服力了。

（二）随文的表现形式

广告随文根据其表现形式的不同，大致可分为常规式、表格式、附言式、条签式等几种形式。

1. 常规式

常规式广告随文是围绕广告战略目标和广告对象，有选择地把若干项内容一一列出。几乎所有的广告文案都离不开随文，因为随文关系到产品与受众能否实现进一步的交流。个别广告甚至为了节省费用，文案中只有广告标题和广告随文或只有广告语和广告随文，这种情况在电视广告中存在得较多。一般来说，随文内容涉及企业或商标名称以及联络方式（广告主的地址、电话等），而联系方式几乎可以说是必不可少的。

2. 表格式

有时为了使随文的内容表达得更为清楚，使受众一目了然，并使广告文案显得有所变化，随文的内容就以表格的形式出现。

3. 附言式

附言式广告随文往往以“特别提醒”“好消息”“惊喜”等词语领起，它向受众提供与广告内容相关的一些附属信息。

4. 条签式

条签式广告随文是在广告文案中设计一张简短的条签，以虚线或方格等形式表示，它可以是一张回邮单，也可以是其他内容。条签式广告随文的作用主要是进一步促进受众与广告主进行联系或对广告信息做出相关的反馈，一般以获得赠品或抽奖的形式来鼓励受众参与。

项目小结

广告创意就是贯穿于广告创造过程中，紧紧围绕广告主题，运用创造性思维方式来解决广告信息传播困境，将抽象的广告诉求转化为具象化的表现的创新的艺术构思，目的在于推动与消费者的有效沟通。在整个广告的创造过程中，广告创意起着关键的作用，它是决定广告成功与否的关键。广告创意生成过程包括收集资料、整理分析、酝酿孵化、形成突破、验证优化等五个阶段。

广告创意是一种思维活动，它的过程很难捕捉与描述，但也不是完全无规律可循。广告创意的思维方法有垂直思维与水平思维、顺向思维与逆向思维、发散思维与聚合思维、形象思维与逻辑思维等。广告创意思维的经典技法包括“二旧化一新”法、头脑风暴法、卡片式智力激励法、检核表法等。

广告表现是指运用媒体特定的传播信息的优势，将广告创意概念用各种表达广告创意的语言与非语言的符号元素进行编排与组合，形成达到广告传播目标，引起目标受众心理共鸣的广告作品的创意执行过程。广告表现过程不仅涉及作品的艺术表现技巧，更涉及传统与现代传媒技术和信息处理的策略。理性广告表现策略主要是针对理智型购买的消费者而采用的广告表现。这种广告通过真实、准确、公正地传达企业、产品、服务的客观情况，使受众经过判断、推理等思维过程，理智地做出决定。感性广告表现策略是指诉诸消费者的情绪或情感反应，传达商品带给他们的附加值或情绪上的满足，使消费者形成积极的品牌态度。感性广告中融入的亲情、爱情、友情等情感，不仅赋予了商品生命力和人性化的特点，而且容易激起消费者的怀旧或向往的情感共鸣，从而诱发消费者对商品的购买动机。

项目综合训练

★ 话题讨论

1. 利用不同的创意思维方法，讨论一下，除了能装水外，玻璃杯还有什么用途？

2. 开展以“经典广告赏析”为主题的讨论会，试列举一些知名品牌的广告，分析其广告采取了何种创意策略，优势在哪里。

3. 如何在广告中表现水果的新鲜？如何表现汽车内空间的宽敞？

4. 说明如下商品广告哪个更适合使用感性广告表现策略；哪个更适合理性广告表现策略；或两者兼可。

餐厅、减肥食品、早餐食品、服装、化妆品、血压计、电脑、微波炉、眼镜、培训班、健身运动、家教、汽车维修。

5. 请举出 10 个你认为非常优秀的广告口号，找出其规律，并从以下 7 个方面进行检测。

（1）是否上口易记，传播中无语言障碍？

（2）是否体现了广告主的企业宗旨、企业理念？这些理念前瞻吗？是否是其品牌意象的“特有语汇”？是否体现了明确的定位？

（3）是否表现了企业对消费者的某种关怀？

（4）是否具有某种情感渗透的因素？

（5）是否体现了商品或服务的特征，这个特征又是否能给消费者带来实际方便、能使他们产生浓厚的兴趣？

（6）在各种媒介上进行模拟表现，是否能适应这些不同的媒介表现？

（7）能否产生某种消费号召力？

6. 若你想展示自己营销的 A 饮料比 B 饮料好喝，该如何设计这则广告的创意呢？

★ 复习思考题

1. 什么是广告创意？怎样理解广告创意的过程？
2. 广告创意有哪些特征？
3. 广告创意有哪些思考方法？
4. 简述广告标题与广告标语的区别。
5. 举例说明广告表现有哪些具体形式。
6. 怎样理解广告文案的写作要求？
7. 怎样理解广告标语的作用？

★ 案例分析

案例一：乐百氏的“27 层净化”

经过一轮又一轮的“水战”，饮用水市场形成了三足鼎立的格局：娃哈哈、乐百氏、农夫山泉，就连实力强大的康师傅也曾一度被挤出了饮用水市场。纵观各水成败，乐百氏纯净水的成功相当程度上得益于其“27 层净化”的营销传播概念。

当年纯净水刚开始盛行，市场上存在着众多纯净水品牌，同质化现象严重。大多数纯净水厂商都希望能从中寻求差异，运用自身独特的优势来彰显不同，从而求得生存。娃哈哈一马当先，凭借广告偶像加音乐的情感诉求一跃成为行业老大。面对这样的市场局面，乐百氏该走一条怎样的广告路线呢？乐百氏经过分析发现，当时市场上的所有纯净水品牌的广告都说自己的纯净水纯净，而消费者却不知道哪个品牌的水是真的纯净，或者更纯净，抓住这一点后，乐百氏在行业内率先推出了“27 层净化”的概念。

27 层净化是什么？是其他纯净水厂家达不到的工艺吗？非也。这只是“独特的销售主张”（USP），营销传播概念而已。当时其他纯净水绝大多数都经过了几十道工序以确保品质安全，可能甚至超过了这样一个净化标准。但是，只有乐百氏将这个概念提出来了，并在各种媒介上推出了“乐百氏的每一滴水都经过 27 层净化，是真正的纯净之水”的这种卖点统一的广告。27 层净化，给消费者一种“很纯净，可以信赖”的印象，为乐百氏纯净水的纯净提供了一个有力的支持点。这条广告也很快家喻户晓。

宁静幽蓝的基调，万籁俱寂。一滴晶莹的水珠缓缓坠落，每到一层，都有紫光一闪，给人“又被净化一次”的联想。经过一层层的净化，乐百氏纯净水才“千呼万唤始出来”，一个强有力的利益承诺也随之推出：乐百氏纯净水，27 层净化！这是一个堪称经典的伟大创意。它的成功不仅仅在于对纯净水概念的强调和突出，更在于其高雅的基调，吻合了消费者内心对纯净的感性理解。尤其是在当时各种纯净水品牌五花八门的情况下，广告别出心裁地为乐百氏纯净水做了一个很好的定位。乐百氏纯净水通过 27 层净化这样独特的广告诉求，在短短几个月的时间内，销售额就达到了 2 个亿。产品的市场占有率当年即跃居全国同类产品第二位。

问题：

1. 分析乐百氏纯净水广告采用了什么创意策略。
2. 试分析该策略在广告运作中的作用。

案例二：劳斯莱斯广告文案

图 5-18 劳斯莱斯广告

"这辆新型劳斯莱斯在时速 60 英里时，最大的噪音来自驾驶室内的电子钟。"图 5-18 是大卫·奥格威为劳斯莱斯制作的经典广告。

什么原因使得劳斯莱斯成为世界上最好的车子？一位知名的劳斯莱斯工程师说："说穿了，根本没有什么真正的戏法——只不过是耐心地注意到细节罢了。"

1. 行车技术主编报告：在时速 60 英里（1 英里约为 1.6 千米）时，最大的噪音却来自驾驶室内的电子钟。引擎是出奇的寂静。三个消音装置把声音的频率在听觉上拔掉。

2. 每个劳斯莱斯的引擎在安装前都先以最大气门开足 7 小时，而每辆车子都在各种不同的路面试车数百英里。

3. 劳斯莱斯是为车主自己设计的，它比国内制造的最大型车小 18 英寸（1 英寸约为 0.02 米）。

4. 本车有机动方向盘，机车刹车及自动排挡，极易驾驶与停车。

5. 除驾驶速度计之外，它在车身与车盘之间，互用无金属衔接。整个车身都加以封闭绝缘。

6. 完成的车子要在最后的测试室经过一个星期的精密调整。在这里分别受到 98 种严酷的考验。例如，工程师们使用听诊器来注意听轮轴所发的低弱声音。

7. 劳斯莱斯保用三年。已有了从东岸到西岸的经销商及零件站，在服务上不再有任何麻烦了。

8. 著名的劳斯莱斯引擎冷却器，除了在 1933 年亨利·莱斯去世时，为了纪念他，把红色的姓名第一个字母 RR 改为黑色外，从来没有更改过。

9. 汽车车身的设计制造，在全部 14 层油漆完成之后，先涂 5 层底漆，然后每次都用人人工磨光。

10. 移动在方向盘上的开关，你就能调整减震器以适应道路状况。驾驶不觉疲劳，是本车显著的特点。

11. 另外，有后车窗除霜开关，控制着由 1 360 条看不见的在玻璃中的热线构成的热线网。备有两边通风系统，因此你坐在车里也可以随时关闭全部车窗以求舒适。

12. 座位垫面是由 8 张英国牛皮所制，所用牛皮量足够制作 128 双软皮鞋。

13. 镶钻胡桃木的野餐桌可以从仪器板下拉出。另外有两个可以从前座后面旋转出来。

14. 你也能有下列各额外任意的选择：做浓咖啡的机械、电话自动记录器、床、盥洗用冷热水、一只电动刮胡刀等。

15. 你只要压一下驾驶者座下的橡板，就能使整个车盘加上油。在仪器板上的计量器，指示出曲轴箱中机油的存量。

16. 汽油消耗量极低，因而不需要买特价汽油。

17. 具有两种不同传统的机车刹车，水力制动器与机械制动器。劳斯莱斯是非常安全的汽车，也是非常灵活的车子。可在时速 85 英里时宁静地行驶。最高时速超 100 英里。

18. 劳斯莱斯的工程师们定期访问以检修车主的汽车，并在服务时提出忠告。

19. 宾利是劳斯莱斯所制造。除了引擎冷却器之外，两车完全一样，是同一家工厂中同一群工程师们所制造。宾利因为其引擎冷却器制造较为简单，所以要便宜 300 美元。对驾驶劳斯莱斯感觉没有信心的人士可买一辆宾利。

价格：本广告画面的车子——在主要港口岸边交货——13 550 美元。

假如你想得到驾驶劳斯莱斯或宾利的愉快体验。请与我们的经销商接洽。

劳斯莱斯公司

纽约洛克菲勒广场 10 号

问题：

1. 分析本案例中广告文案的结构，并谈谈文案各部分的特色。

2. 广告文案要达到吸引、说服受众的目的，最重要的是要遵循哪些原则？

3. 模仿大卫·奥格威这篇全部由产品特点和卖点构成的劳斯莱斯汽车广告文案，尝试为某品牌的定制衣柜写一则广告文案。

★ 模拟训练

【模拟任务】感受广告创意

【模拟目的】通过对市场上同类商品广告创意的调查分析，使学生初步直观感受广告创意的内在魅力，了解广告创意对促进商品销售、树立品牌形象、细分市场等方面的作用。

【模拟内容】

（1）成立策划小组，完成小组成员间的分工。

（2）每小组调查收集不少于 10 条同类商品广告。

（3）分析收集到的同类商品广告创意主题及广告表现，并对广告创意应用的原理进行剖析。

（4）小组集体分析研究结束后，用书面文字形式进行归纳，上交 1 份《关于××类广告创意的调查分析报告》。

（5）小组成员集思广益，提出一套广告创意方案。

【模拟要求】

（1）实训可按食品、电器、化妆品等大类分组，可以考虑将兴趣一致的同学分在一个组，每组选定一类商品，可到商场、专卖店等现场收集产品样本、招贴、售点（POP）广告、报纸或杂志广告，亦可收集广播广告、电视广告、影视广告和网络广告等。

（2）小组讨论分析时将侧重点放在广告的创意上，不要脱离主题，重点是感受广告创意，因此不必过于追求理论性、完整性和深刻性。

(3) 设计广告创意过程中，每步进展情况最好以草图、图表或工作现场照片等形式记录下来。

(4) 广告创意作品形式不限，小组成员要扬长避短、各尽所能，充分发挥团队精神。

(5) 各小组分别推选一名学生介绍工作任务的完成情况，并做作品展示。

(6) 由教师评价、小组自我评价、组间互评等形式共同评价模拟训练的完成情况。

学生自我评价

通过学习项目五，我能够做如下总结：

一、【相关知识】部分总结

1. 领悟的知识要点：____

____

2. 对指导实践的意义：____

____

二、【项目综合训练】部分总结

1. “话题讨论”和“复习思考题”训练总结：

(1) 明确的主要问题：____

____

(2) 提高的主要认识：____

____

2. “案例分析”训练总结：

(1) 案例分析的思路：____

____

(2) 案例分析的自我评价：____

____

3. “模拟训练”活动实践总结：

(可以从实践活动的要素、思路、方法、团队协作、完成质量和自我能力提升等方面进行总结)

____

____

____

____

____

项目六 广告媒介策划

项目思维导图

- 广告媒介策划
  - 学习建议
    - 学习目标
    - 学习指导
  - 广告媒介概述
    - 导入案例——大众汽车电视广告：中国路大众心
    - 广告媒介的概念
    - 广告媒介的功能
    - 广告媒介的类型
    - 主要广告媒介的特征
  - 广告媒介策划与评估
    - 导入案例——天猫的媒介策略：新年，让我们猫在一起
    - 影响广告媒介选择的因素
    - 广告媒介策划的程序
    - 广告媒介的质量评估
  - 广告媒介策略
    - 导入案例——Olay玉兰油：全民逆龄奇迹
    - 广告媒介选择策略
    - 广告媒介组合策略
    - 广告媒介发布策略
    - 广告媒介周期策略
  - 项目小结
  - 项目综合训练
  - 学生自我评价

学习目标

知识目标

掌握各种广告媒介的特点;

掌握广告媒介组合方式;

熟悉广告媒介策略;

了解广告媒介的定义和发展;

了解网络媒介的类型和特点。

能力目标

能够正确认识广告媒介在广告活动中的重要地位;

能够运用所学知识展开广告媒介运用与广告媒介组合策略的实践。

素质目标

培养学生人际交往能力和团队意识,使其具备作为广告人所需要的沟通能力、应变能力、创新能力。

学习指导

■ 本项目主要介绍广告媒介的类型与特点、广告媒介策划与评估以及广告媒介策略等。

■ 学习的目的在于应用,学习过程中要注意联系实际,联系实际是学好理论的重要途径。在生活中我们能够随时随地接触到广告,要养成利用自己所学的知识观察广告、思考广告的好习惯。

■ 学习要循序渐进,注意运用正确的学习方法。要注意“知识链接”的相关内容并结合教学内容有针对性地阅读一些相关资料。在明确概念、理解内容的基础上,按要求完成“项目综合训练”。

■ 学会自我总结,自我提炼,发现问题,总结经验,不断提高知识的系统性和内容的实践性。

任务一 广告媒介概述

导入案例 大众汽车电视广告:中国路大众心

2004年8月9日,大众汽车在中央一套首映推出了一支无比经典的汽车广告,制作精良,耗资千万。这是一支由德国大众、一汽大众和上海大众三家联手推出的大众汽车品牌形象广告宣传片,以大众新的全球品牌主张“For the love of automobiles”(源于汽车的爱)为主旨,打造中国版“中国路,大众心”品牌主张,深深表达了大众汽车既是一个国际性的领导品牌,又是与中国消费者心贴心的汽车品牌。

该广告片时长4分49秒，共有58个场景、263名演员、13辆汽车。全片以13个带有“心”字旁的汉字作联想，分别是：忠（Golf 高尔夫）、志（Passat 帕萨特）、恳（Jetta 捷达）、态（Sharan 夏朗）、惠（Santana 桑塔纳）、想（Polo 三厢）、聪（Gol 高尔）、慧（Phaeton 辉腾）、悠（Polo 二厢）、感（Bora 宝来）、恣（Touareg 途锐）、惹（Beetle 甲壳虫）、爱（New Beetle 新甲壳虫敞篷）。中文字作联想，中外人物、场景相互叠加，辅以全球火热流行的 HANSON 演唱组合的歌曲《I will come to you》，中国文字和西方音乐两种极具感染力的情感符号使观者在视觉、听觉的相互交融之中，感受到大众汽车“有多少心，用多少心”的品牌文化，巧妙地传达了大众汽车对中国消费者的承诺：大众企业忠于消费者、志在进步、勤勤恳恳、久经沧桑、成熟稳健、惠及消费者、技术精良，同时可以让消费者通过拥有大众汽车可以有一种心灵体验：悠闲、质感、自由、令人艳羡，这一切都是大众企业对于消费者的拳拳之爱。

案例思考

根据大众汽车“中国路　大众心”这则电视广告，分析电视作为广告媒介的优势体现在哪里？

广告媒介策划属于整个广告策划的一个重要组成部分，它是针对既定的广告目标，在一定的预算约束条件下，利用各种媒介策略把广告信息有效地传达到市场目标受众而进行的一系列筹划和安排。媒介策划的基本任务就是综合考虑各媒介特性，根据特定指标进行比较评价，而后选择合适的媒介和媒介组合，以适当的时机和适当的方式把广告信息有效地传播给目标受众。

一、广告媒介的概念

（一）媒介

“媒介”一词在翻译和使用中常常与“媒体”通用。从概念上来说，所谓媒介，就是指介于传播者与受传者之间的用以负载、传递、延伸特定符号和信息的物质实体，它包括书籍、报纸、杂志、广播、电视、电影、网络等及其生产、传播机构。

媒介本身并不是一个新的概念。按照传播学家的研究，“媒介”一词早在唐朝就已出现，《旧唐书·张行成传》谓：“观古今用人，必因媒介。”在这里“媒介”是指使双方发生关系的人或者事物。

在英语中“媒介”（media）一词大约出现于19世纪中期，值得注意的是“媒介”一词从一开始就与广告密切联系，当时伦敦街头佩戴标志或者散发传单的儿童被称为“广告媒介”。1909年出版的《韦伯斯特词典》对“媒介”一词的解释是：“工具，例如广告媒介。”早在第一次世界大战期间，英国的一些广告机构就已经设立了“媒介部”，以挑选、比较各种媒介，将广告信息传播给其顾客。

（二）广告媒介

在广告价值实现中媒介充当信息传达的角色，广告是广告主向目标受众传达信息并影响其行为的一种方式，广告行为只有通过媒介才可能走向大众，所以我们把一切负载广告信息并能够达成与其受众沟通的物质载体，统称为广告媒介。广告媒介是一个比较宽泛的概念，它的范围远比新闻媒介大。凡能刊载、播映、播放广告作品，在广告宣传中起到传播信息作用的物质和工具，都可以称为广告媒介。它包括但不限于以下媒介：电视、广播、报纸、杂志传统四大媒介；网络、手机等数字媒介；路牌、灯箱、交通工具等流动性传播媒介；售卖点（POP）、包装、工商名录等其他媒介；甚至热气球、楼宇 LED 屏、电梯都可以成为广告媒介。可以说，广告媒介的不断开发过程，也是现代广告的发展演变过程。

二、广告媒介的功能

（一）传达功能

广告媒介可以承载广告信息，打破时空的界限，将信息传达给众多的目标受众，使广告对象能看到或听到广告内容。如“滴滴鲁花，香飘万家”的鲁花花生油广告，经中央电视台传播，使得其家喻户晓。

（二）吸引功能

广告媒介可以吸引一定的社会公众，使他们接触媒介，从而接受媒介传播的信息。各种媒介都拥有一定数量的受众，但由于特点不同，各种媒介的吸引力不同。

（三）适应功能

广告媒介形式多样、特色各异，从而适应不同广告信息的传播要求。如报纸以文案见长，适合于文字、数据较多的理性诉求；电视以形象见长，声形兼具，适合于感性诉求；霓虹灯以声势和闪动见长，适合于品牌或企业徽标的广告宣传。

三、广告媒介的类型

广告媒介的类型有多种分法，如按媒介的物质属性，按媒介的影响范围，按广告信息在传播媒介中的比值、按广告主与媒介的关系等。

（一）按照媒介影响的时间长短分类

1. 短期广告媒介

短期广告媒介是指电视、电影、广播、报纸等广告时间较短的媒介，这些媒介由于还需要刊载大量的其他内容满足受众的需要，因此可以用于广告媒介的时间受到了限制。

2. 长期广告媒介

长期广告媒介是指能够在较长时间内宣传广告的媒介，主要有灯箱、路牌、霓虹灯、橱窗、挂历、招贴画、书籍、产品说明书等，这类媒介适用于企业形象宣传广告、产品较复杂的说明性广告等。

（二）按照媒介的自然属性分类

1. 印刷媒介

包括报纸、杂志、传单、海报、传单、说明书、小册子、书籍、工商名录等。

2. 电子媒介

包括电影、电视、互联网、广播、电子显示大屏幕、电动广告牌等。

3. 户外媒介

包括广告牌、路牌、霓虹灯、灯箱、交通车船、招贴、街头装饰、气球、飞艇、旗帜、高层建筑等。

4. 邮政媒介

包括邀请函、明信片、商品目录、销售信、订购单、说明书等。

5. 销售现场媒介

又称售点媒介，包括门面、招牌、橱窗、LED屏、货架陈列、实物演示、店内广告等。

6. 流动媒介

包括年历、小工艺品、纸巾盒、火柴盒、手提袋、包装纸、广告衫、购物袋、雨伞、书包等。

7. 包装媒介

包括包装纸、包装盒、包装罐、包装袋等。

（三）按照媒介的影响范围分类

1. 国际性广告媒介

包括通过卫星发射、互联网等技术可以到达全世界传播范围的卫星电视、网络，国际间发行的出版物，国际间交通工具（如飞机、火车等），出口商品的包装物等。

2. 全国性广告媒介

包括全国范围内发行和传播的报纸、杂志等，中央电视台、中央人民广播电台，拥有全国卫星发射通信网络的电台、电视台、网络，全国范围的交通工具（长途汽车、火车、飞机等），全国性广告主使用的包装物和赠品等。

3. 地方性广告媒介

包括在省、市、县范围内传播的地方性电视台、广播、报纸、杂志、户外广告牌、霓虹灯、路牌等广告媒介。

（四）按照受众接受广告信息的方式分类

1. 视觉媒介

视觉媒介是指以文字、图画等形式吸引受众注意的媒介，如报纸、杂志、路牌、传单、包装、招贴等。

2. 听觉媒介

听觉媒介是指通过声音吸引受众注意，接受信息的媒介，如叫卖、广播、电话、歌曲等。

3. 混合媒介

混合媒介是指混合了听觉、视觉等方式以吸引受众注意的媒介，如电视、电影等。

（五）按照广告主与媒介的关系分类

1. 租用媒介

广告主必须通过其他组织，租赁、购买广告时间、广告版面、广告地段的媒介，广告主没有媒介的所有权，只能租用。它包括传统四大媒介、互联网（企业自建网站除外)、手机、户外、直邮中的第三方直邮杂志等。

2. 自有媒介

广告主不需要通过其他的租赁、购买,自己就可以发行并直接运用的广告媒介,广告主拥有媒介的所有权和使用权。它包括企业自建网站、企业官微、微信公众号、橱窗、直邮、礼品媒介、包装媒介、POP 媒介等。

四、主要广告媒介的特征

广告媒介都有传达、吸引和适应等基本功能,因而能把广告信息传达到一定范围的公众中去。但是,不同的媒介有不同的特点,为了更有效地选择使用广告媒介,下面介绍几种主要广告媒介的特征。

(一) 报纸

报纸是一种纸质、用机器印刷、为普通读者刊登新闻的定期出版物。它综合运用文字、图像等印刷符号,定期、连续地向公众传递新闻、时事评论等信息,同时传播知识、提供娱乐或生活服务。在传统的四大媒介中,报纸是历史最悠久、普及性广和影响力大的媒介之一。

1. 报纸广告的类型

(1) 常规报纸广告。按照版面规格,报纸广告主要分为报花、报眼、半通栏、通栏、双通栏、1/4 版、半版、整版、跨版等几种常规形式,如图 6-1 所示。

图 6-1 常规报纸广告

(2) 分类广告。指按不同信息类别在特定版面刊登的小幅纯文字广告,如求职招聘信息、转让信息、教育培训信息、征婚交友信息等,如图 6-2 所示。分类广告的版式排列较为规则,内容相对接近,费用较为低廉。高信息含量、定位科学的分类广告,是报纸最具竞争力的广告形态。

(3) 软文广告。以文章为载体,形似报纸正文,如通讯、新闻报道和深度文章等,不易被受众察觉,具有很强的隐蔽性和渗透力,商业味道较淡,可信程度高,广告费用较低,如图 6-3 所示。相对于硬性广告(常规报纸广告、分类广告等)而言,软文广告是一类非常有特色的报纸广告,其对广告文案的要求较高。

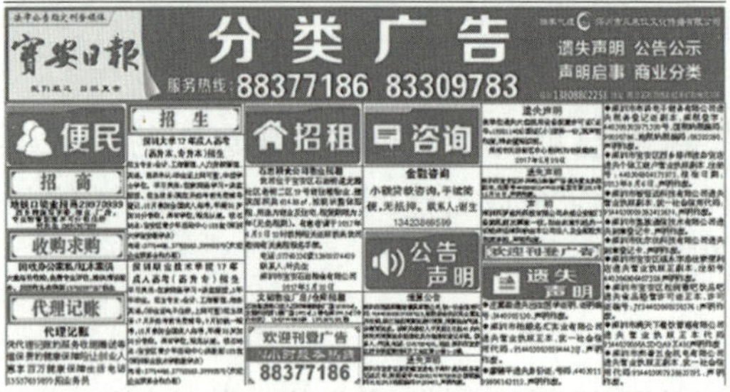
宝安日报
分类广告
服务热线：88377186 83309783
遗失声明 公告公示
声明启事 商业分类
便民
招商
收购求购
代理记账
招租
咨询
公告声明
遗失声明
88377186

图 6-2　报纸分类广告

图 6-3　报纸软文广告

（4）夹页广告。指夹在报纸中，与报纸同时发行的单张或多张产品宣传广告。夹页广告不属于正式的广告版面，一般比报纸广告制作要精美，具有针对性强、信息量大等优点。

2. 报纸媒介的优势

（1）时效性强。报纸是出版频率高和定时出版的媒介，信息的传递迅速而及时，尤其是日报，适于刊登对时效性要求很高的广告。同时，新闻与广告的混排可以增加广告的阅读力，有利于提高广告功效。

（2）可信度高。在大众媒体中，报纸发展历史最为悠久，其权威性和可信度在人们的心目中留下深刻的印象。另外，报纸的新闻性和准确性，是其他媒介，如直邮媒介所无法比拟的。读者对报纸的信任使广告在无形中增加了可信度。

（3）选择性强。读者在选择信息时具有收受的主动性，即读者在阅读内容、阅读时间、阅读地点、阅读速度等方面具有很强的主动选择性。报纸的读者可根据自己的阅读习惯、需要和兴趣来选择不同的报纸、版面和内容。读者的强选择性使报纸广告的接收不具有强制性。

（4）便于保存。报纸广告不像电视、广播广告那样转瞬即逝，不可追踪，它以"白纸黑字"的书面语言把广告信息准确地传达给受众，便于消费者收集有关资料，事后可进行保存、查阅。

（5）成本低。报纸是一种散页装订的纸质媒介，发行量大、周期短、印刷质量相对粗糙、单位制作成本相对较低、价格便宜，相对电视来说，属于较廉价的媒介，因此，广告价格也相对便宜。

（6）地域性强，广告受众具有针对性。报纸的发行集中于某一地域，发行密度高，发行地区和发行对象明确，能够有针对性地对目标消费者进行广告诉求。

3. 报纸媒介的劣势

（1）表现力一般。受材质和技术的影响，报纸的印刷品质不如专业杂志、直邮广告、招贴海报等媒介的好。报纸的纸质性质决定了它的静态性。只能用文字和简单的图像来表达信息，制作过程简单，纸质相对粗糙，表现形式相对于电视的立体、其他印刷媒介色彩的丰富斑斓来说，单调得多，这使报纸在表现手法和传播艺术效果上受到一些局限。在广告投放时，有时在报纸媒介上不能充分展现一些技术要求高、需要表现产品质感的广告。

（2）注意度不高。报纸是新闻和广告信息共存，报纸刊登内容较多，广告分布其中，读者的注意力较易分散，传播效果不稳定。同时，大版面和多版面的特性能够尽可能地扩展广告的信息量,过量的信息削弱了任何单个广告的作用。即使是增刊广告,现在也因为太厚而显得更加混乱。

(3) 生命周期短。一般报纸每日出版,更替频繁,每张报纸发挥的时效性都很短,往往只有一天甚至更短的时间,因而广告内容被反复阅读的可能性小。

(二) 杂志

杂志是指某个具体编辑出版单位,遵循一定的办刊宗旨,根据特定的编辑方针,进行组稿、编辑、印刷出版的传播、交流文化科学知识的定期或不定期的连续出版物。杂志也是一种印刷平面广告媒介,与报纸广告相比,杂志广告更精美,表现力更强。

1. 杂志广告的类型

(1) 常规广告。根据版面位置,分为封二(封面的背面)、封三(封底的背面)、封底、内页等广告版位,如图 6-4 所示。广告规格一般有整版、半版、1/4 版、1/6 版等。

(2) 软文广告。与报纸软文广告类似,形似杂志正文,内容则是详细的产品信息。

(3) 赠品广告。利用包装手段,在杂志内夹带产品的试用样品,免费赠送给订户。

(4) 异型广告。包括连页、蝴蝶拉页(广告内页可折叠可展开,如图 6-5 所示)、刊中刊、镂空、透视等具有创新性的广告形式。

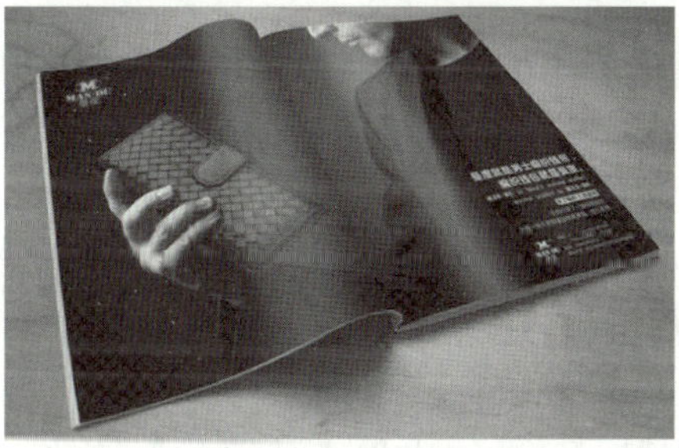

图 6-4 杂志内页广告

图 6-5 杂志拉页广告

2. 杂志媒介的优势

(1) 阅读周期长。杂志具有反复阅读的优势,而且传阅率高,没有时间的限制。这样,杂志广告的时效性也就很长,广告信息的传播效果会持续很久。杂志可长期保存,读者可能会将杂志保存起来以后再次翻看。

(2) 对象相对稳定。杂志会到达特定的目标读者手中,尤其是专业性杂志都具有固定的读者面,可使广告信息深入某一社会消费群体,有针对性地刊登相关广告。如果广告受众目标明确,对特定消费阶层的产品而言,在杂志上做广告能突出针对性,也减少了广告投资的浪费。

(3) 广告印刷质量高。由于杂志应用优良的印刷技术,用纸也讲究,因此,杂志广告具有精良、高级的品位和特色。同时,杂志可利用的篇幅多,可供广告主选择并施展广告设计技巧。封页、内页及插页都可做广告之用,对广告的位置可机动安排，可以突出广告内容，激发读者的阅读兴趣。同时对广告内容的安排，可做多种技巧性变化，如折页、插页、连页、变形等，以吸引读者的注意力。

（4）区域覆盖广。许多杂志具有全国性的影响，有的甚至有世界性的影响，面向大范围的地域发行和销售。运用这一传播优势，针对全国性的广告产品进行市场推广活动，杂志广告无疑占有优势。

3. 杂志媒介的劣势

（1）有限的灵活性。像报纸一样，杂志不如广播、电视那么形象、生动、直观和口语化，特别是在文化水平较低的读者群中，传播的效果受到制约。广告主在遇到市场情况变化时，需要变更广告内容很困难，一些时效性广告也无法使用杂志媒介。

（2）成本高。由于现代商业服务越来越地方化和区域化，面向一定地域的广告目标比全国性目标机会更多，而一般杂志是在全国发行，这使杂志到达大批受众那里的成本较高，势必造成广告投资的浪费，这在一定程度上也限制了杂志广告的发展。

（三）广播

广播媒介是通过无线电波或导线向听众传播音讯的媒介形式，是“智能传播音讯而没有视讯”的传播形式。区域化和个性化是广播媒介的明显特征。过去，广播曾是一般家庭和人们重要的通信工具。随着电视的发展，广播的各项功能逐渐被电视取代，广播媒介的家庭性功能也逐渐演变为个体化功能。

1. 广播广告的类型

（1）插播广告。即在广播节目播出前或播出中插入的广告，是最常见的广播广告形态。按时长分为60秒、30秒、15秒、5秒等规格。5秒的插播广告以报时广告为主，即在报时的间歇播出广告，由于受关注度较高，因此广告价格相对较高。

（2）冠名广告。即广告主为某一广播节目冠名，如“某企业特约栏目”等，冠名广告不仅通过主持人的口播将企业/品牌名称读出，还会在节目中播出企业广告，通过主持人介绍产品特点。

（3）广告节目。广告主通过购买某一广播时段，集中宣传产品或企业，并与受众展开互动，解答疑问。保健品、药品等产品经常选用此种广告类型。

（4）植入式广告。即在广播节目如情景剧、专题、资讯中植入广告信息，通过比较隐性的方式宣传产品或企业。

2. 广播媒介的优势

（1）受众广泛。广播的信号通过电波传播，而卫星传播技术的应用又使广播信号的传送范围几乎可以覆盖地球上任何一个角落，覆盖面相当广泛。广播信号的接收相对简单，一个收音机即可。无论是在经济上，还是在技术上，都比电视信号的接收容易得多，很多偏僻、相对贫困、没有条件接收电视信号的地区大多可接收广播信号。因此，广播媒介的受众面更广泛。

（2）移动性强，随意性强。一方面，收听广播的工具携带方便；另一方面，广播是传送声音的媒介，除了耳朵外，不需要眼睛和人体其他器官来接收信息，所以人们可以在各种状态下接收广播信息。随着人们生活节奏的加快，在动态中获取信息是广播的优势,这也为广播媒介的生存和进一步发展提供了空间。

(3) 传播迅速。对电视、广播、报纸三大媒介的传播速度进行比较,电视要录像,并对录像进行剪辑和配音,报纸需要写稿、排版、打印、制版、印刷和发行等工序。而广播截止期最短,文案可以直到播出前才交送,这样可以让广告主根据地方市场的情况、当前新闻事件等进行调整,广播的传播速度最快,时效性最强。

(4) 低投入,高回报。在同等级别的媒体中,无论报纸还是电视的广告收费,远比广播广告的收费高,原因是广播广告的成本远低于报纸和电视广告的成本。广播的低成本和对目标群体很高的到达率使其成为非常好的辅助媒介。实际上,多数广播广告最恰当的地位是作辅助性广告,作为其他媒介广告的辅助方式。由于广播广告需要高密集度投放,才能产生较好的效果,因此一些广告主误认为广播收费低是因为广播广告效果差,这是一个认识上的误区。

3. 广播媒介的劣势

(1) 缺乏视觉,形式单一。广播只能用声音传递信息,文字和画面的缺失使该媒介在表现形式上相对单一,所有的内容和信息都只能通过不同的声音组合来完成。因此,在广告创意上,广播的创意承载能力比较弱,必须展示或观赏的产品并不适合做广播广告。专家认为,幽默、音乐和声音效果的运用是最有效的方法。

(2) 留存性差,记忆力低。广播广告短暂快速发布信息,不能存留,因此转瞬即逝,容易消失,这样很难传达清楚广告的内容,也使广告听众难以记住广告信息,除非有特殊的音响效果和语言感染力,否则很难达到应有的传播效果。

(四) 电视

电视在所有的广告媒介中是具有很强的发展势头和发展潜力的一种。由于其发展势头的强盛,在广告市场上具有很强的竞争力与传播力。

1. 电视广告的分类

(1) 插播广告。常见的规格有60秒、45秒、30秒、15秒、5秒等,其中,最为常见的是15秒。插播广告的时间长短,除与企业经济实力有关外,更要依据广告活动目标来进行。通常来说,30秒的插播广告可以表现更丰富、完整的产品信息与广告内容;而15秒广告通常剪辑自30秒版本,更适合做单一诉求的传播;5秒或小于5秒的标版广告一般只能出现一两个产品的画面和一句广告语。

(2) 冠名/赞助广告。冠名是指将电视台的某些热门栏目以企业名称或品牌名称命名,如“加多宝凉茶中国好声音”“蒙牛酸酸乳超级女声”都属于栏目冠名广告,冠名广告是企业赞助广告的一种,如图6-6所示。还有一种常见的赞助广告是在栏目片头、片尾标注“某企业赞助”字样。

(3) 电视广告专题片。即电视台专门为广告主设置的广告时段,此类广告内容分为产品功能介绍、演示,以及企业/品牌形象展示两类,时长比插播广告长,一般在两分钟以上,电视直销广告片就属于此类。电视直销广告片与其他电视广告片不同,往往会出现产品价格,并提供订购电话和购买方式。

(4) 植入式广告。即把品牌符号、品牌名称、标志、包装、吉祥物等融入电视剧情或栏目中,以达到潜移默化的宣传效果,且此类广告的传播效果与植入手段的精妙程度紧密相关,比如热播电视剧《都挺好》中,植入了沃隆每日坚果、多力葵花籽油、链家、贝壳网、农夫山泉、小米手机、小米电视机、宾果消消乐、半岛温泉等多品牌广告，如图 6-7 所示。

（5）滚动字幕广告。即在电视屏幕下方打出的滚动广告字幕，可以即时播放产品信息。

图 6-6　蒙牛酸酸乳冠名《超级女声》

图 6-7　农夫山泉植入电视剧《都挺好》

2. 电视媒介的优势

（1）传播覆盖率高。电视广告是除了广播广告以外，覆盖率最高、传播面最广的媒介，由电视台发出的信号可以将各种信息不受任何影响地发送到电波覆盖区域内的各个角落。

（2）视觉冲击力强。电视广告是集声音、图像、文字及动画于一体的有声动感媒介，这四种元素的结合，巧妙地在广告信息中融入感人的形象和真挚的情节，具有较强的吸引力和艺术感染力，容易被记忆和留下深刻的印象。

（3）创意性强。电视媒介的神形兼备，加之运用现代计算机技术和多媒体制作方法，可以让观众看到富有表情的动作、变换的色彩、个性的视角、集聚规模的画面等，一切充满了创造力，可以充分展示品牌形象，在突出品牌个性、产品特色方面具备充分的表现能力，为广告诉求提供了无限的创作和想象空间，电视媒介为广告创意提供了最大的承载能力。

（4）良好的公信力。在我国，社会大众已经普遍公认了电视是具有权威性和影响力的媒介。因此，电视媒介有助于塑造广告品牌和产品的良好形象。广告主出资赞助某个电视节目，是快速建立品牌市场知名度和社会声望的最佳途径之一。

4. 电视媒介的劣势

（1）周期短暂，不易保存。广告信息的长短在时间上受到限制，在播出内容上也同样受到时间的限制。一则电视广告多在几秒和几十秒之间，短短的几十秒难以一次性地在观众中留下清晰而深刻的印象，广告信息稍纵即逝，观众稍不留意就会错过，而一旦错过，受传者就无从查找，这就大大地影响了对广告商品的认知、记忆效果。

（2）费用昂贵。一是指电视广告片本身的制作成本高，周期长。相对于其他媒介，广告片的摄制一般要用到摄影、道具、灯光、场景、服装等多项实物，这些安排都需要花费大量投资，演员演出费、摄制费用等都很高，这种情况使一般中小型企业的广告主无法涉足电视广告。二是播放费用高。由于这个原因，一些决定选用电视媒介的广告主，也可能会因为电视媒介的昂贵费用而限制广告的播放次数和限制广告的信息内容。

(3) 受众复杂，抗干扰性差。电视广告的干扰非常多，对观众选择性较模糊。虽然已有各种技术，但电视广告的实际收视率仍较难统计，特别是在多台、多频道、多节目可遥控选择的情况下，跳跃观看节目的情况较为普遍，这使电视广告实际收视率大打折扣。由于广告主不能确信观众就是恰当的受众，于是广告有很多浪费的覆盖面。

(五) 网络

网络广告是基于互联网的一种新媒介形式，也是一种区别于传统广告媒介的载体。网络广告媒介与传统广告媒介最大的不同是网络广告媒介具有实时互动性，因此网络媒介也被称为互动媒介。

1. 网络广告的类型

(1) 网幅广告。网幅广告是指网站或 APP 中的顶部、中部、底部任意位置出现的广告，如图 6-8 所示。广告格式包括静态图片、动态图片、动画、视频等。

图 6-8　网幅广告

(2) 文字链接广告。文字链接广告是指只有一排或几排文字的广告，它可以出现在网页的任何位置，可以横排也可以竖排，位置和形式十分灵活，点击这些可链接的文字即进入相应的广告页面，如图 6-9 所示。与其他网络广告形式相比，文字链接广告对受众所产生的干扰最少，再加上其内容一般直截了当，开门见山，因此是传播效果较好的一类广告形态。

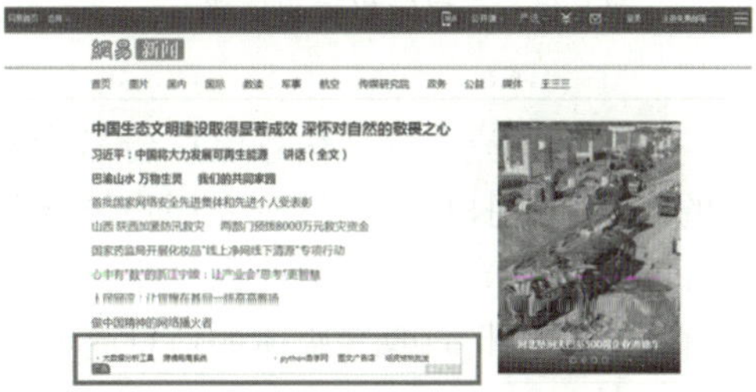

图 6-9　文字链接广告

(3) 搜索引擎广告。搜索引擎广告是指广告主根据自身产品特点，确定广告关键词和广告内容，并在搜索引擎网站以竞价或其他方式付费投放的广告。搜索引擎广告最突出的优势是将广告信息与用户需求无缝结合，因为在搜索时，用户需求已通过关键词表现出来，这时的广告投放完全是精准匹配，直接针对有相应需求的用户。

(4) 视频广告。视频广告是指在网站或 APP 中的视频播放过程中出现的广告，包括视频(即 video in stream，指视频流中的视频广告)、图片等形式。视频网站会有多种广告格式，一般分为贴片、暂停、角标等。

贴片：品牌广告主购买最多的广告形式就是贴片。广告形式是流媒体，一般分为前贴、中贴、后贴，时长分为 15s、30s、60s 甚至 90s，如图 6-10 所示。前贴是视频播放前出现的广告，中贴是视频播放中途出现的广告，后贴是视频播放结束后出现的广告。不同视频网站中的贴片广告会有不同体验，比如自动播放或点击后播放、是否可跳过广告等。

暂停：用户看视频过程中，点击暂停时弹出的广告，如图 6-11 所示。

图 6-10　视频贴片广告

图 6-11　视频暂停广告

角标：在视频播放过程中，在某些时段内弹出的覆盖在视频上面的角标广告，出现一段时间后又会自动消失。角标还可分为大角标和小角标。

（5）弹出广告。弹出广告是指用户在浏览网页时会自动弹出的广告页面窗口，一般采用文字、图像、声音、影像、音乐等多种方式于一体的表现手段，如图 6-12 所示的三星手机透明弹出广告。弹出式广告的最大特点是收视的强制性，这也是其最受网民争议的地方，许多浏览器为此推出了“阻止弹出式窗口”的功能，以屏蔽这种广告。

图 6-12　三星手机弹出广告

（6）信息流广告。信息流广告是指从视觉上整合进网站或 APP 本身内容当中的广告，以用户为主导，讲究用户体验和广告内容价值。广告格式包括视频、文字、图片、图文等。信息流广告是原生广告最常见的表现形式，如 QQ 空间、网易新闻、微信朋友圈、微博等媒体的信息流等，如图 6-13 所示。

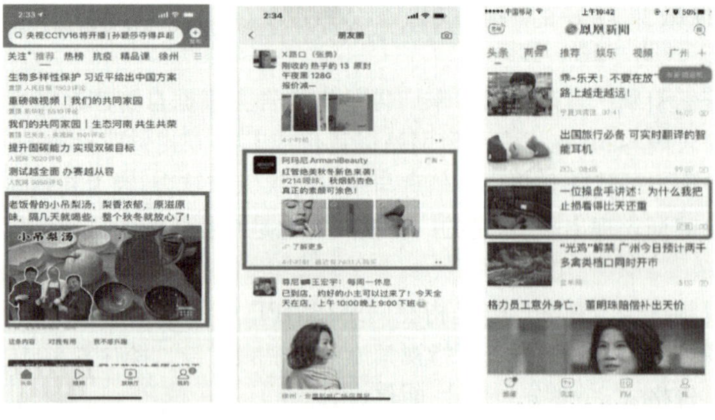

图 6-13　信息流广告

2. 网络媒介的优势

（1）传播范围广，无时空限制。网络广告的传播是世界范围的，只要是与网络相连,所有计算机终端的客户都可以成为网络广告的对象,通过互联网,网络广告主可以将产品或服务的信息传输到世界各地。从网民的总量和发展速度来看,可以说,网络广告的受众分布在世界的各个角落。网络广告的传播还不受时间和空间的限制,互联网将广告信息24小时不间断地传播到世界各地。只要具备上网条件,任何人在任何地点都可以看到这些信息,这是其他广告媒介无法实现的。

(2) 信息容量大,内容丰富。互联网独有的超链接技术,使得网络广告的信息量之大、范围之广是报纸、电视无法比拟的。如报纸广告的信息量受到版面篇幅限制;电视广告的信息量受到频道播出时间和播出费用的限制。而在网络上,一个小小的广告条背后,可以链接海量的广告信息,广告主可以把关于公司的详细信息,产品或服务的种类、功能、用途、价格、外观等,只要是广告主认为有必要向消费者介绍的信息都放在自己的网站上,而不必担心因为篇幅增加要承担高额的广告费。

(3) 表现形式多样,感官性强。多媒体技术的应用与发展,使得网络广告超越了传统媒介广告只有一种或几种符号、手段的传播方式。网络广告采用文字介绍、声音、影像、图像、颜色、音乐等于一体的丰富表现手段,具有集报纸、广播、电视的各种优点于一身的特点。网络广告表现形式更加丰富多彩,更加吸引受众。这种以图、文、声、像的形式传送多感官的信息,会让顾客如身临其境般地感受商品或服务,提高了广告信息传播的有效性。

(4) 灵活的互动性和纵深性。交互性强是互联网络媒介的最大优势,它不同于传统媒介的信息单向传播,而是信息互动传播。通过链接,用户只需简单地单击鼠标,就可以从厂商的相关站点中得到更多、更详尽的信息。另外,用户可以通过广告位直接填写并提交在线表单信息,厂商可以随时得到宝贵的用户反馈信息,进一步减少了用户和广告客户之间的距离。同时,网络广告可以提供进一步的产品查询需求。

3. 网络媒介的劣势

(1) 效果监测困难。众所周知,电视、广播、杂志、报纸等传统媒介的广告监测已相当成熟,但在日新月异的互联网领域,网络广告的监测是比较无序和混乱的。长期以来,国内还没有一家得到认可的第三方机构可以提供量化的评估标准和方法。对网络广告效果的评估主要是基于网站本身提供的数据,这些数据的准确性、公正性,一直受到某些广告主和代理商的质疑。

(2) 监管相对滞后。目前,我国对于网络广告的监管还没有设立专门的政府相关机构,对于网络广告从制作到发布的整个流程也缺乏专业的管理监督手段进行跟踪和监控。对比美国、韩国等国家已经建立的比较成熟的网络广告监管体系,我国现有的监管机构、体系及制度显然难以满足网络广告发展的现实需求。

(六) 其他广告媒介

1. 直邮广告媒介

直邮广告是广告主通过邮局将印刷、书写或以某种形式处理的广告信息在一定范围内直接寄送给特定受众的广告形式,包括商品目录、产品说明书、广告函件、传单、折页、小册子等。直邮广告媒介与传统的报纸、电视、广播、杂志四大媒介相比,其突出的特点为:

（1）针对性强，便于控制。预先印刷的直邮广告使广告主能够控制发行量，投递准确，覆盖集中，可以有针对性地选择广告目标对象。

（2）反应率高。传播的广告信息内容集中，信息攻势猛烈，有助于目标受众按册购物。

（3）创意空间灵活。可以通过大胆创意实现更人性化的沟通。

（4）费用低廉。同一般大众媒介相比，制作较简单，费用较低。

（5）专一性。直邮广告排除了新闻文字的干扰，广告信息专一，不受其他竞争对手的干扰，并且可以免费阅读。

2. 户外广告媒介

户外广告是指设置在露天环境里没有遮盖的各种广告形式，户外广告媒介是历史最悠久的媒介，它以特有的形式在广告活动中发挥重要作用，如图 6-14 所示。

户外广告媒介的优点：

（1）地理位置灵活。户外广告可以设立在闹市地段，只要是过路行人密集和行车多的地方，都会产生显著的广告效果。户外所在的地段越好，行人也就越多，广告所产生的效应也越强。

（2）视觉冲击力强。户外广告多以大图像和大标题的形式出现，画面简洁醒目，使人一看就懂，易为各个阶层的消费者所接受，广告形象与记忆效应较好。

（3）长期的时效性。一般而言，户外广告多为长期的固定式媒介，一经制作完成就保持较长时间的稳定。这种长期的广告诉述，给人们以重复的信息刺激，易产生良好的广告积累效应。

图 6-14　户外广告

3. 销售点广告媒介

销售点广告是销售点或购物场所内所做的各种各样广告的总称，是一种综合性广告形式。销售点广告是一个直接与消费者接触的媒介阵地，被称为“无声的导购员”。

销售点广告媒介的优点：

（1）美化购物环境，提高顾客的购买兴趣，促使顾客的购买欲望及时转化为购买行为。巧妙、灵活的销售点广告既可将购物场所装点得舒适、美观，又使之显得生意兴隆，从而提高顾客的购买兴趣，调动他们的购买欲望。

（2）促使顾客就近观看商品。销售点广告大都是将产品实物衬以相应的装饰，有助于顾客近距离仔细观看甚至接触商品，可以直接提高顾客的购物兴趣。

4. 交通媒介

交通媒介是指利用交通工具的空间载体传播广告信息，包含在火车、飞机、轮船、公共汽车、地铁等交通工具及旅客候车、候机和候船等地点进行广告宣传。交通媒介可分为：交通工具外部媒介，如公共汽车的车身、出租车顶灯等；交通工具内部媒介，如火车车厢内的电子显示牌，地铁车厢内的线路示意图、拉环，出租车内部广告、安全提示板等；交通工具站点媒介，如公共汽车站灯箱，火车站内外的电视墙、座椅、灯箱，机场内外的广告牌、灯箱等；车票媒介，如火车票、地铁车票、飞机票等，如图 6-15 所示。

图 6-15　车站车体广告

值得一提的是“公共交通媒介联合体”，它是近年来媒介整合营销的新生力量，涵盖了中国公共交通体系下的各种媒介资源，如地铁、共享单车、公交等，它还整合了中国各地的交通广告资源和广告代理公司，增加了交通媒介之间的相互影响和作用。

交通媒介的优点：

（1）受众稳定，广告信息到达率和暴露频次较高。以地铁为例，它作为都市地下交通“大动脉”，从清晨到夜晚，不间断运行。有数据显示：一辆地铁每天运送乘客数百万人次，乘客在月台等候时间平均为 5 分钟，每日在车厢内停留时间平均为 30 分钟。因此，地铁广告的优势十分明显，也成为当下交通媒介广告的首选。

（2）阅读力高。等车时的闲暇会使人们自觉地寻找信息，且因时间充分，阅读十分仔细，因此容易对广告留下深刻印象。同时车内广告具有强制性，有时乘客一进入车厢，就仿佛置身于广告的海洋之中，这很容易出现广告主最为期待的广告目标受众主动阅读广告信息的现象。此时，如果广告具有创意，其效果将事半功倍。

（3）成本低。与其他户外媒体相比，车站、车体广告的制作和发布成本都相对较低。

5. 生活圈媒介

生活圈媒介，就是寻找目标消费者生活中的接触点，依据产品的特性开发出的有价值的广告发布载体。创造性地开发生活圈媒介，贴近消费者的生活圈，以新颖而独特的广告去吸引消费者，是生活圈广告传播效果提升的方法。生活圈媒介包括写字楼电梯平面（视频）广告、居住小区电梯广告、小区物业灯箱、停车场闸门等。这些媒介因为深入人们工作区域和生活区域，使受众和广告的接触率大大提高，而且还可以精准地定位目标受众。

生活圈媒介的优点：

(1) 接触率高。生活圈媒介随着人们的生活轨迹出现，渗透到人们的工作区域或生活区域，接触点多，使受众对广告的接触率大大提高，强迫阅读、反复刺激容易加强广告内容记忆，广告效果比较好。

(2) 易于细分。生活圈媒介容易进行市场细分，现代城市同一个社区内居民收入水平、生活观念比较相似，可以根据公寓社区的档次、商圈、入住人群、楼龄等数据来细分受众，帮助广告主精准打击。

(3) 投入产出高。生活圈媒介投入成本比较低，并且高频率的广告到达和低干扰度能促进广告有效转化为购买力。

知识链接

新媒体广告的产生

新媒体广告的产生于市场的三个变化：新的传播理论结构变化；新媒体的出现；新的广告理念。

1. 新的传播理论结构变化

传播理论的研究框架发生变化，从大众传播转变为人际传播、小组传播。

传播理论的研究重点调整为三个：一是选择信息和接收信息者研究、发布信息和发表意见者研究、用户对因特网的信息依赖模式研究；二是整合营销传播，即将所有与产品或服务有关的信息来源加以管理，使顾客以及潜在消费者接触整合的资讯，并且产生购买行为，并维持消费忠诚度；三是数据库营销，即企业通过收集和积累消费者的大量信息，经过处理后预测消费者有多大可能去购买某种产品，以及利用这些信息给产品以精确定位，有针对性地制作营销信息，以达到说服消费者去购买产品的目的。

广告创作表现手段的新变化，包括制作手段采用数字技术给广告创作带来极大影响；传统广告形式产生了新变化，产生了植入式广告、影视角色嫁接广告等新的广告形式；产生了诸多新兴的广告表现形式，如信息流广告、游戏植入广告、闪屏广告、富媒体广告、博客广告等。

2. 新媒体的出现

新位置——传统电视媒体的拓展，如楼宇电视（电梯、超市）、移动电视（公交、地铁、出租车）、户外液晶电视等。

新技术——传统媒体的数字化正在被不断开发和拓展，如数字电视、数字广播、数字报纸、数字杂志、数字电影等。

新融合——媒体与其他行业的结合，如传统电视媒体向手机、互联网、电视等行业的融合。

3. 新的广告理念

具有长尾效应的互联网打破了广告投放规模资金的定势，大大降低了广告投放门槛，还能精准地针对目标群体给出符合特定需求的广告。基于海量的用户群体的资料收集及强大的数据分析能力，互联网可以智能地实现传统媒体根本无法想象的精确到个人的个性化广告。通过对用户搜索历史和浏览记录的综合分析，搜索引擎和大型购物网站可以用一个用户喜欢的表现形式，智能地向他提供他可能会感兴趣的广告信息。这种高度个性化的、在大众广告基础上再次细分的广告理念意义重大。

新媒体广告的类型多样，网络广告、手机广告、户外媒体广告、移动电视广告、楼宇电视广告等等都属于新媒体广告的范畴，它们看似形式多样各具特点，但都基于数字技术基础的实质也让它们具备了一些共同的基本特性：互动化、融合化、个性化。

任务二 广告媒介策划与评估

导入案例

天猫的媒介策略：新年，让我们猫在一起

近年来，“吸猫”“云养猫”已经成了都市青年的一种生活方式，对每个在城市忙碌打拼的人来说，猫咪给予了他们最长情的陪伴，猫咪更是成了很多人心中的“灵魂伴侣”。而天猫正是洞察到了都市人这份对精神陪伴的需求，并巧妙嫁接了“猫”与“天猫”，通过这种方式来传递天猫常伴左右的品牌温度——在你需要的时候，天猫就在那里。

“猫”在方言里，有“待着、闲着”的意思，“猫在家里”就是“宅在家里”。2018年，天猫在推广“春节照常买”活动使用的广告语“新年，让我们猫在一起”更是一语双关，既带出活动信息——天猫春节照常买、物流不打烊，又巧借社交“吸猫”话题，传递天猫就像可爱的猫咪一样，常伴左右。

春节期间全国的多个地铁站，一夜之间上演了“猫咪大片”。海报文案也非常有趣，如洞察假期痛点的“看到你倒数假期的样子，真是心疼呢”“我们都一样，每逢佳节胖三斤”。如此戳人心的文案和可爱的猫咪，引得不少路人驻足，与猫咪海报合影，如图6-16所示。

图6-16 天猫“春节照常买”地铁站广告文案

除了地铁，天猫还在全国核心一二线城市的商圈投放了巨幅猫咪图，广大猫奴只要在新年逛街溜达时抬头，就能发现猫的眼神已“锁定”你，“云吸猫”的需求随

时被满足。跳脱出常规新年广告的一贯套路与视觉风格，这套“吸猫”广告可谓非常吸睛，如图6-17所示。

图6-17　天猫“春节照常买”户外广告

天猫在新媒体上推出了一套“新年猫日历”，让猫奴在过年期间，一天一部“猫咪大片”，每天不重样，从腊月廿七到正月初六，天天猫在一起；天猫还与美图秀秀联合推出了“猫在一起”手绘自拍模板，过年回老家猫猫不在身边，也能用这套自拍模板，实现“云养猫”；除了站外的全链路、大规模触达，天猫还对其APP进行了氛围改版，每天打开天猫APP，都能看到不同的萌猫和你“猫在一起”，购物的同时，还能“吸猫”；天猫还结合“猫爱盒子”的洞察，开发了“喵进盒子”的互动小游戏，只要猫成功跳入天猫盒子，就有机会获得购物券。

从“双11”到狗年春节，天猫的“猫营销”可谓越玩越开心、越玩越有趣。通过线下户外广告、地铁广告、媒介合作、新媒介互动、站内氛围等多触点进行广告媒介组合，力求覆盖更多的目标受众，传递“猫在一起”的品牌温度和文化。其中最精彩的地方在于，基于都市青年“把猫作为自己精神伴侣”的洞察，巧妙嫁接“猫”与“天猫”，传递天猫“陪伴”的品牌角色与温度。2018年是中国农历狗年，“汪”年快乐。在很多品牌都在围绕“狗”做文章的时候，天猫逆向思维，在狗年推出“猫咪大片”，上演了一出新“猫狗大战”。天猫的这次春节媒介策略跳脱出常规新年广告的一贯套路与视觉风格，可以说是另辟蹊径、出奇制胜，以四两拨千斤的方式，让天猫在众多围绕“狗”的新年营销当中脱颖而出。

案例思考

谈谈天猫的广告策划与媒介选择的成功之处。

一、影响广告媒介选择的因素

（一）根据企业特征选择广告媒介

不同的生产经营方式适合于不同的广告媒介。从广告的发展过程来看，小规模的生产经营方式，一般采用原始的广告媒介，其中以实物、口头叫卖居多。手工作坊和专业店铺所从事的工商活动，广告媒介形式增多，例如旗帜、灯笼、画匾、音响、商号、招牌等。随着现代企业的出现，商品生产和商品交换的规模与范围扩大，生产和销售日益社会化，客观上要求信息传播在时间、空间、速度、效果等方面能适应现代化社会大生产的需要，于是出现了招贴、报纸、杂志、广播、电影、霓虹灯、电视、互联网以及路牌、灯箱、车船、气球、卫星等各种现代化信息传播媒介，成为工商企业开拓市场、组织产品生产和流通、满足消费需求的产品信息载体。

可见，工商企业的经济活动组织形式是决定选用哪种广告媒介的一个重要因素。不同的经济组织形式及其经营规模与产品的商品率、供应范围等因素，是决定其选择哪种媒介做广告的重要影响因素，这是由不同经济组织的财力与经济活动范围的大小决定的。

（二）根据商品和服务的特性选择广告媒介

广告商品特性与广告媒介选择密切相关，商品本身的性质、特点是选择广告媒介的重要根据。商品按其用途可以分为生产资料和生活资料，这些商品又有高、中、低档之分。一般而言，生产资料技术性强、结构用途复杂，所以宜用文字、图形为主的印刷广告，如报纸媒介或杂志媒介等，这些广告媒介能够详细地说明产品的结构、性能、保养、维修方法。而日用消费品最好用电视媒介或广播媒介，因为这种媒介具有形象感，能诱发消费者的购买欲望。如在电视节目里做化妆品、食品广告，对商品感兴趣的人就会多，广告效果就比较好。

（三）根据媒体受众的特征选择广告媒介

广告传播的对象是由产品消费对象来决定的，透析产品特性是准确定位广告目标对象的关键。选择广告媒介，要充分考虑媒介受众的职业、年龄、性别、文化水平、信仰、习惯、社会地位等，因为其生活习惯不同，经常接触的媒介也就不同。如果媒介目标对象正好是广告目标对象，那么，广告效果就可能好；如果媒介目标对象与广告目标对象不一致，其效果就可能差。因此，选择怎样的时机，选择怎样的时间段刊播广告，就需要根据目标对象的职业、兴趣、爱好、文化程度及生活习惯特点来确定。比如，生产医疗器械的厂家的广告就适宜刊登在医疗保健类期刊上，因为医疗器械的广告目标对象是医务工作者，而这正是医疗保健类期刊的主要读者。

（四）根据竞争对手的特点选择广告媒介

研究竞争对手的广告战略与策略，包括广告媒介的选择情况和广告成本费用情况，对企业自身的媒介工具选择有着显著影响。一般来说，如果没有竞争对手，那么广告主就可以从容选择自己的媒介和安排费用；如果竞争对手尚少，不足以对广告主构成威胁，就只要重视交叉的广告媒介；如果竞争对手多而强大，广告主在财力雄厚的情况下应采取正面交锋，力争在竞争媒介上压倒对方；在财力有限的情况下，则可采用迂回战术，选择其他媒介。总之，广告主要针对竞争对手的特点，确定自己的竞争策略。

（五）根据广告预算费用选择广告媒介

一个广告主所能承担的广告费用的多少，对广告媒介的选择会产生直接的影响。所以，广告主选择广告媒介时还需考虑广告的费用。一般来说，媒介的费用分为两种：绝对费用和相对费用。绝对费用是指使用媒介的费用总额，不同媒介的绝对费用差距很大。通常信息覆盖面广、影响大的广告媒介，费用较高；相反，信息覆盖面窄、影响小的广告媒介，费用低廉。例如，全国性的报纸和电视、广播电台的广告费用要比地方性报纸、电视、广播电台高得多。在对广告相对费用的研究中，千人成本是一个具有代表性的重要的指标，它是指向每千人传播广告信息所支付的费用。因此，若从一定的宣传面考虑，例如以读者或受众的广告费用平均值计算，还是覆盖面广的媒介费用相对低廉。总之，就是以最小的广告费选择最适宜的广告媒介，以期收到最佳的促销效果。

（六）根据目标市场的范围和媒介信息传播的广度选择广告媒介

由于产品和劳务市场受多种因素影响，其供求状况经常变动不定，因此选择广告媒介时必须对市场情况进行周密地调查研究和科学预测，真正了解市场供求变化和变动趋势。一般来说，面向全国市场销售的产品适宜选择全国发行的报刊和信息覆盖面广的全国性广播、电视等作为广告媒介；在局部地区销售或有特定购买对象的，则选择地区性广播、电视、报刊或路牌、招贴、营业场所等广告媒介。同时，还要根据市场状况的变化，如产品生命周期、淡旺季和季节性需要等选择不同的最有效的媒介。

二、广告媒介策划的程序

（一）策划前的资料收集

1. 市场资料

包括广告产品的市场规模、目标市场分布、市场需求状况、消费特征与趋势、市场竞争态势及市场潜力等。

2. 消费者资料

包括消费者的构成、人口统计特征、消费心理、购买行为及生活习惯等。

3. 产品资料

包括产品的性能、质量、价格、销量、消费价值、附加价值、与其他的同类产品比较等。

4. 广告主与竞争者的资料

包括企业规模、实力、市场占有率、市场分布、知名度、美誉度以及广告投入、定位特征、广告媒体选择、广告成本及效果等。

（二）确定媒介目标

通过对上述影响因素的分析，基本形成了媒介策划的框架，接下来就可明确媒介策划的具体目标对象。它包括以下内容：

1. 明确传播对象

明确传播对象，也就是明确谁是广告媒介的广告对象，它是决定广告效果的重要因素。广告策划者必须对广告媒介的传播对象有全面的认识，包括人口统计资料、心理层面因素、购买行为及生活习惯等。广告媒介的传播对象应与广告的目标对象相一致。

2. 明确传播的目的

明确传播的目的，就是明确通过广告媒介向目标受众传播广告信息的目的。媒介传播信息的目的主要有以下几种：

（1）提高产品（或劳务）品牌的知名度。

（2）促使消费者改变不利于本品牌产品的某种态度。

(3) 向消费者介绍一种新产品。

(4) 加强广告主的促销推广活动。

(5) 提醒老顾客以树立他们对品牌的忠诚度。

(6) 与一种新上市的产品展开竞争。

(7) 鼓励该产品的推销人员。

4. 明确传播时间

明确传播时间,就是选择合适的时机作为广告推出时间。广告信息传播时间应依据人们购买商品的习惯而定,有些广告要有较多的播出提前量,才能取得更好的广告效果。常见的广告推出时间有以下几种:

(1) 在产品销售旺季之前出现。

(2) 在一年内平均出现,以顺应每月的产品销售。

(3) 在企业开展促销活动时出现,以支援企业的产品推广活动。

(4) 当竞争产品进行广告宣传时出现。

(5) 在新产品上市前出现。

(6) 当季节变化、节假日来临之际,在媒体上刊播广告。

4. 明确传播区域

明确传播区域,是指确定目标市场的位置,并按照市场的位置选择相应的广告媒介。目标对象居住在什么地方,目标市场就在哪里,广告媒介的选择就应以此为依据。如果产品行销全国,就可选择全国性媒介;如果产品只在某一地区销售,就选择该地区的媒介做广告。

5. 明确传播方法

明确传播方法,包括确定媒介的传播面、频率和广告形式等。媒介的传播面和频率决定了推出的广告量。一般说来,传播面越广,对受众的影响越大;传播的次数越多越密集,对受众的刺激就越强。广告主要有理性诉求和感性诉求两种表现形式,不同的媒介所擅长的表现形式不同,如报纸广告以理性诉求为好,电视广告则有利于感性诉求的表现。

(三) 确定媒介策略

1. 媒介评估

对媒介覆盖率、接触率、到达率、广告成本、媒介形式、媒介环境、媒介历年价格走势以及媒介受众等情况进行客观全面评估。

2. 媒介整合

广告要通过一定的媒介来传播广告信息。广告媒介不同,其广告费用、广告设计、广告策略和广告效果也不同。另外,不同的广告媒介在不同的时间、地点使用或进行不同的组合运用,广告效果也不同,可根据媒介客观情况整合媒介方案。

(四) 撰写媒介计划

撰写媒介计划是媒介策划的核心部分,内容大致分为五部分。

1. 前言

对媒介计划的基本策略和要素进行评述。

2. 计划主题

主要阐述广告产品情况分析，简明扼要地描述产品的市场情况，包括目标市场分析、产品分析、竞争环境分析。

3. 广告媒介目标

制定基本的广告战略，说明创意的方向，明确广告目标，以及广告预算和媒介工具的费用分配金额及比例。

4. 媒介策略

主要考虑产品与目标市场媒介偏好的匹配程度，进行媒介选择，制定媒介投放规则，包括需要的到达率、有效到达率和平均到达频次，广告投放的区域及其比重，广告投放的时间及其持续性与广告力度，广告投放开始时间、结束时间、持续时间等。

5. 方案预测评估

对广告效果进行预测，评价方案可行性。好的方案要力求做到以下三个方面：第一要覆盖所有的目标消费者；第二要注意选取媒介影响力的集中点；第三要与企业进行信息交流。

（五）组织实施阶段

这是对前面方案的具体落实，包括这样几个具体步骤：

(1)与广告主签订媒介费用支付合同。

(2)购买广告媒介的版位、时间和空间。

(3)推出广告并监督施行。

(4)收集信息反馈并对传播效果作出评估。

三、广告媒介的质量评估

（一）广告媒介量化评估

广告媒介量化评估的任务是考察媒介与受众，尤其是广告目标受众的相关程度（发行量、视听率、到达率等），以及为了达到某种相关程度可能需要付出的成本（如千人成本）。

1. 发行量、读者总数与读者构成

(1) 发行量。发行量是指一份报刊平均每期发行的份数。发行量有“宣称发行量”和“实际发行量”之分。宣称发行量，是报刊社对外公布的发行量。实际发行量是实际发行的份数，它等于订阅量、零售量和赠阅量三者之和。发行量是衡量报刊成功与否的重要指标，它关系到报刊的覆盖范围和读者总数。

(2) 读者总数。读者总数就是平均每期阅读报刊人数的总和，它与发行量有关，同时受到传阅率的影响。所谓传阅率就是每份报刊的平均阅读人数。

$$读者总数=报刊发行量\times传阅率$$

(3) 读者构成。对广告主来说，除了关心报纸的发行量、读者总数，还尤为关心报刊的读者构成，即不同类型（不同年龄、性别、收入、教育程度、职业）的读者占报刊读者总数的比例。

2. 视听率、视听众构成、毛评点

（1）视听率（Rating）。视听率是接收某广播电视节目的人数或家庭数，占拥有视听设备的人数或家庭数的比率。电视的视听率称为收视率，广播的视听率称为收听率。视听率分为家庭视听率（Home Rating，简称 HR）和个人视听率（Personal Rating，简称 PR）。

（2）视听众构成。视听率通常采用抽样调查的方法获取，是考评广播、电视最基本、最常用的指标。对广告主而言，除了考察媒介的视听率，还要考察视听众中广告目标人群的占比情况。

（3）毛评点（Gross Rating Points，简称 GRP）。毛评点又叫“毛感点”“总视听率”，是一定时间内在某节目中插播若干次广告所得到的视听率的总和。它用来考评广告发布量和发布强度。

$$毛评点=平均视听率\times广告插播次数$$

例：某频道某节目的平均视听率是 25%，在该节目中播放广告 4 次，那么，毛评点（GRP）就是 100%。通常，毛评点在使用时不用百分数表示，只取分子。本例中，我们就可以说 GRP 是 100。

3. 到达率、暴露频次与有效暴露频次

（1）到达率。到达率也称“非重复到达率”或“净到达率”，是在一定期限内（通常是四周）暴露于某一频道（频率）或某一节目插播广告之下的非重复性人口比率，是考评通过某一广播电视节目插播广告所能达到的覆盖范围。

$$到达率=\frac{接触到广告的非重复性人数}{目标受众总人数}\times100\%$$

例：在 1 000 个视听众样本中，有 800 人接触过该节目插播的广告 1 次以上（忽略不同的人接触频次的差异，如有人接触 1 次，有人接触 10 次），则到达率为 80%。

（2）暴露频次。暴露频次指的是在一定期限内（通常是四周），视听众每人接收广告的平均次数。

例：在 1 000 个视听众样本中，有 800 人接收过该节目插播的广告共 2 400 次，那么，暴露频次就是 3 次。

（3）有效暴露频次。在通常情况下，广告要取得效果，其暴露频次必须在一定的次数以上，这个临界最低次数称为有效暴露频次。不少广告人认为有效暴露频次是 3，这是一个参考数据。针对特定的广告运作，有效暴露频次要视媒介而定、视广告作品而定、视营销策略而定。

知识链接

暴露频次与广告效果之间的关系

纳普勒斯（Michael J. Naples）在《有效暴露频次：暴露频次与广告效果之间的关系》一书中给出以下研究结论：

√在一个购买周期内对目标消费者仅有 1 次广告暴露，除非特殊情况，其广告

影响极小甚至等于零。

√在通常情况下，广告仅仅暴露1次均无效果，所以，产生良好结果的媒介计划的中心目标，应把重点放在暴露频次而不是放在到达率上。

√在一个购买周期，或4～8周内，至少要有2次暴露频次才可能产生一点效果。

√通常在一个购买周期，或4～8周内，需要有3次广告暴露，才能产生足够的传播效果。这是最适当的频率。

√达到一定频次后，接下来增加的暴露所产生的效果是递减的。

√达到某一频次后，继续传播将毫无价值，而且可能产生反作用。有人认为超过8次就可能产生负效应，最佳频次应为6次，而纳普勒斯认为广告使人厌倦与暴露频次无关。

√强势品牌与一般性品牌的市场占有率或广告占有率的大小不同，其暴露频次所获的反应似乎有显著不同。

√暴露频次产生的广告反应，因电视时段不同而有不同的效果，这也许是由于电视的不同时段的暴露环境不同。

√某品牌商品所花广告费在该类别产品广告总支出中所占的百分比，对使用者购买该品牌的可能性有极为确实的影响。

√在所有的研究中，并未发现暴露频次有效性与在不同媒介上发布广告相关。也就是说，只要暴露频次相等，效果也就相等。

√暴露频次与广告效果之间的关系虽然有一般的原理，但依品牌不同而发生的效果差异也同样不同。

√以暴露频次反应而论，同样的广告支出，因受不同的媒介计划的影响可能相差极大，有时，频次与反应的关系甚至会呈完全相反的结果。

4. 网民总数、网民构成、浏览时间

（1）网民总数。网民总数是经常性浏览某网站的人数总和，它反映了网站用户的总体规模，类似于报刊的读者总数、广播电视的视听众总数，是衡量网站影响力的重要指标。

（2）网民构成。网民构成是网站网民总数中各类用户所占的比率，分为网站网民构成和频道网民构成。在对构成进行分析的时候，可以依据年龄、性别、职业、收入、文化程度、居住地等参数。分析网民构成，有利于提高广告投放的针对性。

（3）浏览时间。浏览时间是网民登录某网站之后连续浏览的平均时间长度，它反映网站对用户的吸引程度。如果网民浏览时间长，则意味着网站的吸引力强，在该网站插播广告被用户浏览或点击的可能性就大。

5. 每千人成本、视听率每点成本

（1）每千人成本（Cost Per Mille，简称CPM），是指广告每到达1 000个人所花费的成本。千人成本适合所有媒介进行投资核算。

$$\text{CPM}=\frac{\text{广告费}}{\text{媒体受众总量}}\times 1\ 000$$

例：假设某电视频道一则30秒广告的发布费用是180 000元，观众总数是

1 800 000 人，则其 CPM 就是 100 元。这意味着在该电视频道发布一则 30 秒广告，要让 1 000 人看到，则需付出 100 元成本。

（2）绝对千人成本。对于广告主来说，更关心媒介受众总量中有多少人是目标受众。让 1 000 名目标受众看到广告所需付出的费用，就是绝对千人成本。

$$\text{绝对千人成本}=\frac{\text{广告费}}{\text{目标受众总人数}}\times 1\ 000$$

同样是上例某电视频道，假设广告的目标观众占总观众的比例是 25%，那么，目标受众的绝对数就是 1 800 000×25%＝450 000 人，绝对千人成本为 400 元。

（3）视听率每点成本（Cost-Per-Rating Point，简称 CPRP），也叫“毛评点成本”，是指在某节目插播广告每获得一个毛评点所需支付的成本。和 CPM 一样，CPRP 是考评广告媒体经济成本的基本指标。

$$\text{CPRP}=\frac{\text{广告插播费用}}{\text{毛评点}}\times 100\%$$

例：某频道某节目平均视听率是 25%，在该节目中发布广告 6 次，支付广告费用 30 000 元，获得了的 GRP 是 150，那么，CPRP 就是 200 元。

在评估广告媒介的量化指标时，一定要注意广告主视角，而不能是媒介视角。二者存在很大的差异。广告主视角关注本企业、品牌、产品在媒介的广告投资收益，而媒介视角则关注媒介影响力和竞争力。

（二）广告媒介质的评估

广告媒介量化评估的一个基本假设是，在同一类别下的媒介载具对于各广告活动都是等值，忽略媒介的个别性。而在现实中，媒介评估不应只关注接触人口，还应关注接触效果，即对媒介进行质的评估。如果说，量化指标研究的是媒介的广度及成本效率，那么质的评估关注的就是广告说服的深度和效果。媒介质的评估包括以下几个方面：

1. 媒介权威与形象

相同的千人成本，但因为媒介的权威和形象问题，其广告效果也是不同的。媒介的权威和形象对广告效果有一定的影响。面对竞争愈演愈烈的收视市场，中央电视台曾提出“千人成本的质量”概念，意在强调央视千人成本的含金量更高，这种提法是基于中央电视台的权威和形象。

2. 表现力

考察媒介在广告表现方面的优劣，是衡量广告信息能否被媒介正确传达的重要因素，例如电视对音像有较好的表现，适宜于向消费者告知产品的销售地点和促销时间；报刊能提供更为详细的信息内容，加深受众的理解，适宜于理性诉求的功能性产品。

3. 接触关注度

接触关注度是指受众接触媒介时的专注程度。通常认为，受众在专注地接触媒介时的广告效果比漫不经心接触媒介时的广告效果好。比如，若收视率资料显示两个节目在某一时段平均收视率相同，就可以具体查看两个节目在这一时段收视率的波动情况。若收视率整体比较平稳，则说明忠诚观众较多，接触关注度高。

若收视率波动较大，则说明偶然性观众或“路过”观众比较多，节目的接触关注度较低。

4. 媒介广告干扰度

干扰度是指某一媒介或节目在特定时间段刊播某一广告时，受众被干扰的程度。干扰分为直接干扰和间接干扰，直接干扰是指相同品类的广告之间的相互干扰；间接干扰是指所有品类的广告挤在一起所形成的相互干扰。在特定数量的版面或时间内，广告的数量与广告传播的效果成反比，时间越多，广告版面越大，受众接触广告时受干扰的程度越高，广告效果就越差。比如，某杂志的总页数是150页，若广告占了15页，则干扰度就是10%；若广告占了30页，则干扰度就是20%。

5. 广告环境

广告环境是指受众对媒介承载其他广告信息的印象好坏。媒介的广告总体呈现出什么行业特点、什么表现风格、什么品位，最终会影响广告主和受众对媒介广告形象的判断，进而影响受众对媒介整体形象的判断。如果媒介刊载的其他广告都是大品牌、形象较佳，受众自然会将该媒介播出的这一品牌归结为大品牌、形象较佳的品牌。反之，如果一个媒介的整个广告环境较差，也会影响其他广告播出后受众的印象。媒介应该结合自己的特点、形象、定位和发展目标，设定广告发布要求。

6. 相关性

相关性是评价广告媒介的重要指标，是指广告产品自身或创意与媒介载具在主题上的相关性。相关性越高，目标受众对该类信息越有兴趣。如全民冲关、全民选秀性的节目，适合发布大众产品广告，适合传播与活力、热情、梦想相关的广告信息。

任务三　广告媒介策略

导入案例　**Olay玉兰油：全民逆龄奇迹**

2014年8月，宝洁旗下的经典护肤品牌Olay推出了其集合四国科学家历经十年研究而推出的奇迹赋能肌底液家族，其中新生塑颜肌底液（小红瓶）是这个系列中的主推产品。小红瓶上市也需要面对各品牌产品同质化现象严重、产品印象不深刻的挑战。作为Olay的合作伙伴，时趣Social Touch的运营团队通过对消费者的全面分析和数据调查，洞察出其主要目标客群（25～35岁的女性）对于“重返青春”普遍都有着强烈的渴望，而她们又经常沉溺于选择抗衰产品的迷雾中无法自拔。时趣抓住了目标客群的这一情感痛点，利用新媒体传播的波纹理论，通过制造悬念营销、传统媒体与新媒体组合、发布原生广告、紧贴热点和开放参与节点等传播方式，同时引爆了关注、口碑和购买的多种传播效应，最终将Olay小红瓶的上市打造成了一堂关于“逆龄奇迹”的社会化营销课程。

一、Olay 穿越营销,造悬念引围观

Olay 官微的一条“今天是 2004……”在微博打响了传播的第一枪(图 6-18)。作为一个官方大“V”发了这样一条有明显错误标示的微博是很容易引起网友和其他微博大号的讨论和关注的。错误微博在经过了一小段时间的传播发酵期后,讨论量达到了一个小高潮。Olay 官微紧接着又发布了一套“如果有逆龄奇迹……”的逆龄体海报(图 6-19),从而将错误微博的谜底揭开,拉开了“逆龄奇迹”的序幕。

图 6-18 Olay 官微制造悬念

图 6-19 逆龄奇迹海报

为了扩大战局,Olay 还发布了三支关于亲情、爱情和梦想的“病毒”视频,视频从不同的角度阐述了“如果有逆龄奇迹”,时光逆转之后必定收获美好的故事(图 6-20)。

同时 Olay 也研发了多个配合活动的游戏化 H5(HTML 5)(图 6-21),其中“逆时猜猜猜”和“集钻换取逆龄手表”等多个 H5,一个加深了大众对逆龄的实体感受,一个则激发大众对事件的好奇和关注并且将参与游戏互动的结果直接变成了“社交货币”作用于消费者——到店消费可打折或减免。可以说 Olay 把线上传播和线下销售绑定成了一个无缝闭环。

图 6-20 催泪病毒视频

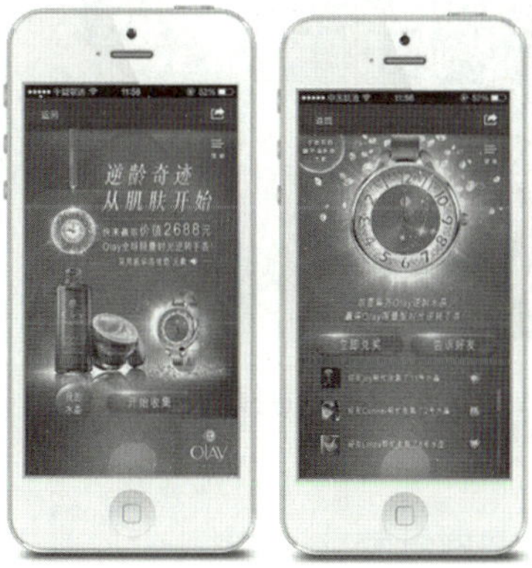

图 6-21 游戏化 H5 引流

后续,Olay 也通过多篇微信“病毒”文章持续扩大了传播的声量(图 6-22)。一

时间，多个社交平台的波纹性传播将“逆龄奇迹”这一概念深深地烙印在了大众的心里。

图 6-22 “病毒”文案传播

二、与传统媒体“联姻”，传播声量最大化

虽然近年来传统媒体在传播中的重要性屡遭质疑，但是其权威性及声量在大众心中的分量仍然是值得肯定的。10 月 5 日，Olay 在传统媒体上发布了“祝高圆圆 25 岁生日快乐”的广告，与此同时新媒体也紧随话题，将本次事件推向高潮。传统媒体的优质传播加上新媒体的推动，使“逆龄奇迹”这个概念再一次成了线上线下大家共同讨论的热点。

三、热点事件搭配原生广告，引爆及时性销量

紧接着 Olay 的第三步则是围绕着“双 11”和代言人高圆圆结婚、李娜退役等热点事件进行了口碑营销（图 6-23）。“双 11”期间 Olay 的微博、微信都开启了为电商引流的通路（图 6-24），社交媒体为电商网站带来的流量在“双 11”当天也达到了一个峰值。热点互动短时间内引起了品牌良性口碑的迅速扩张，从而达成了拉升及时销量的结果。

图 6-23 逆龄海报图

图 6-24 “双 11”微博微信电商引流广告

案例思考

谈谈时趣“逆龄奇迹”营销传播的成功之处，它采用了什么样的媒介策略？

广告媒介策略是指根据产品特点和广告目标，选择利用广告媒介刊播广告信息的方法和手段，是对媒介计划的具体化，包括媒介选择策略、媒介组合策略、时间策略和周期策略。组织运用好广告媒介策略，可以在节约成本的前提下，实现最高的广告到达率和重复率，提高受众对广告的认知，增强广告效果。

一、广告媒介选择策略

广告媒介选择首先要根据广告目标来确定，以媒介到达目标受众的能力和媒介吸引受众的注意力程度作为评价标准，广告策划人员必须在预算允许的范围内选择合适、高效的广告媒介，具体来说，媒介选择主要包括以下几种。

（一）媒介类别选择

媒介类别依据传播方式与特性而定，主要指报纸、杂志、广播、电视、网络等。媒介类别选择是媒介选择策略的第一步，它通过对媒介类别进行比较和挑选，明确哪类媒介符合标准。其中，受众规模是在对不同媒介类别比较中常用的一个重要因子。

受众规模一般通过考察某一地区某种媒介的受众人数占总人口的比率，再乘以总人口数量而得出。通过对不同种类媒介能够到达的最大受众规模进行比较，为媒介类别选择提供参考。

（二）媒介载具选择

媒介载具指在媒介类别确定之后，再细分的个别承载信息的载具，如报纸媒介中的某份报纸、电视媒介中的某个节目等。对媒介载具的评估选择通常通过量化的指标（如千人成本）和质化的媒体影响力两方面来进行。

需要注意的是，媒介类别与媒介载具的划分方式不同，其选择依据也有所差异。在媒介选择流程中，一般是先根据品牌传播的要求，选择广告效果产出价值较高的媒介类别，然后再运用媒介评估工具，从选定的媒介类别中选出投资效率较高的媒介载具。两者的顺序不可颠倒，因为只有在合适的媒介类别选择的基础上，才能计算载具的投资效率，否则，即使载具在千人成本上占有再大的优势，媒介类别选择错误也不会达到理想的传播效果。举例来说，以老年人为目标消费者的某类产品，选择新浪网首页做旗帜广告就是不太合适的做法，这并不是所选择的载具——首页旗帜广告有问题，而是选择的媒介类别——网络媒介与目标受众出现了偏差。

（三）媒介选择应注意的问题

1. 考虑选择什么样的媒介

在这个问题上必须考虑到相互关联的因素。譬如，在选择那些“传达性好、针对性强、效益显著”媒介的总体要求下，应该考虑的因素包括：广告目标是什么，广告传播的对象是谁，广告媒介的“量”和“质”的情况如何，广告产品的特性是什么，广告费用的支出和国家法律规定等。

2. 考虑媒介本身“质”的问题

所谓广告媒介本身的“质”，就是指某种媒介在长期宣传过程中所建立起来的社会威望和可信度，这种社会威望和可信度对广告信息本身的质量会产生重要的影响。

3. 关于广告媒介的"量"的问题

广告媒介的"量"的问题是其产生影响的前提条件。但是，各类媒体对"量"的衡量标准是不同的，例如，衡量印刷媒介的"量"的标准是发行量，而衡量电视广告媒介的"量"的标准是收视（听）率。

二、广告媒介组合策略

广告媒介组合是媒介策略决策的一个重要内容，是指根据广告的目标市场策略、诉求策略的要求，对可供选择的广告媒介进行评估，从而选择出最符合要求的媒介，并对所选择的媒介进行合理的时间、版面的配置，以提高广告的传播和诉求效果。

（一）广告媒介的组合方式

媒介组合可有多种方式，最主要的方式有三种。

1. 同类媒介组合运用

即把属于同一类别的不同媒介组合起来运用。比如，就报纸来说有日报、晚报、都市报、生活服务类报和各种行业报，可以进行不同类型报纸的组合，还可以进行全国大报与地方报纸的结合。不管如何组合，其标准只有一个，就是取得最佳的广告效果。

2. 异类媒介组合运用

即把属于不同类型的媒介组合起来运用。比如将视觉媒介与听觉媒介组合，印刷媒介与电子媒介组合等，有利于从多方面利用人的感官功能以增加记忆，争取收到较为理想的传播效果。

（1）电子媒介与印刷媒介的组合。在这种组合中，电视和报纸的组合是一种最基本的组合方式，也是一种效果较好的组合方式。不但因为这两种媒介的信誉度较高，而且电视媒介与报纸媒介都有较好的覆盖率和互补性。电视既覆盖城市又覆盖农村，特别是省级卫视对农村的覆盖率极高，加上城市电视台对城市居民的影响，其广告传播效果可以发挥到最佳状态。至于如何进行电子媒介和印刷媒介的组合，就要根据企业的经济实力、产品的特性和对消费者的调查所获得的数据进行选择。

（2）电子媒介、印刷媒介与其他媒介的组合。中国户外广告的发展极为迅速，许多广告商都把它作为媒介计划中的重要选项，在城市，户外广告的有效到达率极高，街道上随处可见。很多广告主更是把这种户外广告与广播广告、电视广告结合起来，形成"电视（或广播、报纸）+车体""电视（或广播、报纸）+路牌""电视+报纸+车体（车站）"等众多形态。这种广告投放形式能在最短时间内，最大限度地提升品牌知名度，取得理想的广告效果。

网络媒介的出现，也为广告主在媒介组合方式的选择上提供了较广阔的空间。特别是网络定向广告，将会越来越受到重视。广告主在进行媒介组合时，根据产品的特点可以把网络媒介考虑进去。

3. 自用媒介与租用媒介组合运用

即企业在花钱购买媒介进行组合运用的同时，也利用自有的媒介进行相同内容的配合性广告宣传，如企业网站、微博、微信公众号、产品订单、包装等。

（二）广告媒介组合的作用

1. 媒介组合可以增强媒介传播效果

实验研究表明，广告媒介的交错使用能够产生额外效果。同一个广告内容传播给目标消费者，对 3 种媒介各接触一次，比接触某个媒介 3 次效果要好，这是相辅相成的结果。比如，报纸、杂志、户外广告、交通广告等是视觉媒介，主要通过直观的视觉来影响目标受众；广播是听觉媒介，受众主要通过听觉器官来接收广告信息，虽然比较抽象，但是可以给人丰富的想象空间；电视、互联网、手机是视觉、听觉完美结合的媒介，能够给受众直观、生动的感受。如果把三者结合起来，在视觉、听觉上对受众的不同感官进行刺激，可达到加强记忆的作用，达到“1+1>2”的效果，有利于产品在消费者心中占有一席之地。

2. 媒介组合能够提高广告到达率

运用单个媒介，即使是覆盖范围大的媒体，也不可能将广告信息送达目标市场内的每一个人。运用媒介组合不仅可以覆盖不同媒介所拥有的受众，从而将广告传达到更多的目标受众，同时，各媒介可以取长补短，互相协调配合，扩大广告影响。比如，传统的报纸、杂志、广播、电视等公共媒介具有社会公信力，影响力大，覆盖面广，到达的群体多。而一些现场发放的传单、直邮广告、展销会广告等促销媒介可直达受众，达到点对点传播的效果。如果把大众媒介和促销媒介两者结合起来，就起到了“点”“面”结合的效果，大大提高广告的到达率。

3. 媒介组合能够实现各媒介间优势互补

要取得较好的广告传播效果，就要保证有一定的传播频率，使目标消费者能够多次触及广告信息。由于有些媒介的广告费用太高，难以重复使用，如果运用单个媒介，就会影响到受众接触广告的频次。不同媒介的信息沟通强度和深度是有差异的，电视、广播、网络视频广告播出时间较短，属于短效媒介，很难给受众留下深刻的印象；而一些纸质媒介如报纸、杂志和户外广告、交通媒介，因为保存时间较长，可以让受众反复阅读，所以称为长效媒介。长效媒介播出时间长，但是传播范围有限；短效媒介播出时间短，但是传播范围较广，若把两者结合，可以加强广告信息沟通的强度，弥补其他媒介的不足。

4. 媒介组合有利于企业量力而行

科学的媒介组合，不是媒介的简单相加，而是相辅相成、优势互补的组合。因此在资金有限的情况下，组合多种费用低、效果相对一般的媒介，仍可形成声势，再配合促销活动，可花费较少的钱，取得良好的效果。

（三）广告媒介组合的原则

媒介播放广告的次数是不是越多越好？怎样使用两种以上的媒介，才能达到理想的传播效果？一般来说，在进行广告媒介组合时有以下几个原则。

1. 受众最大化原则

把选中的媒介排在一起，将覆盖域相加，看是否把大多数目标消费者纳入了广告影响的范围之内，即媒介能否有效地触及广告的目标对象。还可用另一指标来衡量：将媒介的针对性相加，看广告目标消费者是否能接收到广告。如果这两种形式的累加组合，还不能够保证所有的目标消费者接收到广告，就说明媒介组合中还存在问题，需要重新调整。但是也要注意，媒介覆盖的范围不能过多地大于目标市场的消费者的活动范围，以免造成浪费。

2. 信息播放量适当原则

消费者若长时间接受某一广告信息会形成知觉，但是，受众对于一则广告在一个媒介上重复刊播的注意力会随时间而减少，因此需要多种媒介配合，延长受众对广告的注意时间。当然，广告信息过多地暴露也会导致消费者的反感，因此要符合广告信息播放量适当原则。

3. 符合媒介周期性的原则

不同的媒介有不同的时间特征，比如广播、电视、报纸信息发布周期短，可以连续进行宣传，多次重复，以加深消费者印象。杂志的发行周期长，最短的需要一个星期，最长则需要一个月，所以不宜发布即时的广告信息，比较适合做品牌形象宣传。在媒介组合中，应该考虑时间上的配合，以达到品牌和促销相结合的目标。

4. 影响力最大化原则

媒介的影响力主要体现在两个方面：一是量的方面，是指媒介覆盖面的广度，即广告被接触的人数越多，影响力越大；二是质的方面，是指针对目标消费者进行说服的深度，即媒介在说服力方面的效果。组合后的媒介，其影响力会有重合。重合的地方，应是针对企业的重点目标消费者，这样才能增加广告效益。如果媒介影响力重合在非重点目标消费者上，甚至是非目标对象上，就会造成广告经费的浪费。因此，要以增加对重点目标消费者的影响力为着眼点，确定媒介购买的投入方向，避免浪费。

（四）广告媒介组合策略

各种媒介的功能、特点各异，在进行广告活动的时候，有创意地进行媒介组合，能为广告带来新鲜感，再配合充满创意的广告内容，常常能提供超过正常成本效率的冲击力与效果。媒介的组合搭配有以下方式。

1. 报纸与广播组合

报纸的读者一般教育程度较高，目前广播的主要听众是有车一族的中产阶级，它们搭配起来可以使宣传集中在购买力高的消费者人群。

2. 广播与电视组合

广播、电视都属于电子媒介。两者的共同特点是传播速度快，覆盖范围广泛。电视冲击力强，广播快速又便宜。通过广播的传播提高受众对品牌的认知，再通过电视宣传强调产品特性，加深印象，引起消费者兴趣。由于电视和广播的传播特性，这种组合的优点是能够使目标受众（不论城市还是农村）得到大范围的覆盖。但由于两者都不易保存，在时空互补上有一定的缺陷。

3. 报纸与电视的组合

报纸是具有公信力的解释性媒介，适合让受众了解产品信息，取得信任；电视反复播放比较容易产生深刻印象。报纸与电视的组合运用，从时间上说，电视和报纸是采取了瞬时和长效的组合；从媒介展现形式上看，其既兼具了深度，又保证了个性色彩吸引力，这样的组合是很多广告商喜欢选择的一种媒介组合形式。这种组合先以报纸对产品信息做详细的铺垫，再结合电视给人声画刺激，加深印象，有利于广告产品整体形象的提升和塑造，产生强力推销的效果。

4. 报纸与杂志的组合

报纸和杂志都是纸质媒介，两者的共同特点是可以刊登比较详细的广告信息，在受众心目中的公信力比较好。不同的是报纸大多偏重某一地域，且发行周期短，比较适合强攻市场，而杂志全国性覆盖比较多，且发行周期较长，适合树立品牌形象。因此，这样的组合比较适合一些需要详细讲解的广告信息，以报纸占领地方市场，以杂志覆盖全国。同时还可以利用报纸进行一般覆盖，再利用杂志受众相对忠诚和固定的特点锁定目标受众。但这种组合的缺点是对受众的文化程度有一定的要求，且耗时较长。

5. 报纸或电视与直邮广告组合

报纸、电视属于传统媒体，拥有大量的受众，是属于受众日常接触的媒介之一。直邮广告是点对点的广告形式，直接将广告信息传递给消费者。这种组合可以直邮广告为先导，测试市场反馈，然后以报纸或者电视推广，对广告产品进行大规模的介绍，使受众对广告产品产生印象和购买欲，这是一个环环相扣、步步为营的广告宣传策略。

6. 电视与互联网组合

我们正处于“互联网+”时代，互联网已然成为各大广告商争夺的大热门。电视和互联网的媒介组合形式是目前最受欢迎的组合之一。首先，电视作为传统的大众媒介，不仅传播手段多样化，同时在受众心中拥有相当高的公信力。其次，互联网作为一个新兴的热门媒介，其受众年轻化，受教育程度普遍较高，并且拥有较高的购买欲望以及购买力。采用电视与互联网的媒介组合形式，不仅可以使广告保持较高的可信度，同时可以通过互联网准确到达目标受众，并与目标受众保持良好的互动沟通，这是其他组合都无法达到的。

7. 路牌广告与其他广告形式组合

路牌有强迫阅读的功能，对建立品牌印象有很好的作用，再借以其他广告形式，比如报纸、电视等，可以起到促销的作用。

总之，广告媒介的组合方式很多，何种组合效果最好，需视具体情况而定。要优化组合，必须根据市场状况、广告费用预算、广告时效等来妥善安排，以利于扩大广告效果。

三、广告媒介发布策略

广告媒介发布策略主要是关于广告开始发布的时间、广告发布的时机、广告发布持续的时间、各媒介的广告发布顺序等策略。广告主宜选择最合适的时机、用最合适的广告预算与消费者进行沟通。

（一）时点策略

时点策略是指广告在某一媒介发布的具体时间和时段。广告发布时间要依据媒介组合原则来确定，而各媒介发布的时段则要根据不同时段受众的媒介接触情况而定。一般来说，广告应该选择目标受众媒介接触最为集中的时段进行发布。

（二）时机策略

时机策略是指广告投放要善于利用各种时机，把握机会。时机选择合适，能够达到事半功倍的传播效果。在实际操作中，要把握重大活动时机、商品时机、黄金时机、节令时机等。

1. 重大活动

抓住并利用重大活动推出广告。一般而言，令全国甚至世界瞩目的重大活动，如体育赛事、文艺演出、重大会议等，受媒体和群众的关注度高，是推出广告的绝佳时机。比如，1994 年 6 月 28 日，双汇集团曾利用北京天安门广场举行“逛北京、爱北京、建北京”大型旅游文化活动开幕之际，以一万元一个气球的价格，用十多个气球拖出横幅“华懋双汇集团漯河肉联厂祝逛北京活动圆满成功！”这一举动经各大媒体反复刊播后，被誉为惊人之举。

2. 商品时机

利用商品与媒体或节目之间的相关性，巧妙发布广告。比如，飞亚达手表选择在中央电视台《新闻联播》前的瞬间发布广告，“飞亚达为您报时”，取得较高的收视率，引起受众关注。

3. 黄金时机

电视和广播均有黄金时间，在黄金时段受众收听节目的注意力比较集中，易于接受广告信息，且记忆率较高，因此这一时间段的广告费也相对较高。

4. 节令时机

节令时机就是在节日和季节转换时抓住机会刊播广告。比如，春节期间，往往是人们大量消费的阶段，会形成消费的旺季，要抓住机会发布广告。季节性的产品，如空调、羽绒服等，也会在季节变化时形成销售旺季，在销售旺季的前一段时间便是发布广告的良好时机。在选择时机时，要把握好广告提前的度，避免浪费。

（三）时程策略

时程策略指的是广告发布总的持续时间，这一时程的长短与广告活动开展的起始时间、广告主支付的费用、广告信息的记忆与遗忘程度等因素相关。在总的时程内，广告的发布是否分成不同长度的时间单元，各单元的持续时间如何，则根据广告目标的要求来进行。

（四）时序策略

时序策略是指广告发布与其他相关活动在时间上的配合，主要分为以下三种。

1. 提前策略

提前策略是指广告时间早于产品进入市场的一种策略。这种策略可以通过先声夺人的广告，使广告受众了解产品的特征、功能，刺激产生购买欲望，等产品上市后达到门庭若市的理想状态。如新产品上市之前发布预先告知性的广告，此类广告投放方式较适合购买周期较长、单次购买投资较大的产品，如住房、汽车商品等。

2. 同步策略

在相关活动开始的同时发布广告，如在新产品上市时同步投放广告，此类广告投放方式可以使广告与其他活动同步、紧密配合，借助媒介广告组合放大传播效果，引发消费者的直接购买行为，较适合有一定知名度和市场占有率的产品。

3. 延时策略

在相关活动开始之后根据市场反应有针对性地发布广告，此种方式用得不多。一般情况下，适用于广告主对其销售情况没有把握的新产品。商品先行上市试销，广告主再根据销售情况做广告，这样针对性强。另外，就是在产品上市后，先做试探性广告，视情况来决定是否做广告及广告投放的规模、广告投放的主次。

四、广告媒介周期策略

广告媒介的周期策略是指依据产品自身的特点，综合企业营销策略、市场竞争情况等，确定媒介发布广告的排期、频率，也就是媒介发布广告的时间表和频率表。

（一）排期策略

广告媒体排期策略是指在特定的周期内，如何科学合理地安排广告进行持续性发布。常见的媒体排期方式有以下四种。

1. 连续式排期

连续式排期是指在广告运作周期内均匀地安排广告展露时间，一段时间内投放广告的次数和频率保持不变。比如，一个月内在电视、广播的同一时间播放同一广告，就是连续式。这种排期法的优点在于，广告能持续地出现在消费者面前，不断地累积广告效果，防止记忆度下滑；由于其排期行程可能涵盖整个购买周期，因此集中大批量购买媒介，可以得到折扣；能实现持续刺激消费者，形成购买动机。其不足点在于排期上一成不变，使媒介投入不能与销售情况相结合。同时，要注意变换广告信息的内容，避免消费者因长期关注此信息产生厌烦心理。当广告主市场扩大，产品为紧缺有限的商品或是消费者日常消费品时一般采取这种方式。

2. 集中式排期

集中式排期是指在广告运作周期内，选取其中的一个特定时期进行广告的集中发布。以期收到某种激烈反应。这种方式比较适合季节性产品和企业的促销活动。

3. 起伏式排期

起伏式排期是指在一个较长的广告周期内，一段时间大量发布广告，接下来的一段时间停止发布广告，然后又在下一段时间大量发布广告。其优点在于，可以照顾竞争的需要，调整最有利的广告发布时机，集中财力物力获得较大的有效到达率，机动且具有弹性。不足点在于，广告空档过长，可能会降低消费者对广告的记忆度，如果竞争品牌在这一时间投放大量广告，该品牌可能会由于应对不足而陷入困境。起伏式排期比较适合季节性产品，或用于反击竞争对手的活动。

4. 脉冲式排期

脉冲式排期是连续式排期和起伏式排期的结合，即在一段时间内的广告采取连续式投放，也会有好几期采取高强度的间歇式投放。与起伏式媒介排期一样，广告投放随时间段的变化而变化，但与起伏式媒介排期不同的是，它在整个广告运作周期内都保持了一定的广告发布量，只不过某些时段投放的广告多一些，而另外一些时段投放的广告少一些。脉冲式排期优点是，广告主可以根据品牌需要，加强重点销售旺季广告暴露的强度，具有持续累积的广告效果，但这种排期方式的资金花费较高，且广告的过度播放，容易使消费者产生厌烦情绪。脉冲式适合于全年销售情况稳定的产品，但这类产品在特殊时期又存在着需求高峰期，如空调，一年四季都在销售，但在夏季需求最多。

（二）媒介频率策略

1. 固定频率

固定频率是均衡广告时间策略常用的频率，以求有计划、持续地取得广告传播效果。固定频率有均匀序列型和延长序列型两种。均匀序列型是指广告的播放频率按时限平均运用，如一旬 10 次，每天 1 次，或一旬 10 次，每隔一天 2 次。延长序列型是指广告的播放频率固定，但时间距离越来越长，这主要是为了节约广告费，也符合人们的遗忘规律，时间距离由密到疏。

2. 变化频率

变化频率是指在广告周期内发布广告的频率和进度是不相同的。该策略在频率上比较灵活，适用于短期集中时间策略、节令时机策略，以便借用变化的频率，配合商品销售的时机，包括三种类型：

（1）波浪型。波浪型是指广告周期内广告的播放频率由低到高，再由高到低，不断起伏变化。波浪型变化频率适合季节性、流行性强的商品广告。

（2）渐进型。渐进型是指广告周期内广告播放频率由低到高，至高峰时戛然而止，节日性广告常用此法。如中秋节的月饼、元宵节的汤圆等商品，多采用此方式进行促销。

（3）递减型。递减型是指广告周期内广告播放频率由高到低，直至停止。如文艺演出、新影片发布、企业开张或大酬宾等，均可采用此法。

项目小结

广告媒介是广告传播信息的重要载体，是连接广告主和广告目标对象的桥梁。本项目首先对广告媒介进行了定义和分类，接下来阐述了报纸、杂志、广播、电视、网络、户外、邮寄、交通等媒介的传播特点。

广告媒介策划不是简单的对媒介发布的安排，而是遵循企业营销目标，在整体广告策划指导下的有创意的广告媒介组合策略。一份成功的广告媒介策划方案，要求在媒介、广告时间安排、广告费分配和其他方面作出有创意的决策。在对广告媒介进行策划时，要对其进行“量”和“质”两方面的考察评价。

广告媒介策略是指根据产品特点和广告目标，选择利用广告媒介刊播广告信息的方法和手段，是对媒介计划的具体化，包括媒介选择策略、媒介组合策略、时间策略和周期策略。组织运用好广告媒介策略，可以在节约成本的前提下，实现最高的广告到达率和重复率，提高受众对广告的认知，增强广告效果。

项目综合训练

★ 话题讨论

1. 有人用鱼和水的关系来形容广告与媒介的关系，谈谈你对广告与媒介关系的理解。

2. 地方电视媒介的排期一般应如何确定才能收到较好的广告效果？

3. 以你熟悉的报纸、杂志或电视节目为例，试分析其受众特点。

4. 你收到过直邮广告吗？作为消费者，你对直邮广告的态度如何？如果你是策划人员，你应如何做才能使你的消费者更加乐于接受你的直邮广告？

5. 对比你所在城市最知名的两个购物中心的 POP 广告分别有什么特点？哪一个购物中心的 POP 广告更好，为什么？

6. 据经济学人智库对中国 286 个地级市的统计分析显示，到 2030 年，地级市的居民人口中，高收入的比例将大幅增加，中高收入人群的分布将保持增大，三四线城市，目前已成为中国经济增长的新动力。根据 CTR 的最新数据，互联网在全线城市渗透饱和，均超过 95%，一线城市已经达到 100%。这使得三、四线城市的居民和一、二线城市居民使用同样的信息渠道，在一定程度上保证了信息获取的同等性。很多广告人或者市场人都认为只要把企业和品牌在一线城市打响了，其他中小城市就一定会跟着被带动。你认为同样一个产品推广活动，三、四线城市与一、二线城市在广告媒介选择上有差别吗？谈谈你对这个问题的理解。

★ 复习思考题

1. 传统四大媒介广告有哪些特点？
2. 简述网络媒介的特点和类型。
3. 评价媒介“质”的指标有哪些？
4. 什么是媒介组合？媒介组合有哪几种形式？
5. 举例说明广告媒介的时机策略。

★ 案例分析

案例一：“野马”汽车的媒介策略

20 世纪 60 年代美国福特汽车公司生产了一种名为“野马”的汽车，这种车一经推出，一年内就销售了 41 万辆，创纯利 11 亿美元。当时，购买野马车的人打破了美国的历史最高购车纪录，顾客简直到了“饥不择食”的地步。不到一年的时间，野马车风行整个美国，连商店里出售的墨镜、帽子、玩具等都贴上了野马的商标。

为什么野马汽车如此受欢迎呢？得从该公司的总经理艾柯卡说起。

1962 年，艾柯卡担任福特汽车分公司经理后就想策划、生产一种受顾客喜爱的新汽车，他从大量调查材料中发现未来的十年是年轻人的世界。于是，他将未来式车型定位为：款式新、性能好、能载 4 人、车子较轻、价钱便宜，以及车型独树一帜，车身容易辨认，容易驾驶，既像跑车还要是省油型跑车，用以吸引年轻人。

艾柯卡非常重视广告策划和宣传，为了推出新产品，他委托沃尔特·汤姆森广告公司为新车型进行了一系列广告媒介策划。其内容如下：

第一步，组织汽车大赛。在汽车正式投放市场的前四天，公司邀请各大报纸的编辑，并借给每人一辆野马车，组织他们参加从纽约到迪尔伯恩的野马车大赛，同时还邀请了100名记者随行采访，以充分证实野马的可靠性。这实际上是一次广告宣传活动。事后数百家报纸、杂志报道了野马车大赛的盛况，借助新闻力量造成了轰动效应。

第二步，采用纸媒广告。在新型野马车上市前一天，根据媒介选择计划，2 600家报纸用整版篇幅刊登了“野马”车的广告。同时，在有影响的《时代》周刊和《新闻周刊》杂志上刊登广告画面。广告的画面是：一部白色的野马车在奔驰。大标题：“真想不到”，副题是：“售价2368美元”。这一步主要用以提升产品知名度，进而为提升市场占有率打基础。

第三步，采用电视广告。从“野马”上市开始，各大电视台每天不断播放野马车广告，展开电视广告攻势。其广告内容是：一个渴望成为赛车手的年轻人，驾驶着漂亮的野马车在奔驰。其目的是扩大宣传的覆盖面，提高产品的知名度。

第四步，选择最显眼的停车场，竖起巨型广告牌，上面写着“野马栏”，以引起消费者的注意。

第五步，在美国各地客流量最大、最繁华的15个飞机场的200多家假日饭店的门厅里陈列展览野马汽车，以实物广告的形式激发人们的购买欲。

第六步，向全国各地几百万小汽车车主寄送广告宣传品，此举是为了达到直接促销的目的，同时也是表示公司忠诚地为顾客服务的态度和决心。

上述分六步实施的广告活动，其气势可谓铺天盖地、排山倒海，仅在一周之内，“野马”轰动整个美国，风行一时。据说，野马汽车上市第一天就有400万人涌到福特代理店咨询购车。通过这一系列广告活动，原来年销5 000辆的计划，被远远超出，实际年销418 812辆。艾柯卡由于这一显赫成绩被视为传奇人物，被誉为“野马车之父”。

问题：

1. 分析野马汽车的广告媒体策略是如何提高宣传效率的？
2. 查阅资料，了解野马汽车的现阶段媒体策略。
3. 以野马汽车为例，谈谈你对汽车产品新媒体营销的构想。

案例二：聚美优品广告投放策略

聚美优品于2010年创立，推出第一则平面广告“女人你千万别来”，初期主要选择的投放媒体是地铁和公交站台。2011年4月，聚美优品一周年庆，宣布签约亚洲超人气偶像韩庚，携手谱写美丽新篇章，推出第一版广告《我为美丽代言》，并开始在电视媒体上投放广告。2012年10月12日，聚美优品发布CEO陈欧拍摄《我为自己代言》的广告，并在各大卫视和网络上投放，广告词如下：“你只闻到我的香水，却没看到我的汗水；你有你的规则，我有我的选择；你否定我的现在，我决定我的未来;你嘲笑我一无所有不配去爱,我可怜你总是等待;你可以轻视我们的年轻,我们会证明这是谁的时代。梦想,注定是孤独的旅行,路上少不了质疑和嘲笑,但,那又怎样?哪怕遍体鳞伤,也要活得漂亮。我是陈欧,我为自己代言。”由于广告词的朗朗上口、与年轻人契合度高,广告一经播出便引起巨大反响,引起了很多网友的共鸣,网络上随处可见的“陈欧体”为聚美优品进行了再宣传。2013 年拍摄微电影《女人公敌》,并在各大视频网站和微博中投放。同时陈欧携手魏晨演绎广告《光辉岁月》并在各大卫视连续式投放,获得了不少受众的喜爱。

聚美优品在广告投放中较多地选择了电视媒体、户外媒体、网络媒体,并对这些媒体进行优化组合,从而生成完整的媒体组合策略。在聚美优品导入期,主要采用户外媒体与其他网站建立链接的媒体组合。在聚美优品的发展期,主要选择了户外媒体、电视媒体和网络媒体的媒体组合。在聚美优品成熟期,主要利用户外媒体、电视媒体、平面媒体、网络媒体等媒体组合。然后根据营销策略进行媒体排期,按遗忘曲线规律科学地制定出媒体排期策略。还按“事件销售”进行排期。在聚美优品 3 周年庆的时候,加大 3 周年庆折扣活动的广告,吸引消费者的眼球,提高消费者的购买欲望。同时还利用“舆论关注”来排期。“舆论关注”排期策略就是运用媒体注目度来选择刊播时间。如针对目前的热点问题,在消费者最热衷、最兴奋的时间去发布广告,就会更加有效。聚美优品广告选在 11 月 10 日,光棍节购物狂欢前夜播出,时间相当巧妙,能让广告的收视率最大可能地转化为网站购买率。同时,由于《快乐大本营》节目目标受众与网站的目标消费群吻合度高,所以还选择投放《快乐大本营》,《快乐大本营》的娱乐效应,能真正快速地提高聚美优品的知名度。

(资料来源:王冠韬,王琦.广告策划[M].成都:西南交通大学出版社,2017.)

问题:请分别从广告媒体组合和广告媒体排期两个方面对聚美优品的广告投放策略做分析评述。

★ 模拟训练

【模拟任务】广告媒介计划撰写。

【模拟目的】要求学生掌握编制广告媒介计划的步骤和方法。

【模拟内容】

(1) 成立策划小组,完成小组成员间的分工。

(2) 选择一家拟策划的产品,可以是项目五中已完成广告创意的产品。

(3) 根据诉求对象、产品特性、重点传播过程等因素,从媒介投资的角度拟定媒介选择及传播计划。

【模拟要求】

(1) 确定媒介目标,设定媒介的角色和所要达成的目标。

(2) 制定媒介策略。媒介策略的主要内容包括对以下问题的回答:对谁传播,在哪些地区投放,什么时候投放,投放量是多少,应该使用的媒介种类有哪些,预算运用的优先顺序是什么等。

(3) 根据媒介策略选择媒介载体,并编制媒介执行方案。

(4) 各小组提交一份完整的媒介计划,内容包括:背景分析、媒介目标、媒介策略、媒介预算、媒介的效果评估与预测等。

（5）由教师评价、小组自我评价、组间互评等形式共同评价模拟训练的完成情况。

学生自我评价

通过学习项目六，我能够做如下总结：

一、【相关知识】部分总结

1. 领悟的知识要点：________________________________

____

2. 对指导实践的意义：________________________________

____

二、【项目综合训练】部分总结

1. “话题讨论”和“复习思考题”训练总结：

（1）明确的主要问题：________________________________

____

（2）提高的主要认识：________________________________

____

2. “案例分析”训练总结：

（1）案例分析的思路：________________________________

____

（2）案例分析的自我评价：________________________________

____

3. “模拟训练”活动实践总结：

（可以从实践活动的要素、思路、方法、团队协作、完成质量和自我能力提升等方面进行总结）

____

____

____

____

____

项目七

广告预算策划

项目思维导图

- 广告预算策划
  - 学习建议
    - 学习目标
    - 学习指导
  - 广告预算的概述
    - 导入案例——秦池酒：成也广告，败也广告
    - 广告预算的概念
    - 广告预算的意义
    - 广告预算的内容
    - 影响广告预算的因素
    - 广告预算编制的程序
  - 广告预算的编制
    - 导入案例——扒一扒：主流手机品牌每年的广告费
    - 广告预算的制定方法
    - 广告预算的分配
    - 广告预算的控制
  - 项目小结
  - 项目综合训练
  - 学生自我评价

学习目标

知识目标

熟悉广告预算的含义；

熟悉影响或决定广告预算的因素；

掌握制定广告预算的方法；

掌握广告预算费用的分配方法；

了解广告预算编制的程序；

了解广告预算书的基本格式。

能力目标

在理解广告费用构成和广告预算内容的基础上，利用广告预算的计算方法和广告预算费用的分配方法，正确地编制广告预算。

素质目标

培养学生科学严谨的工作作风和细致认真的工作态度，使其在专业领域具备创造性学习能力、研究能力。

学习指导

本项目主要介绍广告预算的意义、广告预算的内容，以及广告预算的编制方法和广告预算的分配策略等。

广告预算应在遵循一定程序的基础上，按照科学的方法进行编制和分配，这些内容是本项目的重点内容。在学习的过程中，应联系实际，根据具体情况灵活掌握。

学习中应注意运用联系的观点、系统的观点。要注意“知识链接”的相关内容并结合教学内容有针对性地阅读一些相关资料，以加深对所学知识的理解。

学习要循序渐进，注意运用正确的学习方法。在明确概念、理解内容的基础上，按要求完成“项目综合训练”。

学会自我总结，自我提炼，发现问题，总结经验，不断提高知识的系统性和内容的实践性。

任务一　广告预算的概述

导入案例　**秦池酒：成也广告，败也广告**

在中国的历史上，酒是一个永恒的话题，名酒层出不穷。20世纪90年代，是标王论酒的年代，那个年代鲁酒也曾纵横天下，一条条耳熟能详的广告语至今还让人回味：“孔府家酒，让人想家”“喝孔府宴酒，做天下文章”“兰陵美酒郁金香……”还有“永远的绿色,永远的秦池”。

山东省临朐县的秦池酒厂一开始是山东的亏损大户,1993 年姬长孔担任经营厂长后,在沈阳耗资 50 万元投放巨量广告,电视上、报纸上、街边免费品尝、请相关部门出质量鉴定书等等。最让人震撼的是在沈阳闹市区租用一艘大飞艇,雪花般地撒下上万张广告传单。沈阳被铺天盖地的广告“攻陷”了,秦池以沈阳为根据地,向着东北三省辐射,1995 年秋天,秦池酒销售额已经超过 1 亿元。

1995 年 11 月 8 日,在北京梅地亚中心,山东秦池酒厂用 6 666 万元“砸”出央视新闻联播后 5 秒黄金广告时间标段的标王。这是央视的第二届标王,它直接比第一届标王孔府宴酒的 3 079 万元翻了一番有余。中标的瞬间,同行震惊、央视震惊、全国震惊。

要知道,在 1995 年的中国,普通人的薪资大概是 500~700 元/月,全国大部分地区的大米价格在 0.5 元/斤。很多村镇仅有几家人有黑白电视机,每当傍晚,整村人都围在有电视机的村民家院子里,一起津津有味地欣赏着为数不多的电视节目。“万元户”是尊称,6 666 万元更是当时全国 99.9%的人都不敢企及的梦想,更是秦池酒厂一年利税之和的 2 倍。

获得标王后,经过央视的广告造势,以及秦池持续的广告营销,1996 年秦池酒销售额从 2.3 亿元猛增至 9.8 亿元,利税 2.2 亿元,巨额的广告投入带来的巨额回报,让秦池更加地依赖广告。

1996 年第三届标王争霸再次上演,刀刀见血。标王的巨大荣誉感以及随后带来的巨额销售回报让所有参会者短暂地丧失了理智。“一举成名天下知”的觉悟让整个梅地亚中心陷入了展示自身实力的狂欢,两家来自山东的不知名酒厂报价都超出了 2 亿元。压轴的秦池不负众望,在人们的期待、嫉妒、嘲笑、震惊的心情中,报出了姬长孔电话号码数字的 3.212 118 亿元,秦池声望达到巅峰。当姬长孔再次来到梅地亚中心的时候,他身边早已经被一大批媒体簇拥,完全没有了第一年的窘迫和踌躇。春风得意的他说出了那句当时流传甚广的话:“1996 年,我们每天给中央电视台开进一辆桑塔纳,开出的是一辆豪华奥迪;明年我们每天要开进一辆宝马,争取开出一辆加长林肯!”

盛极必衰,巅峰的秦池在广告上投入了太多的金钱和精力,忽视了自身硬件实力的改进和发展。1997 年初,一则“秦池白酒用川酒勾兑”的新闻传遍全国,报道中摆事实、讲道理,给出了让人信服的证据。

当年,秦池垮了,成也广告,败也广告。数亿的资金用于广告造名,却在生产规模和产品质量上没有提升和突破。秦池太过地追求虚名,豪掷亿金,一味沉浸在媒体的吹捧之中,一直依靠广告效应来推动产品的销售。如果秦池能在得到巨大荣誉时,沉淀下来,用心做产品,将数亿的资金用来提升产品自身,秦池还能走到衰败的地步吗?

案例思考

标王真的能成就一个企业吗?巨额的广告费给秦池带来了怎样的风险?

一、广告预算的概念

广告预算是广告活动的费用开支计划，是广告主对开展广告活动所需费用的预算，它规定计划期内从事广告活动所需要的经费总额、使用范围和使用方式。广告预算不仅是广告计划的一个有机组成部分，而且是确保广告活动按计划顺利展开的基础。广告预算支撑着广告计划，它关系着广告计划能否落实和广告活动的效果如何。现代企业不但将广告预算纳入企业营销计划中，而且将其作为提高企业与产品声誉的一项重大投资。

二、广告预算的意义

（一）广告预算是广告计划实施的保证

广告预算不仅是广告计划的重要组成部分，而且是广告实施的重要保证。广告计划的实施，要以广告预算来支持。科学合理的广告经费预算，保证了广告计划的各项任务得以实施，控制了广告费用的安排与开支，广告计划的各项任务在这种控制下合理使用经费，使广告目标得以实现。

（二）广告预算可合理规划广告经费使用

有计划地使用广告经费是广告预算的主要目的。科学合理地进行广告预算的目的是使广告费用的投入保持适度，避免盲目投入造成浪费，使投入的经费有计划地在媒介、区域、产品和时间上进行合理分配。

（三）广告预算是评价广告效果的经济指标

评价广告效果的主要标准是看广告活动在多大程度上实现了广告目标，即广告预算应尽可能达到较为理想的效果。由于广告预算对广告经费的每一项具体开支都作出了明细的规定，这样在广告实施结束后，就可以比较每一项具体的广告活动所花费用与所取得的效果如何。因此，广告预算可以为广告效果评价工作提供科学的依据，并用以核算广告活动的经济效益。

（四）广告预算促进广告活动有效开展

广告投入如果不能为企业带来效益或不能达到预期目的，就意味着该广告投入是企业的无效投入。缺乏合理的预算，可能广告费投入过多，就会造成资金的浪费；也可能广告费投入过少，很难实现广告宣传的预期效果。有了科学合理的广告预算，广告经费的每一项开支都有了合理安排，可以发挥更大、更有效的作用，才能够保证广告活动的每一项内容尽可能地达到理想的效果。

知识链接

广告投资模式

美国广告学专家肯尼斯·朗曼（Kenneth Longman）经过长期的潜心研究，在利润分析的基础上，创立了一个广告投资模式，如图7-1所示。他认为任何品牌产品的广告效果都只能在临限销售额（即不做广告时的销售额）和最大销售额之间取值。

某一品牌产品即便不做任何的广告，只要确实有价值，总会产生一定程度的销售量，即“临限”量；由于受产品质量、市场状况、原材料供应、生命周期或其他因素的影响，该品牌产品的销售额在达到特定的最大销售点之后，就不可能再增长下去，在“临限”量和“最大销售量”之间，广告对促进产品的销售的确有作用。朗曼认为，理想的广告宣传活动应该是以最小的广告投入取得最大的广告效果。当广告效果达到一定规模时，广告投入就是一种资源的浪费。

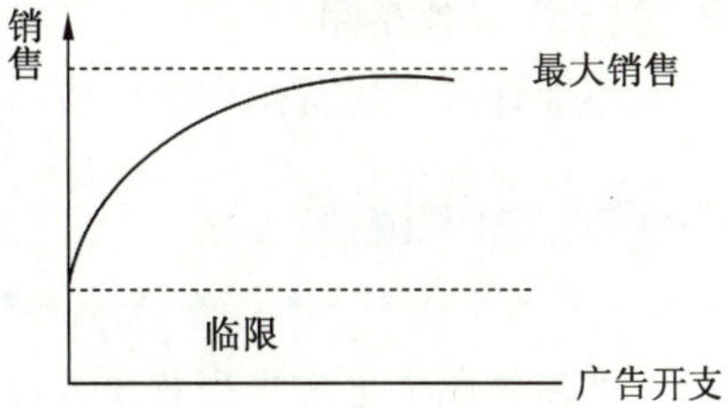

图 7-1 广告投资模式

三、广告预算的内容

广告预算如何开支，不同的企业有不同的做法，但关键的是要确定预算中应包括哪些广告费用。有两项广告费用是任何企业在进行广告预算时都必须包括的：一项是广告媒介的购买费用，一般占广告费用总额的 80%～85%；另一项是广告制作费用，一般占广告费用总额的 5%～15%。随着市场竞争的不断加剧，广告策划水平也日益提高，在编制广告预算时另有两项广告费用必须考虑：一项是广告的研究费用，占广告费用总额的 5%左右；另一项是广告与其他营销活动的协调费用，占广告费用总额的 2%～7%。广告预算具体内容包括以下几种费用。

（一）广告调查费用

广告调查费主要包括市场调查、消费者调查、产品调查、策划调查、广告效果检测以及购买统计部门和调查机构的资料所支付的费用。这一部分经费约占广告费用总额的 5%，其重要性应引起广告主的高度重视。

（二）广告设计制作费用

广告设计制作费用主要包括：广告设计人员的报酬，广告设计制作的材料费用、工艺费用、运输费用等，这部分经费约占广告费用总额的 5%～15%。根据不同媒介的需要，其设计制作费的标准也有所不同，电视广告的制作费远远高于广播广告和印刷广告，而使用同一媒介的广告制作费往往也差异较大。

（三）广告媒介费用

广告媒介费用是指购买媒介的时间和空间的费用，这部分费用是广告预算中份额最大的一笔支出，约占广告费用总额的 80%～85%。

（四）广告组织管理费用

广告组织管理费用包括广告人员的工资、办公费、广告活动的业务费、管理费及与其他组织的协调费用等经费，这部分费用占广告费用总额的 2%～7%。

（五）广告活动的机动经费

机动经费主要用于公共关系或应付意外情况。这部分经费要根据实际情况来支付，具体数量要依据以往的经验，尤其是上一年度的整个广告活动情况来制定。机动广告费不参加广告经费预算，由广告部门的负责人或企业的营销工作负责人掌握。

（六）其他费用

不能计入上述费用中的广告活动支出往往记作其他费用。

知识链接

美国权威杂志将广告费分为白、灰、黑三色，白表是可以作为广告费用的支出，灰表是可以作为也可以不作为广告费用的支出，黑表是不可作为广告费用的支出，如表7-1所示。

表7-1　广告费用分类表

分类		主要费用	
白表	可以作为广告费用的支出	媒体费	报纸、杂志、电视、电台、电影、户外、购物点广告、宣传品、直邮广告、幻灯、招贴、展示等。
		制作费	美术设计、文字编辑、印刷、制版、纸型、照相、电视录像、广播录音、包装设计。
		管理费	广告部门有关人员的工资、办公费用、付给广告代理和广告制作者以及顾问的手续费、出差费。
		杂费	广告材料的运费（包括邮费及其他投递费）、陈列橱窗的装修服务费用，涉及以上各项活动的杂费。
灰表	可以作为也可以不作为广告费用的支出	样品费、推销表演费、商品展览费、广告部门的存货减价处理费、电话费、广告部门其他各项经费、推销员推销费用、宣传汽车费用、有关广告协会和团体费用、商品目录费用、研究及调查费用。	
黑表	不可以作为广告费用的支出	免费奉送品、邀请游览费、给慈善和宗教机关的捐献品和费用、包装费、标签费、新闻宣传员的酬金、推销员的名片费、报纸杂志费、行业工会费、接待费、陈列室租金、推销会议费、推销样本费、工作人员的生活福利活动费、娱乐费。	

广告费的界定

2008年1月1日起施行的《中华人民共和国企业所得税法实施条例》第四十四条规定："企业发生的符合条件的广告费和业务宣传费支出，除国务院财政、税务主管部门另有规定外，不超过当年销售（营业）收入15%的部分，准予扣除；超过部分，准予在以后纳税年度结转扣除。"

2009年，国家出台了《财政部国家税务总局关于部分行业广告费和业务宣传费税前扣除政策的通知》，其中，第一条规定："对化妆品制造、医药制造和饮料制造（不含酒类制造，下同）企业发生的广告费和业务宣传费支出，不超过当年销售（营业）收入30%的部分，准予扣除；超过部分，准予在以后纳税年度结转扣除。"

2012年，国家又出台了《财政部国家税务总局关于广告费和业务宣传费支出税前扣除政策的通知》，其中，引起较大反响的是第二条规定："对签订广告费和业务宣传费分摊协议(以下简称分摊协议)的关联企业,其中一方发生的不超过当年销售(营业)收入税前扣除限额比例内的广告费和业务宣传费支出可以在本企业扣除,也可以将其中的部分或全部按照分摊协议归集至另一方扣除。另一方在计算本企业广告费和业务宣传费支出企业所得税税前扣除限额时,可将按照上述办法归集至本企业的广告费和业务宣传费不计算在内。”一句话,关联企业的广告费和业务宣传费可按分摊协议归集扣除。

以上法规所涉及的广告费是指企业通过一定媒体和形式介绍自己所推销的商品或所提供的服务,激发消费者的购买欲望,而支付给广告经营者、发布者的费用,广告主在支付后,向收款方索取广告业专用发票。与之相关联的费用是业务宣传费。业务宣传费是指企业开展业务宣传活动所支付的费用,主要是指未通过广告发布者传播的广告性支出,包括企业发放的印有企业标志的礼品、纪念品等。业务宣传费是没有广告业专用发票的。

(资料来源:罗雁飞.广告学概论[M].武汉:武汉大学出版社,2013.)

四、影响广告预算的因素

编制广告预算时,除了确定广告费用的范围外,还必须了解有哪些主要因素影响广告预算。一般来说,影响广告预算编制的主要因素有企业的实力、营销目标、产品的生命周期、行业的市场竞争状况、广告媒介因素等。

(一)企业的实力

广告的确可以让企业走出困境,打开产品销路,但广告也是一种风险性很大的投资。如果企业实力强大、资金雄厚,其广告投入的数量自然可观;如果企业资金匮乏,广告投入自然难如人愿。在广告费确定以前先要对企业财务状况作一个估计:企业究竟能够承受多少广告费用?有多少钱可以用于广告?

1. 市场领先者

处于市场领先地位的企业的经济实力雄厚,为了保持领先的地位,往往居安思危,不敢减少广告支出。这些企业广告预算的绝对数是比较大的。

2. 市场挑战者

作为市场挑战者的企业在行业中有相当实力,企业决策者雄心勃勃,不安于现状,希望赶上市场领先者并取而代之。为此,企业的决策者愿意在广告上加大投资,他们企图以大量广告费的支出换取市场份额。但我们也应该清楚地看到,在经济发展和繁荣期间,市场需求增加,广告费用的增加会带动销售,广告力度越大,销售增加也越多;在经济收缩期间,市场需求减少,此时以增加广告来夺取较大份额,难度就较大。

3. 市场跟随者

市场跟随者是规模较小的企业,没有雄厚的实力。这些企业在行业中的存在往往有其独特条件,但这些条件又可能会随竞争加剧而逐步改变或消失。在特定条件下,跟随者的广告费用较少,但在条件恶劣情况下,追随者也不得不参与竞争,广告支出会相应增加。

4. 市场补缺者

市场补缺者是行业中规模小的企业，广告投入要量力而行，若不考虑自己的承受能力，盲目扩大广告投资，就可能血本无归，陷入破产的绝境。

（二）营销目标

企业的营销目标不仅包括销售量、销售额、利润率等指标，还包括品牌价值这一无形资产。一般来说，销售量大的产品的广告投入较高，利润率高的产品的广告投入较高。但是，品牌价值与广告投入之间的关系要复杂得多，大致可从两个角度来分析：品牌的市场地位和产品的替代品牌。

通常情况下，保持现有的市场占有率的广告费用远远低于扩大市场占有率的广告费用。如果品牌属于领导型品牌，由于它有成熟的销售网络，有较高的品牌知名度和美誉度，老顾客对产品品牌的忠诚是领导型产品的一份经营优势，其广告宣传活动的目的只是为了维持老顾客的重复购买，这就决定企业没有必要进行大规模的广告推广。如果品牌处于挑战型的市场地位，不太高的知名度与不太成熟的销售网络都迫使企业进行大规模的广告宣传，以提高目标市场上媒体受众对产品品牌的认同意识。因此，对于挑战型品牌的经营者来说，进行广告宣传是企业将挑战型品牌发展成领导型品牌的主要手段之一，在这一发展过程中，较大规模的广告预算是不可避免的。

同样，产品的替代品牌越多，就需要进行较多的广告宣传来突出产品的个性，树立品牌形象。有些产品，如香烟、化妆品等，产品之间的同质性使消费者很难将他们区分开来，广告策划者必须通过艺术化的广告促销，将品牌中的文化附加值突出出来，显得该品牌与其他品牌不同，为媒体受众识别产品创造条件。在这一形象塑造过程中，企业需要大量的广告投入，以使得自己的品牌严格区分于竞争对手。

（三）产品的生命周期

1. 导入期

广告主在将某一新产品推入市场之后，为了能使消费者接受、购买，就必须投入大量的广告费用，充分利用各种媒体进行广告宣传，以增加产品的曝光度。这一时期的广告宣传是一种典型的“信息型广告”。它主要是针对产品的基本情况向目标市场“广而告之”，例如将产品的价格、功能、品牌、产地、售后承诺等情况告诉媒体受众。而潜在消费者之所以能够对产品保持一定的记忆能力，则主要取决于广告所投入的促销费用多少。因此，在产品进入导入期之时，广告主不能希望产品能为其带来什么利润。

2. 成长期

产品在进入成长期之后能够源源不断地为广告主带来利润，这恰恰是广告主在产品导入期投入大量广告、促销费用的必然结果。在这一阶段，产品在目标市场上已有一定的知名度，一些消费者对产品已建立了初步的品牌认知。企业在成长期的广告宣传，已由“信息型广告”转向“个性诉求型广告”。广告规模较引入期有所缩小，广告内容侧重于突出产品的特征，增加了广告的艺术性，以求通过良好的视听形式来促使媒体受众产生固定的品牌联想。

3. 成熟期

产品进入成熟期之后，广告主不需要投入大量的广告、促销费用即可占据一定的市场份额。这主要是在经历导入期、成长期之后，产品已为消费者所认可，市场上观望类消费者也已经购买了产品，企业的利润达到了最大化。由于受利润的诱惑，成熟期市场上涌现出大量替代产品或类似产品，竞争达到白热化的程度。由于竞争的加剧，企业的广告、促销费用也开始相应增加，企业利用多种媒介进行广告宣传，以突出“人无我有，人有我新，人新我全，人全我精”的特征。

4. 衰退期

衰退期产品销售额呈大幅度下降趋势，企业利润大幅度减少。许多竞争对手纷纷转产，即使增加产品的广告投入，市场也不会得到明显改善。企业如果进行广告宣传，其规模也一定非常小，属于“提醒式”广告。企业只是提醒媒体受众注意该产品的存在，某品牌产品依然是消费者忠实的朋友。提醒式广告主要突出产品的品牌，以唤起媒体受众对产品的回忆，同时也使对本品牌产品持有忠诚感的顾客感到欣慰。

如果衰退期企业尝试开发新产品，或者进行品牌延伸，将成功的品牌引用到新产品上。可以通过广告以将媒体受众对原有品牌的认可自然过渡到新产品上，从而为新产品打开市场奠定基础。

（四）市场竞争状况

一个竞争激烈的市场，往往是一个耗费大量广告费用的竞技场。因为，在一个竞争者众多但彼此都做大规模广告的市场，企业仅仅使自己品牌的信息被消费者知晓，就需要投入比正常时候多得多的费用，同时还要考虑竞争对手的因素，根据对方的市场占有率、品牌知名度、广告费用等因素来确定自己的广告费用预算。可以这样说，市场竞争状况是影响广告费用开支的一个主要因素，也是最为重要的因素。

同类产品竞争者的数量与实力影响着企业的广告预算。如果竞争对手进行大规模的广告宣传，本企业必然要扩大广告宣传的规模，广告预算也会随之增加，否则本企业的广告活动就收效甚微，达不到预期的目标。

目标市场上广告拥挤度的大小也影响企业的广告预算规模。如果广告拥挤度非常大，较小的广告预算无法与竞争企业抗衡。只有在企业自身的广告是众多广告中最响亮的一支的情况下，才有可能引起媒体受众的注意，诱使他们产生购买欲望。而想要有“响亮的声音”在“广告爆炸”时代注定需要花费更多精力和经费。

（五）广告媒介因素

单纯从媒介费用来说，广告投放量充足，用于媒介投放的部分就会游刃有余。因为广告媒介费用占广告费的80%以上，广告主在编制预算时，对媒介费用格外关注。不同的媒介，因其覆盖面、接收率、接受效果的不同以及广告制作过程不同，使得广告的发布价格也不一样（表7-2）。加上媒介播放频次与广告效果之间的关系也很复杂，企业自然要力求在一段时间内、在特定的媒介增加某一广告出现的次数，以强化受众的记忆力。广告频次与广告预算额成正比关系，较大的广告频次需要较多的广告费用，因为广告主需要购买广告时间。

表 7-2　广告媒介报价方案

媒介		活动	创意
传统媒介	① 电视和电台按照时间长短（如 15 秒、30 秒、60 秒）及时间位置（如黄金时间）来收费； ② 报刊媒体按照版面来收费（如封面、扉页或中缝，整版、1/2 版、1/4 版）	具体到活动场地、执行人员、物料落实等事实发生的项目，逐个收费	长期合作的客户一般按月、按年收费；首次合作的客户可以按项目收费
新媒体	通过相关网络参数进行收费： ① CPM：广告曝光千次收费； ② CPC：广告点击收费； ③ CPA：客户行动次数收费		

五、广告预算编制的程序

广告预算由一系列预测、规划、计算、协调等工作组成。基本程序大体如下。

（一）进行调查

收集有关商品销售额、企业广告营销计划、流通及竞争等方面的数据与材料，做好预算前的准备工作。

（二）确定预算规模

通过分析企业的整体营销计划和企业的产品市场环境，提出预算规模的计算方法和理由，尽可能地争取较充裕的广告经费。

（三）分析上一年度的销售额

广告预算编制一般一年进行一次。在对下一年度的广告活动费用进行预算时，应该先对上一年的销售额进行分析，了解上一年度的实际销售额是否符合上年度的预测销售额。由此，可以预测下一年度的销售情况，以便合理安排广告费用。

（四）分析广告产品的销售周期

大部分产品在一年的销售中，都会呈现出一定的周期变化，即在某月上升、某月下降、某月维持不变等。通过对销售周期的分析，确定不同生命周期的广告预算分配，可为广告总预算提供依据。

（五）广告预算的时间分配

从时间上，确定一年中广告经费总的分配方法，按季度、月份将广告费用中的固定开支分配下去。

（六）广告的分类预算

在广告总预算的指导下，根据企业的实际情况，再将由时间分配上大致确定的广告费用分配到不同的产品、不同的地区、不同的媒介上。这是广告预算的具体展开环节。

（七）制定控制与评价标准

在完成上述广告费用的分配后，应立刻确定各项广告开支所要达到的效果，及对每个时期每一项广告开支的记录方法。通过制定的这些标准，再结合广告效果评价工作，就可以对广告费用的支出进行控制和评价了。

（八）预留机动经费

广告预算中除去绝大部分的固定开支外，还需要对一定比例的机动开支作出预算。如在什么情况下方可投入机动开支，机动开支如何与固定开支协调，怎样评价机动开支带来的效果等。

（九）编制广告费用预算书

在完成上述程序后，最后需要编制广告费用预算书并上报主管人员，由主管人员进行最终决策。

任务二 广告预算的编制

导入案例 **扒一扒：主流手机品牌每年的广告费**

一、OPPO：每年 20 亿广告费

OPPO 的每年广告投入主要在明星代言、电视节目冠名、地铁公交广告等，基本实现海陆空全面覆盖。2018 年 OPPO R9 火爆的时候有 6 位代言人：李易峰、杨幂、杨洋、TFBOYS，都是当红花旦和小鲜肉。另外，OPPO 宣传的主力军还是在线下，遍布全国的体验店，吉祥物、横幅、音箱喇叭等原本就是一个很好的宣传方式。根据专业人士的分析，OPPO 每年投入广告的费用差不多就要 20 亿元。

二、vivo：和 OPPO 不分伯仲

据相关报道称，vivo 在广告费用上一年也是差不多 20 亿元，2018 年 vivo 还赞助了世界杯，这个广告费更是非常昂贵的。vivo 的广告策略和 OPPO 也大体相同，比如线上光是冠名湖南卫视黄金档综艺节目《快乐大本营》就花了 7 亿元，而且每年都在上涨；此外还赞助了湖南卫视的《真正男子汉 2》《歌手》，浙江卫视的《喜剧总动员》《王牌对王牌》《梦想的声音 2》，东方卫视的《极限挑战 3》，还有腾讯的《HI 歌》《吐槽大会》，爱奇艺的《两天一夜》等；在明星代言方面，vivo 毫不吝啬，有宋仲基、倪妮、鹿晗，彭于晏、迪丽热巴、周冬雨、刘雯等代言人。

三、小米：一年广告费 52 亿元

从小米招股书中可以发现，小米营销开支随着收入的增加也在逐年上涨。2015 年营销开支为 19 亿元，2016 年为 30 亿元，到 2017 年则增加到了 52 亿元，比上一年高了 22 亿元。与 OPPO 和 vivo 不同，小米的营销费用比较有针对性，OPPO 和 vivo 签约明星的方法是“谁火签谁”，可以一次性签约很多个，而小米则是“谁最火就签谁”，很少一次性签明星群，虽然签约的明星不少，但都是轮着来，而不是一起签约。此外小米也开始针对线下公交站、地铁站，以及线上电视广告进行赞助，比如在《都挺好》中的广告植入。

四、华为：研发费高，营销费也高

华为的广告费被统一划入营销管理费用中，虽然营销管理费用包含十几个费用项目，而且广告费也绝对占不了大头。但由于华为整个营销管理费用高达 926

亿元，就算广告费只占10%，也有90多亿元。这个费用与OPPO、vivo和小米的总和相当。华为的营销策略是全球化，同一款手机，国外发布了一轮，国内还要再发布一轮，哪怕国外的发布会内容和国内相差无几。广告投放方面，也是电视、机场、地铁、公交、电梯等全面覆盖。明星代言方面，华为和荣耀也先后签约了易烊千玺、胡歌、赵丽颖、陆毅、关晓彤、张艺兴等当红明星。

通过对比，我们可以发现，以上几大手机品牌在广告投放方面投放资金巨大，用"烧钱"来形容并不过为。不过考虑到这几家品牌手机销量也同样巨大，其实分摊在每部手机上的广告费并不多。事实上，OPPO、vivo、小米和华为等品牌的广告投入预算是严格与销量挂钩的，很少有手机品牌会超过10%，甚至有很多品牌广告投入占比还不到3%。

案例思考

手机行业的竞争已经进入白热化阶段，如何看待广告投入与产出的关系？

广告预算是广告计划的核心组成部分，广告计划的实施要以广告预算来支持。很多企业是根据广告预算来确定和制定广告计划的。但目前流行根据广告计划来确定广告预算，即在预计广告活动的规模之后，依据广告活动的费用要求来编制广告预算，可使企业能够主动地发动广告攻势，强有力地开拓市场与维持市场，进行产品的强有力推销。

一、广告预算的制定方法

广告预算制定方法是企业进行量化管理、科学管理的重要手段，也是确保广告活动能够顺利进行，并发挥应有效率的工具。常用的广告预算制定方法主要有：百分比法、销售单位法、目标达成法、竞争对抗法、支出可能法等。

（一）百分比法

1. 销售额百分比法

销售额百分比法是广告主以一定时期内产品销售额的一定比例匡算出广告费用总额的一种方法。这种方法是最常用的一种广告预算编制方法，其中销售额可以是：

（1）根据历年销售额的平均数。

（2）根据报告年度销售额。

（3）根据计划年度预测销售额。

（4）根据前三项的平均数，或其中两项的平均数。

2. 利润额百分比法

利润额百分比法的计算和销售额百分比法的计算相同，只是用利润额代替了销售额。利润额根据计算口径不同，可分为毛利润额和净利润额，利润额可以是：

（1）根据历年利润额的平均数。

（2）根据报告年度利润额。

（3）根据计划年度预测利润额。

(4) 根据前三项的平均数,或其中两项的平均数。

百分比法因其将广告费用与销售额、销售利润直接挂钩,计算比较简捷、方便,能够直接反映商品的销售状况,保持广告与商品销售的平衡,因而受到企业的普遍采用。但它的不足在于缺乏弹性,不能适应市场环境的变化,可能造成广告费用分配的浪费或短缺。这种方法通常适用于增长率稳定、统计资料齐备以及预测能力强的企业。

(二) 销售单位法

销售单位法是以每单位产品的广告费用来确定计划期广告预算的一种方法,也就是根据预测计划期销售量乘以每个销售单位规定的广告费用,得出计划期的总的广告费用。例如,计划期销售冰箱 1 000 台,规定每台广告费用 10 元,则计划期广告费用预算为 10 000 元。

$$广告费用总额=\frac{上年度广告费用}{上年度产品销售数量}\times本年度计划产品销售数量$$

这种方法以产品销售数量为基数来计算,操作起来非常简便,适用于商品品种少、生产标准化或专业化的企业;而对于生产、经销多种商品的企业或零售商业则不适用。

(三) 目标达成法

目标达成法又叫任务法,是一种被广泛采用的广告预算方法。目标达成法就是以广告过程的特定阶段为目标,决定为实现特定目标所必需的广告内容、广告媒体、频率与期间、刊播范围等问题,然后计算每项广告活动需要的广告费。各项广告费用之和,就是达成特定阶段目标的广告预算。

由于目标达成法是以广告计划来决定广告预算的,广告目标明确,因而便于检验广告效果,并且既不会造成浪费,又不会使广告经费短缺。但在实践中运用该方法有一定的难度,因为这种方法的前提是要把握各种广告活动所能产生的效果,否则,难以确定完成这些目标到底需要支出多少费用。比如,通过广告提升 15%的知名度,到底需要多少媒体、多少暴露频次才能达到呢?这个问题就比较复杂了,而这正是目标达成法必须解决的。

(四) 竞争对抗法

竞争对抗法是指广告主根据竞争对手的广告费用开支来确定自己广告预算的一种方法。

1. 市场占有率法

这种竞争对抗法的关键是要了解主要竞争对手的市场地位与广告费用额,计算出竞争对手每个市场占有率的广告投入,再依此来确定企业的广告预算。如果企业想保持与竞争对手相同的市场地位,则可以根据竞争对手的广告费用来确定自己的广告规模;如果企业想扩大地位,则可根据比竞争对手高的广告费用来匡算自己的广告费用总额。计算公式为:

$$广告费用总额=\frac{主要竞争对手的广告费用总额}{主要竞争对手的市场占有率}\times本企业的预计市场占有率$$

比如,某一主要竞争对手的市场占有率为 15%,广告费用 450 万元,本企业期望市场占有率 10%，那么本企业的广告费用为：450 万/15%×10%＝300 万元。

2. 增减百分比法

这种方法即是以竞争对手今年广告费用的增减百分数作为本企业的广告费增减的参数。计算公式如下：

广告费用总额＝（1±竞争对手广告费用增减）×上年广告费用

竞争对抗法最大的优点是编制的广告预算具有针对性，适合市场竞争的需要，有利于企业在竞争中赢得主动权。最大的缺点是竞争对手广告预算的具体资料不容易取得。广告预算总额属于企业的经营秘密，大多数企业都不想将它公诸于众，这就给企业编制广告预算造成了困难。另外，企业运用竞争对抗法，必须有良好的财力基础和销售效益，竞争中也并非只比花钱多少，而应注重广告活动的实际效果。这种方法主要适合于大型企业，并且只有在竞争激烈时，才适合运用这种方法。

（五）支出可能法

支出可能法是根据企业的财力可能支出多少广告费来设定广告预算的方法。也就是说，要看企业能拿多少钱来做广告，而不是看需要多少。由于它不是根据企业的营销目标来制定广告经费预算，因此很难确定支出的费用是否有效，费用支出后所带来的效果也未必理想。但是这种方法符合“量入为出”的经营原则，因此适用于财力较弱的企业。

（六）计量设定法

计量设定法是一种采用系统分析和运筹学的方法，适用于广告费用大、管理水平高的大型企业。运用这种方法，需要将生产、财务等要素一并纳入广告费预算当中，通过建立数学模型加以系统分析和定量，从而求出广告经费的预算。因此，计算结果更合理、更科学、更完善。但简单的定量方法只能看出大致的趋势，若需要真正运用，必须有较复杂的模拟模型，同时选用大量参数，通过计算机分析，才能得出比较精确、可靠的结论。

（七）通信订货法

通信订货法是广告主在以邮购广告形式进行广告宣传时，常用的一种编制广告预算的方法。这种方法主要根据某一邮购广告所带来的订货数量测算广告费用。计算公式为：

$$\text{单位产品的广告费}=\frac{\text{产品目录印刷费}+\text{邮购产品印刷费}+\text{信件邮寄费}}{\text{已出售产品的数量}}$$

广告费用总额＝单位产品的广告费×预计销售数量

这种方法的优点是把广告费用与广告活动的效果直接联系起来，既有利于确保广告预算的动态平衡，也有利于对广告活动进行监控。缺点是计算不够准确，且邮购广告的反馈需要一段时间，这就为计算邮购广告的效果带来了一定的困难。

（八）武断法

武断法是指企业决策者根据经验或其他方面的知识来确定广告费用总额的一种方法。运用这种方法编制广告预算时，不考虑广告活动所要达到的目标，而是完全根据决策者的判断力来确定企业的广告规模。

武断法是一种非科学的决策方式。由于市场变化较大，广告预算不必局限于人为的框架里，只要新的情况出现并且在企业财务状况允许的条件下，企业都可以用广告全力投向商业主战场，所以它常被用于一些中小型企业。这种方法具有较大的冒险性，广告投入与广告效果不呈因果关系。

二、广告预算的分配

广告策划经理在确定了广告费用总额之后，就要按照广告计划的具体安排，将广告费用分摊到各个广告活动项目上，使广告策划工作有序地展开，以实现企业扩大产品品牌知名度、积累品牌资产、树立企业形象、增加商品销量的目的。

合理使用广告经费是广告成功的重要环节。如何分配广告费用，也确实需要公司职能部门认真筹划。广告预算如何分配应从以下几个方面加以考虑。

（一）按时间分配广告经费

按时间分配广告经费，即按广告活动的时间进行广告预算分配，可以分以下两种情况来看。

1. 广告费用季节性分配

商品有销售旺季和淡季之分，产品进入市场需要选择时间。广告作为促销手段，也应和产品销售季节相吻合。有很多特殊的时间可以作为广告播放的最佳时间，比如开学前是学生文具用品销售的旺季；空调常用于冬夏两季，在春夏之间和深秋，空调销售量就会增加；换季时节是时装销售的好日子；春节、中秋节等传统的欢庆节日是全民购买旺季。广告主如果在这些时间加大广告投入，促销效果自然就明显。

2. 广告费用在一天内的时段性安排

在一天的时间内，大多数消费者都表现出一个明显的生活规律，广告策划人员在选用电视媒介进行广告宣传时，应该侧重于18:00—23:00时段，因为大多数媒体受众在入睡以前，常常对电视广告有较高的注意率，因此广告的广告费用安排也应侧重于这一时段。

（二）按地区分配广告经费

随着世界贸易规模越来越大，竞争也越来越激烈，市场对于各公司就尤为重要。随着生产规模的日益扩大，没有一种产品只需在一个地区销售。越是大的商行、公司或者工厂，就越需要大市场。不管是中国还是外国，跨地区、跨国界的公司越来越多。因此，广告也不可避免地要跨越地区、国界去传播，以便开拓和占领更多的市场。

各地区的经济水平、生产能力，以及对商品数量的要求、质量的要求是不相同的，政府对广告的限制也不相同。因此，广告经费的分配也要因地制宜，不搞平均化，充分考虑地区之间的微妙差异，这样才能使企业得到更多的利益。一般来说，高密度人口地区广告预算分配多于低密度人口地区，产品高销量地区广告预算多于产品低销量地区，全国性市场广告预算分配多于地方性市场。

（三）按产品分配广告经费

各企业经营范围有差异。在企业经营范围内，每个产品的销售量和获得的利润率是不相同的。企业在进行广告活动时常用两种方法宣传产品。一是无差别地宣传产品。广告宣传时，宣传的对象为企业名称、商标品牌，各产品用同一企业名、商标名和同一形象表达广告诉求。这种方法不存在按产品分配广告经费的问题。二是进行差异宣传。企业对重要产品多做广告，而对不重要的产品少做广告或者不做广告。这就是按产品进行广告费用分配的方法。分配的原则是根据产品在企业中的地位、生命周期及其市场潜力等来确定的。

（四）按媒介分配广告经费

不同媒介价格不同，广告效果也不同。广告预算要先分析媒介的作用和广告效果，然后再决定广告经费的分配。需要指出的是电视依然是广告费用最高的媒介形式，此外，新媒体也日益成为广告主争相选择的平台，且由于技术的进步，广告公司可以准确计算广告露出状态和效果。具体的工作内容为：

第一，分析产品性质和消费对象，决定传播的最佳媒介和最佳方式，确定主媒介和辅助媒介。

第二，分析媒介收费标准，分析各媒介广告代理费，选择效果好而又收费合理的媒介和代理商。

第三，按比例分配各项广告预算。

第四，留出部分应急款，作为突发事件或者外界一些不可控情况有较大变化时急需的开支。

（五）按广告对象分配广告经费

按广告对象分配广告经费，即按目标受众的具体情况进行广告预算分配。针对以工商业、团体用户为对象的广告应多分配广告费，如元祖月饼的广告预算重点集中在大型企业集团，这样不仅能降低广告费用，还能提升广告效果。

广告预算的分配是一个不断尝试和优化的过程，如何将既定的经费合理地分配到广告活动的每一个环节，如何在确定好的渠道上达成最优预算组合，是广告策划与执行阶段共同的难题。广告预算制定者要通过执行经验的积累，与各渠道积极沟通，清晰地了解价格、曝光位置和预估效果。如某新闻门户网站首页 Banner 是 7 000 元/天；某视频网站视频前贴片广告是 10 元/每曝光千次……通过对广告媒介费用的了解和广告策划执行的跟进，对比计划预算与实际费用的数据，得出效果最好、花钱最少的渠道，从而在下一次广告策划时优先选择。此外，在广告预算分配的时候，要留出紧急预备金，一方面应对突发状况；另一方面有适当的剩余会体现广告策划的执行水平，同时有利于下一次的预算申请。

三、广告预算的控制

广告预算是广告主提出的费用规划方案，预算方案综合了广告策划人提出的广告战略目标和费用依据，预算方案由广告主的广告工作人员提交相应的主管部门领导批准或经过董事会批准之后，方案才能生效并交相关部门执行。广告预算方案经批准之后，需要对广告预算进行控制。

（一）广告预算控制的目的

1. 防止广告工作以预算目标取代了企业目标

当市场环境发生重大变化、企业目标出现转换时，有人仍然维持原来的广告预算方案。在这种情况下,主管人员只是热衷于使自己部门的费用尽量不超过预算的规定,却忘记了自己的首要职责是实现企业的目标。比如,企业减小战略目标时,广告预算可能过于浪费而牺牲企业的赢利目标,或者企业扩张迅猛而广告预算跟不上企业发展的步伐,牵制了企业目标的实现。

2. 防止预算过于烦琐,干扰了正常的广告策划与执行工作

有时过于细微的费用预算规定,会导致主管人员丧失管理本部门所需要的自由。预算控制就是要在预算范围之内,以企业目标为导向,以企业内部管理授权为限度,广告人员认真贯彻执行相应的预算方案,保障广告活动的正常执行。

(二) 广告预算控制的要点

在预算控制程序上,由于国内管理体系、财务执行、文化风格等方面与发达国家存在较大的不同,广告主和广告公司之间控制广告预算要注意如下几点。

1. 做好广告预算方案与开支估算方案的平衡

做好两者的平衡工作并向决策者提供最新的变化情况,有利于决策者从战略高度把握广告费用的预算。

2. 做好票据登记管理工作

每月对实际开销进行统计,财务或会计部门每月向主管提供当月的开支明细及有关票据,以减小双方合作期间的误解与矛盾。

3. 做好专项的成本核算工作

总体预算实行主管负责控制的同时,专项成本的管理应当程序清晰、高效畅通。每一个环节都要有详细的成本预算,要有备用和应急方案,要有专人负责。

项目小结

广告预算是广告活动的经济后盾。广告活动能否顺利开展,能否取得理想的效果都和广告经费有关。广告预算属促销费用,它是企业财务分配中一项大的开支。广告预算需要由企业高层领导掌握分配原则,并最后作出使用决策。经验丰富的、有胆有识的企业高层领导应该能够审时度势,把广告预算作为商战的重要武器,充分发挥它的巨大促销作用,使企业不断壮大。

广告预算由广告调查费用、广告设计制作费用、广告媒介费用、广告组织管理费用及机动费用等部分组成,其中,广告媒介费用占据广告预算最大的比例。广告预算由一系列预测、规划、计算、协调等工作组成。常用的广告预算方法主要有:百分比法、销售单位法、目标达成法、竞争对抗法、支出可能法等。

项目综合训练

★ 话题讨论

1. 怎样理解“临限”量、“最大销售”量和广告投入“利润最大化”的关系?

2. 广告投入无上限,投入少了没竞争力,投入多了可能累垮自己,但不投钱肯定毫无希望。你怎么看待这个问题?

★ 复习思考题

1. 广告预算的意义表现在哪些方面？
2. 影响广告预算编制的主要因素有哪些？
3. 广告预算的基本程序有哪些？
4. 如何分配广告费用？

★ 案例分析

佳品网2012年全年广告预算过亿元

2011年，电商行业集体陷入盲目竞争的怪圈，大多数电商企业采用粗放式营销，投入产出不成正比，而且资本市场对电商的热情开始消退。在此情况下，很多企业因资金链断裂而导致裁员、撤站、倒闭等。于是，进入2012年以来，几乎所有的电商公司都开始削减广告投放，降低营销成本。但是这种方式只能是治标不治本。虽然，毛利率和盈利预期成了风险投资商考核电商的标准，但这并不代表停止广告投放就能达到这一要求。

有业内人士表示，实现盈利和广告投放并不冲突，甚至广告能帮助企业提升盈利水平，只是企业要把握住度，广告投放要精准，并且要建立在公司雄厚的资金基础上。当然，这些资金不能仅仅依赖投资，而是要依靠公司自身的造血能力，这就要求电商企业实施精细化运营，控制好投入产出比。

2012年第二季度，在别的电商还在营销方式的改变上绞尽脑汁之时，国内首家时尚名品特卖俱乐部佳品网（www.vipstore.com）即将打响电商企业龙年营销第一枪，届时将会线下线上齐上阵。值得一提的是，此次线下广告投放规模之大堪称网站成立以来的首次，而且投放目标非常精准。据佳品网内部人士透露，这也只是佳品网龙年营销的第一步，接下来，还会持续发力，采取各种各样的营销措施。佳品网2012年全年广告预算预计超亿元，此举将进一步巩固佳品网在奢侈品电商行业的领导地位，并将全面提升其品牌知名度和影响力。

佳品网之所以能够逆势而为，推出如此大胆的营销推广方式，源于其紧抓电商的本质，一直实行稳健的运营策略，不仅自身造血能力极强，同时还吸引了众多资本的青睐与投资，所以其资金实力非常雄厚，再基于公司的产品和服务已经得到用户的认可，盈利指日可待。佳品网没有像同行一样在公司发展初期就积极冒进，而是十年磨一剑，等待所有时机成熟之后才发力打造品牌，厚积薄发，不可小觑。值得注意的是，佳品网选在同行纷纷收缩之时拔出宝剑还有别的原因，即佳品网要将广告费用压至最低，不做冤大头，控制公司投入成本。同时，少了广告拥挤的现象，此时投放的广告效果会非常明显、事半功倍。

据悉，佳品网此前一直将精力放在完善产品、服务和供应链体系上。如今，佳品网已获得全球500多家国际奢侈品品牌商直销授权，产品品质绝对纯正，并均由中华联合财产保险公司进行承保。同时，佳品网所售商品全场无限额免运费，支持货到付款、七天无障碍退换货等。佳品网的努力换来了消费者的信任，其在消费者中间的口碑非常好。目前，佳品网注册会员已超过600万人，每月新增会员15万人，每日访客10万人次，订单月增长率为20%，每季度二次购买率达35%。可见，佳品网大规模投放广告靠的是自信，卖的是实力。

（资料来源：崔文丹.广告学[M].2版.北京：机械工业出版社，2019.）

问题：

1. 佳品网广告预算决策的独到之处体现在哪些方面？
2. 结合实例分析，广告预算的分配方案是什么？
3. 广告预算是不是越多越好？
4. 佳品网广告预算投入量是否有浪费的地方？如何理解？

★ 模拟训练

【模拟任务】某品牌羽绒服广告预算编制。

【模拟目的】要求学生掌握广告预算编制的程序，熟悉广告预算的编制方法，提高学生广告预算策划能力，完成某品牌羽绒服广告预算的编制。

【模拟内容】

（1）成立策划小组，完成小组成员间的分工。

（2）背景资料：羽绒服属于季节性销售的产品，为了抢占秋冬季市场，该产品计划在9—12月份进行广告推出，该品牌产品处于成长期阶段，去年的销售额是8 000万元。

（3）根据预算编制需求，搜集相关材料，设定相关数据，并说明理由。

（4）小组讨论，完成广告预算的编制与分配。参考样表见表7-3，亦可参照网上的广告预算模板。

表7-3 广告预算表（样表）

委托单位： 预算单位： 广告费用预算项目： 广告费用预算总额：		负责人： 负责人： 期限： 预算员：	日期：
项目	开支内容	费用	执行时间
市场调研费用 1. 文献调查 2. 实地调查 3. 研究分析 ……			
广告设计费 1. 报纸广告 2. 杂志广告 3. 电视广告 4. 广播广告 5. 网络广告 ……			

续表

项目	开支内容	费用	执行时间
广告制作费 1. 印刷费 2. 摄制费 3. 工程费 4. 其他			
广告媒体发布费 1. 报纸 2. 杂志 3. 电视 4. 广播 5. 网络 6. 其他			
服务费 1. 2. ……			
营业推广及公关费 1. 营业推广 2. 公关			
机动费用			
其他杂费开支			
管理费用			
总计			

【模拟要求】

（1）进行市场调研。

（2）确定广告费用的支出比例。广告媒介的购买费用，约占广告费用总额的80%～85%；广告制作费用，约占广告费用总额的5%～15%；广告的研究费用，约占广告费用总额的5%；广告同其他营销活动的协调费，约占广告费用总额的2%～7%。

（3）确定广告预算的分配范围。按照广告活动的项目分配，可根据时间、产品、区域和媒体逐级进行分配。设计广告预算计划表，以时间分配为序列，一一列出不同月份中各广告项目分配的标准和要求。

（4）明确广告预算分配应注意的问题。

① 关于销售季节性的问题。旺季广告费投入多些。

② 关于产品的生命周期问题。在导入期和成长期广告费投入相对多些；而在成熟期和衰退期，由于其他促销手段作用的增强，广告费的支出情况应视其与其他手段的配合情况而定。

（5）由教师评价、小组自我评价、组间互评等方式共同评价模拟训练的完成情况。

学生自我评价

通过学习项目七，我能够做如下总结：

一、【相关知识】部分总结

1. 领悟的知识要点：____

____

2. 对指导实践的意义：______________________________________

____

二、【项目综合训练】部分总结

1. "话题讨论"和"复习思考题"训练总结：

（1）明确的主要问题：______________________________________

____

（2）提高的主要认识：______________________________________

____

2. "案例分析"训练总结：

（1）案例分析的思路：______________________________________

____

（2）案例分析的自我评价：__________________________________

____

3. "模拟训练"活动实践总结：

（可以从实践活动的要素、思路、方法、团队协作、完成质量和自我能力提升等方面进行总结）

____

____

____

____

____

项目八 广告效果测评

项目思维导图

- 广告效果测评
  - 学习建议
    - 学习目标
    - 学习指导
  - 广告效果测评概述
    - 导入案例——“独创性”，最危险的词
    - 广告效果的含义
    - 广告效果的特征
    - 广告效果测评的意义与原则
    - 广告效果测评的程序
  - 广告效果测评的内容与方法
    - 导入案例——点击率高达35.97%的“润妍”广告
    - 广告的传播效果测评
    - 广告的经济效果测评
    - 广告的社会效果测评
  - 项目小结
  - 项目综合训练
  - 学生自我评价

学习目标

■ **知识目标**

掌握广告效果概念、特征和类型；

掌握广告效果测评的程序；

掌握广告效果测评的主要内容；

熟悉广告效果测评的原则；

了解广告效果测评的各种方法。

■ **能力目标**

能够根据广告效果测评的原则，按照测评的基本程序，就某一广告客观地分析广告传播效果、经济效果和社会效果；能够完成广告测评报告的写作。

■ **素质目标**

培养学生广告思维和营销意识，使其在专业领域具备分析问题的能力和解决问题的能力。

学习指导

■ 本项目主要介绍广告实施效果的监测、评估方面的内容，并设定了基本的能力训练内容。

■ 该项目包含大量的实务性的知识内容，学生在学习中要注意把握要点，不要生硬地记忆，要多联系实际，力求做到活学活用。

■ 学习要循序渐进，注意运用正确的学习方法。要注意“知识链接”的相关内容，并结合教学内容有针对性地阅读一些相关资料。在明确概念、理解内容的基础上，按要求完成“项目综合训练”。

■ 要善于开动脑筋，科学地思考。学会自我总结，自我提炼，发现问题，总结经验，不断提高知识的系统性和内容的实践性。

任务一 广告效果测评概述

导入案例

“独创性”，最危险的词

现在我们来小心翼翼地探讨一下广告业最危险的一个词——独创性。毫无疑问，这就是麦迪逊大街上下都在找寻的“金羊毛”。遗憾的是，因为这词从未有过定义，求索者一直也搞不清他们找寻的到底是什么。所以，它毁掉的广告人比它塑造的还要多。

让我们浏览一些最近大量出版的广告教科书，看看他们怎样定义独创性。一位作者说：“它有创见。”另一位说：“独创性由风格、霸气和想象力构成。”第三位说："它是任何一则不同的广告。"但此人却嫌麻烦，没有说怎么不同。另一位深奥的哲学家说："一则有独创性的广告是无法定义的——它就像高大的橡树，孤独地矗立在山巅，大家都知道它在那。"所有这些，当然是异彩纷呈，但却近乎语义学的胡说八道。

然而，它是最危险的语义学废话，因为它驱使太多的广告人去追求霍普金斯所描述的"优秀作品""独特的文字风格""聪明的想法""奇特而非凡"。

最近，一家广告公司邀请25位顶尖代理公司的广告创作人员挑选出过去几年电视广告中最差的三则。这些先生、女士们挑选出来的（作为最差的）竟是过去20年两则最成功的电视广告。一则介绍了一种新产品，且仅用18个月就在竞争中大获全胜——不仅占据了总销售额的60%，而且与此同时还扩大了其所夺取的市场。第二则广告，属于另外一个领域，几乎做到了同样的地步。

这组调查对象给出的理由几乎和他们的选择一样古怪。第一位说："看不出有什么聪明和风采。"第二位说："没有创造力。"第三位说："枯燥。"第四位说："很庆幸那两则广告不是我做的。"

这些人都是专业广告人啊！

而且人们都希望广告人是推销员！

这样的广告人，因专心于独创性而追求一种像沼泽大火一样虚幻的东西。

这种对"独创性"的执着有时会把广告人引向荒谬的极端。当一个难得的可以算是凤毛麟角的真正有独创性的广告出现时，这些广告人便立即开始模仿它——他们没有意识到他们模仿的仅仅是形式，而不是隐蔽的齿轮、滑轮和机械，这些都被高手深藏于表面之下。

霍普金斯说："广告人偏离了他们的角色，忘记了他们是推销员，而试图充当演员。他们追求的是掌声而不是销售额。"

奇怪的是，这些只为"差别"而进行奋斗的广告人居然还有一套自己的虚幻的理由，并且他们还以极大的热忱为之辩护。

这些观点是：

(1) 广告（而非产品）必须和大量的其他广告相竞争。

(2) 广告（而非产品）必须吸引注意力。

(3) 特定的广告（而非产品）必须非同凡响。

这些观点回避了产品本身的价值，也回避了广告的作用。这是混淆手段与目的的典型例子，因为如果一个产品值得买，那么它就值得注意。消费者不必非要受到震惊或通过娱乐才注意到它。

广告人必须让产品本身引发人们的兴趣。否则，他的大部分天才构思和创造力都将用于开发骗局，而这只会降低广告功效，不会提高之。

太多的作者认为"差别""睿智""奇特而非凡"就像古代炼丹术士找寻的点金石一样本身就具有神秘的力量，可以把铅变为闪闪发光的纯金。

然而，铅仍然是铅。我们必须从金子开始。

案例思考

分析广告的真正价值是什么？如何评价一则广告的效果？

被业内誉为“美国百货店之父”的美国零售业巨头约翰·华纳梅克曾发出著名的悲叹，即“我知道我的广告费浪费了一半，问题是我不知道哪一半被浪费了”，这一悲叹被后来的国际广告界和企业界戏称为“华纳梅克浪费率”，至今依然成为困扰企业发展和广告决策者的战略难题。

怎样让广告变得更有成效，已成为企业经营活动的重大课题。广告效果的及时测评，可以帮企业发现广告传播过程中的问题，并能有针对性地提出解决问题的建议。一个完整的广告策划，必须包含广告效果测评这一部分。在我国，随着市场竞争的加剧以及广告主对广告的科学认识越来越成熟，广告效果的测评也越来越受到重视，其测评方法也不断走向科学和成熟。

一、广告效果的含义

（一）广告效果的概念

早在1961年，美国学者罗比特·拉维奇和格瑞·斯坦纳就在《广告效果预测模型》一文中指出，广告的最终功能是促进销售，但并非所有广告都试图促进受众立即购买，即时销售量即使可以测量，也是不完善的广告效果指标。为了综合评价广告效果，必须测量影响最终销售的整个过程。

国内学者普遍将广告效果分为狭义的广告效果和广义的广告效果。

狭义的广告效果是广告对消费者购买行为的影响，进行广告效果测评应该直接检查消费者在接受广告前后购买行为的变化，或者调查分析产品销售量的变化情况。狭义广告效果就是广告所获得的经济效益，也就是广告带来的销售效果。

广义的广告效果则是指广告活动目的的实现程度，是广告信息在传播过程中所引起的直接或间接变化的总和。广告对消费者的影响是多方面的，包括认知、情感和意向（动机和行为）等许多方面。消费者的各种反应都能体现广告的效果，认知和情感的反应将影响最终的行为反应。因此，广义的广告效果不仅包括广告的经济效果，还包括广告带来的心理效果和社会效果。

（二）广告效果的类型

1. 按涵盖内容和影响范围划分

（1）经济效果。广告的经济效果是指广告对生产、流通、消费等社会经济各环节的促进、推动作用。广告活动可以促进生产，加速流通，刺激消费，既可以为企业带来立竿见影的经济效益，又可以活跃整个社会的经济活动气氛。广告的经济效果是广告的核心效益，也是广告效果测评的主要内容。

（2）心理效果。广告的心理效果是指广告在消费者心中所产生的影响。比如，消费者对广告的注意度、记忆度、兴趣度以及购买行为等。广告的心理效果可以分为四个阶段，即广告到达效果、广告注意效果、广告态度效果和广告行动效果。

（3）社会效果。广告的社会效果是指广告对于社会精神文化生活所产生的影响。比如，广告所倡导的消费观念、道德规范、文化意识都会产生一定的社会影响。广告的社会效果往往被人们所忽视，有的企业片面追求经济效益，制作一些庸俗、低劣，甚至虚假的广告，给社会造成了很多不良影响。

2. 按产生效果的时间关系划分

（1）即时效果。广告的即时效果是指广告发布后立即产生的效果。比如，消费者在某个商店看到售点（POP）广告后，立刻采取购买行为。

（2）近期效果。广告的近期效果是指广告发布后，在较短的时间内产生的效果。比如，广告发布后的一个月内、一个季度内或者一年内商品销售额有了大幅度的增长。大部分商品广告追求的就是这种近期效果。近期效果是衡量一则广告是否成功的一个主要指标。

（3）长期效果。广告的长期效果是指广告在消费者心目中所产生的长远影响。一般来说，消费者接受广告信息之后，并不会立即采取行动，他可能会把这些信息保存积累起来，作为将来是否购买的一个依据。大多数广告效果的产生都需要一个较长的周期，针对广告效果的这种潜在性，企业必须给予高度重视。

3. 按对消费者的影响程度的表现形式划分

（1）到达效果。到达效果是指广告能否被消费者接触，这要看有关广告媒介的覆盖率如何。例如，对印刷媒介的发行量、电子媒介的视听率等的测评，可以为选择广告媒介指出方向。

（2）认知效果。认知效果是指消费者接触了广告信息后，对广告的印象和记忆的程度，反映广告受众在多大程度上“听过或看过”这则广告。

（3）心理变化效果。心理变化效果是指通过测评消费者对广告的知晓率、理解率、喜爱度、购买欲望率等来判定消费者接触广告时所产生的心理变化，具体测试结果只能通过调查法、实验室测试等方法间接得到。

（4）促进购买效果。促进购买效果是指消费者响应广告诉求所采取的有关行为。这是一种外在的、可以把握的广告效果。一般可以采取“事前事后测定法”得到数据。

二、广告效果的特征

（一）滞后性

广告效果的滞后性是指广告宣传的效果不能很快、很明显地显示出来。广告对媒体受众的影响程度由经济、文化、风俗、习惯等多种因素综合决定。有的媒体受众可能反应快一些，有的则慢一些；有的广告效果可能是连贯的、即起的，有的则可能是间断的、迟效的。实际上，广告是短暂的，即便是招牌广告，由于媒体受众的流动性，广告留下的影响也可能是片刻之间的。在这短暂的时间里，有的消费者被激起了购买欲望，很快就购买了广告宣传的商品；有的则要等到时机成熟时才购买该商品。这就是广告效果在时间上的滞后性。

因此，评估广告的效果首先要把握广告产生作用的周期，准确地确定效果发生的时间间隔，区别广告的即时性和滞后性。只有这样，企业才能准确地预测某次广告活动的效果。

(二) 积累性

广告活动往往是反复进行的,一次广告活动会由于传输信息的偶然性与易逝性,其效果很难立竿见影。加上媒体受众的购买行为会受到多种因素的影响,不一定会在看了广告之后就采取购买行为,那么从他们接收广告信息到决定购买的这段间隔时间就是广告效果的积累期。某一时点的广告效果都是这一时点以前的多次广告活动积累的结果。

这一特点,为广告效果的产生造成了一个难以逾越的时间障碍。这就要求广告主在进行广告策划时,既要追求近期效果,又要追求长远效果;在进行广告宣传时,要突出广告的诉求点,以鲜明的特色来打动消费者,使他们产生购买欲望,最终达成交易行为。

(三) 复合性

广告效果的复合性是指广告效果是各种复杂因素集合的结果。广告活动最终效果和最明显的效果就是促进产品的销售、市场环境的改善。然而,产品销售额的增长,市场占有率的提升,绝不是简单地与广告活动形成函数关系,其影响因素包括营销组合策略、消费者购买力、竞争环境、公关活动、新闻宣传等。

广告活动由于媒介不同,其形式也多种多样。随着经济、科技的不断发展,新的媒介大量出现,极大地丰富了广告市场。不同的广告媒介具有不同的特点,广告主可以综合加以利用,某一时期的广告效果也许是多种媒介广而告之的结果。在测定广告效果时,评估人员要分清影响广告效果或决定广告效果的主要因素,以确保测定的客观性与真实性。

(四) 间接性

广告效果的间接性主要表现在两个方面:一方面,受广告活动影响的消费者,在购买商品之后的使用或消费过程中,会对商品的质量和功能有一个全面的认识。如果商品质量上乘并且价格合理,那么消费者就会对该品牌商品产生信任感,就会重复购买。另一方面,对某一品牌商品产生信任感的消费者就会将该品牌推荐给亲朋好友,从而间接地扩大了广告效果。

(五) 层次性

广告效果是有层次的,即有经济效果与社会效果、眼前效果与长远效果之分。只有将它们很好地综合起来,才有利于企业的发展,有利于塑造良好的企业形象与品牌形象。广告策划者开展广告宣传活动时,不能只顾眼前利益而进行虚假广告,更不能只要经济利益而不顾社会影响。

三、广告效果测评的意义与原则

(一) 广告效果测评的意义

1. 可以检验企业的广告策划是否正确

广告效果测评是检验广告定位、广告目标、广告创意策划、广告媒介运用、广告发布时间和频率及广告费用投入等广告活动合理与否的有效途径。因此,在广告效果测评阶段,要求与计划方案设定的广告目标进行对比,衡量其实现的程度,从中总结经验,吸取教训,为下一阶段的广告促销打下良好的基础。广告效果测评是促进广告策划、创意、设计和实施科学化、规范化的重要保障。

2. 可以帮助企业选择有效的传播媒介

不同的受众群体接触传播媒介的情况是有一定差异的，尤其是在传播产业异常发达的今天，这种差异更加突出。一方面，媒介的种类、数量越来越多，人们的选择余地越来越大。仅以电视频道的增加为例，20 世纪 90 年代以前，市民可以接收的电视频道仅为 3~4 个。而今天，任何一家有线电视网的用户，都可以收到几十个电视频道的节目。另一方面，随着媒介种类的迅速增加和选择余地的极度扩展，受众群体却越分越细，不同受众群体接触媒介的差异也越来越大，这就使得受众接触媒介的情况变得更加难以把握。

因此，通过广告效果测评，可以了解目标消费群体接触媒介的偏好、习惯及消费者对整个广告活动的反应。企业通过广告效果研究，可以有针对性地选择有效的媒介和策略进行广告投放，就能大大提高广告的有效性。有效的媒介选择不仅能创造良好的广告效果，更重要的是，它能创造良好的广告效益。

3. 可以帮助企业改进广告的设计与制作

只有优秀的、有创意的广告作品才能在浩瀚的信息海洋中脱颖而出，才能吸引广告受众日渐挑剔的眼光和耳朵，才能给忙忙碌碌的受众留下一点记忆，才能最终促成消费者购买行为。因而广告“说什么”和“怎么说”就成为能否吸引受众的注意力、增强受众的记忆力、激发受众的购买动机的决定因素。

通过广告效果的测评，可以了解消费者对广告记忆点和对广告作品的接受程度，鉴定广告主题是否突出，广告形象是否富有艺术感染力，广告语言是否简洁、鲜明、生动，广告诉求是否符合消费者的心理需求，广告传播效果是否与广告设计的预期贴合等。这些都为企业未来的广告活动提供了参考资料，并有助于企业改进广告的设计和制作，使广告创意和表现形式的结合日益完美，使广告的诉求更加有力，从而提高广告作品的质量。

4. 可以帮助企业选择合适的广告发布时机

首先，广告发布时机的选择是否得当，对广告效果有重大影响。广告发布的时机选择得当，则可以充分利用有利时机造成有利的媒介条件，增强广告的传播效果；而如果广告发布的时机选择不当，则可能由于不利条件的影响，使广告效果大打折扣。广告发布时机有利还是不利，与产品和服务的种类相关，也与目标消费群体的关注率有关。例如，世界杯足球赛期间，对运动服装、运动饮料等产品来说，是千载难逢的大好时机；而对绝大多数与运动无关的产品或服务来说，则不啻是一场灾难。

其次，广告发布的量也是影响广告效果的重要因素。广告发布数量不足，信息传播的范围有限，也使受众的接触率过低，难以形成记忆；而广告发布数量过多，则会增加广告预算的绝对量，使边际效用下降，实际上形成了投资浪费。

最后，广告发布时段或位置的选择，对广告效果的发挥也很重要。以电视广告的发布时段来说，黄金时段的发布效果和半夜十二点的发布效果之间有天壤之别。

通过广告效果测评，可以了解到在什么时机，什么时段播放广告对消费者群体影响最大，从而创造更好的广告效益。

5. 可以促进整体营销目标与计划的实现

广告效果测评通过检查广告目标与企业目标、市场目标、营销目标的吻合程度,总结营销组合、促销配合是否有默契,能够比较客观地反映广告活动所取得的成效,也可以找到除广告宣传因素外影响企业产品销售的原因,如产品的款式、包装、质量、价格等问题。企业可据此调整生产经营结构,开发新产品,实现经营目标,取得良好的经济效益。

(二) 广告效果测评的原则

由于广告效果具有滞后性、复合性、积累性等特点,在测评广告效果的时候不得不面对多方面的困难,既有由于广告效果的复合性所导致的在测评效果时难以区分广告和其他因素所产生的效果,也有出于广告主自身的利益所导致的广告制作者往往回避对广告活动做否定性的效果评价,更有对测评方法不一致所导致的效果评测的差异等问题。为了在广告效果测评的过程中尽量避免人为或系统性的测评不足,保证广告效果测评的科学性和准确性,在广告效果测评过程中必须遵守如下原则。

1. 针对性原则

广告效果测评时首先要有明确并且具体的目标,要测评的广告效果是经济效果还是社会效果,是短期效果还是长期效果等。坚持针对性原则要注意测评的内容必须与所追求的目的相关,不可做空泛或无关的测评工作。每一次效果测评之前都必须选择明确且合适的目标,这样才能保证测评手段的科学性和结论的有用性。如果缺乏事先制定确切有效的效果测评目标,就会使测评的目的不明确,进而直接导致在选择测评方法时缺少依据,由此得到的测评结论很可能是不准确和缺乏使用价值的。

2. 可靠性原则

广告效果测评过程中坚持可靠性原则是为了保证所得到的结论能够正确地为企业决策提供帮助,防止结论的片面性给企业认识或决策带来负面作用。为了使测评到的数据真实可靠,在测评广告效果的过程中,要求抽取的调查样本典型和具有代表意义;调查表的设计要合理;汇总分析的方法要科学;对广告效果影响因素的考察要全面;前后测评结果应该具有连续性,以证明其可靠。前后测评的结果如果相同,其可靠程度就高;否则,此项测评可能存在问题,需要进一步分析。

3. 综合性原则

影响广告效果的因素是十分广泛的,其中既有可控因素,也有不可控因素。可控因素是指广告主可以施加影响以求改变的因素,如广告预算、媒介的选择、广告排期等;不可控因素是指广告主无法控制的外部因素,如国家相关法律法规的颁布与执行、消费者的风俗习惯、目标市场的经济文化水平等。对于不可控因素,在测评广告效果时要充分预测它们对企业宣传活动的影响程度,做到心中有数。在测评广告效果时,除了要对影响因素进行综合分析外,还要考虑广告媒介之间的竞争性,媒介使用的并列性及广告播放时间的交叉性。只有这样,才能避免片面性的干扰,得到客观的测评结果。

4. 整体性原则

广告效果测评应当贯穿于整个广告活动之中。在不同的阶段制定不同的测评目标，使测评活动反复进行，把各阶段的测评结合起来，最终形成一个有机整体。这就要求在样本的选定、问卷的设计、统计方法的运用上要考虑前后联系，使它们能够相互关联、互相补充，以利于广告主掌握各个方面的材料，为下一步广告战略的制定提供有力的参考依据。

5. 经常性原则

由于广告效果具有滞后性、积累性、复合性及间接性等特征，因此不能抱有临时性或一次性测评的态度。本期的广告效果也许并不是本期广告宣传的结果，而是上期或过去一段时间内企业广告促销活动的共同结果。因此，在广告效果测评时就必须坚持经常性原则，要定期或不定期地测评。

知识链接

广告的投资回报率理论

传统的投资回报率（Return On Investment，简称 ROI）是建立在历史资料上的一种传统的财务分析方法，是对如何提高企业的经营成果的未来展望，强调的是对投资的自我判断，而不是持续不断地提高投入。投资回报率的计算公式为：

$$投资回报率=\frac{总收益-总成本}{总成本}\times 100\%$$

其中：总收益包括企业节省的资金、新增加的资金以及直接或间接促使收益增加的项目收益；总成本包括开发、学习和教育成本以及原材料成本等。

广告的投资回报率指的是单位广告花费所得到的回报，即广告中每一元的投入所取得的广告效果。其数学表达式为：

$$广告的投资回报率=\frac{广告投入后的收益}{广告投入的数量}\times 100\%$$

广告的投放要讲求效果，讲求投入与产出的比较，广告的投资回报率就是每单位广告投放额所取得的广告效果。因此，对广告投资回报率的衡量，就是对企业的广告目标和广告预期效果的衡量。它可以是每单位广告成本的销售额或市场份额，也可能是每单位广告成本的效果，当然还可能是每单位广告成本的股价上涨等。

为确定广告投资回报率，就要考虑广告投放的开始和结束时间、媒体特点及费用、广告投入总量等因素。广告投资回报率不仅可以整合原有的衡量指标，而且可以针对新的情况解决问题。如果广告活动的目标既定，就可以用经济学的理论和方法来制定最优的广告投入决策，从而使广告投资回报率最大化。这就为把广告学以及广告投入的研究与普遍的经济学研究相结合提供了新的思路，尽管这并不能从根本上解决广告投入的量的问题，但至少可以为企业提高广告投放的效率方面和更好地与竞争对手进行广告战提供新的思路。

（资料来源：崔文丹.广告学[M].2 版.北京：机械工业出版社，2019.）

四、广告效果测评的程序

（一）广告效果测评的形式

完整的广告效果测评包括事前测评、事中测评和事后测评。

1. 事前测评

事前测评是指在广告活动投入之前进行的测评，用以在广告活动开展之前诊断可能出现的传播问题。比如，当广告还处于酝酿阶段时，针对广告创意进行概念测评，以了解目标受众对不同广告创意思路的接受程度；在广告表现设计时，针对广告布局设置、广告文案、电视广告的脚本和故事板，测试目标受众对这些广告要素的注目程度和评价；在广告策划提交完稿之前，对广告受消费者喜欢的程度及其对广告的理解程度进行测评等。事前测评的优点是可以用相对低廉的费用获得反馈信息；研究人员能够在投入大量金钱或发展一个概念之前，发现概念本身或传递方式上存在的问题。

2. 事中测评

事中测评是指在广告作品正式发布之后直到整个广告活动结束之前，了解消费者在实际环境中对广告的反应，对广告作品和媒介组合策略是否有利于广告目标的达成进行评价，为事后测评积累必要的数据和资料。事中测评虽然可以及时发现广告及广告活动中出现的问题，但是很难对已经发布的广告方案做出修改和调整。广告效果事中测评可以细分为广告定稿阶段的事中测评和广告活动开展后的事中测评，其具体内容和注意事项如下。

（1）广告定稿阶段的事中测评。在广告定稿阶段往往要进行事中测评，一方面通过测试研究消费者对广告作品的记忆点及理解程度，可以发现广告传播效果是否与广告预期效果相贴近，从而不断修改、完善、提高广告作品的质量，最大限度地提高广告传播效果。另一方面，通过研究目标消费群体媒介接触偏好和习惯，有针对性地选择有效媒介进行广告投放，解决好“何时何地向谁说”的问题，就能大大提高广告的有效性。在定稿阶段，通过对广告发布量、空间或时间安排、广告发布时机及不同类别的媒介组合等效果的测评研究，进一步明确采用怎样的媒介及运用何种传播方式，才能真正有效地创造良好的广告效果，进而创造最大的广告效益。

（2）广告活动开展后的事中测评。这时测评的内容主要包括广告知名度、回忆度、理解度、接受度、品牌知名度、美誉度和忠诚度的改变情况，产品销售（利润）额和市场占有率的变化情况，以及广告目标人群的心理、行为特征等。通过广告活动开展后的事中测评，可以直接了解媒体受众在日常生活中对广告的反应，并由此对广告执行效果进行调控。此时经常采用的测评方法主要有店头调查法、销售地域测评法、比率计算法等。

3. 事后测评

事后测评是指在广告活动结束后，全面评价广告传播是否达到预期目标，以获知广告策略是否成功。事后测评可以分为两个阶段：第一阶段，广告活动一结束就着手对消费者的认知和态度进行测评，并对产品的销售变化进行测量。由于广告效果具有滞后性和积累性，广告活动在结束一段时间后仍然发挥着作用，这些预热将累积到产品品牌上，所以第二阶段的测量主要针对品牌进行，测评品牌记忆、品牌态度等。事后测评的方式很多，但其中大部分都离不开询问调查法。

需要特别强调的是，不管是事前、事中还是事后测评，每一次广告效果测评都是一个科学化的有序过程。

（二）广告效果测评的程序

广告效果测评的程序大体上可以分为确定测评目标、制订测评工作计划、组织与人员分工、选择测评对象、搜集有关资料、整理和分析资料和撰写测评报告等环节。

1. 确定广告效果测评目标

这一阶段的主要任务是确定广告效果测评目标，也就是选定具体需要测评的问题。广告效果测评人员要把广告主广告活动中存在的最关键和最迫切需要了解的问题作为测评的重点，设立正确、适当的测评目标。确定测评目标一般有两种方法：一种是归纳法，即了解广告主广告促销的现状，根据广告主的要求归纳确定研究目标；另一种是演绎法，即根据广告主的发展目标及企业广告促销的现状，分析确定测评目标。

需要注意的是，一次测评的目标问题切忌太多。不可否认，有时一次测评可能实现众多目标，但是这种情况大多是因为碰巧，更为可能的是盲目追求众多目标，结果导致任何一个目标都没有很好地达成。

另外，切忌目标问题模糊不清。确定的目标应该是可以量化表述的，比如，用具体的数字和日期等尽可能准确地量化表述，像测评“企业美誉度提升情况”这样的测评目标就属于不确切表述。欲使此类问题变得清晰可辨，尚须回答一系列相关的问题：企业想要影响或改变哪些人的看法和观点？目标人群现在对企业的看法和观点是怎么样的？企业希望目标人群今后对自己持怎样的看法和观点？广告发布后，目标人群的看法和观点有怎样的改变？这种改变和企业的期望是否一致？这种改变是广告发布多久后发生的？其改变程度如何？……如果没有对上面这些基本问题的解决，所谓目标测评也就很难具有较大的意义。

2. 制订测评工作计划

提出测评目标之后，就需要拟定测评计划和执行方案。测评计划和执行方案实际上就是对某种类型测评本身的设计，其内容包括进行步骤、调查范围与内容、质量要求、完成时间、人员组织、费用酬金、委托关系双方应承担的权利与责任等。

3. 组建测评组织与人员分工

组织与人员分工是后续工作有序高效开展的基础，在确定广告效果测评目标并签订测评合同之后，测评研究部门应根据委托方所提要求和测评调查研究人员的构成情况综合考虑，组建测评研究小组；要注意选好测评工作负责人，要根据小组成员情况进行合理分工。

4. 选择测评对象

广告效果测评对象不需要选择太多，但一定要有典型性、代表性。比如，能够代表消费者意见态度的消费专家；本次广告活动的目标沟通对象等。当然，如果需要，还可以对目标沟通对象的年龄、性别、阶层等进行进一步的细分选择，从而保证测评结果的客观性和可信度。

5. 搜集有关资料

广告效果测评搜集的资料可分为外部资料和内部资料，外部资料主要是与企业广告促销活动有关的政策、法规、计划及市场供求、消费习惯、媒介状况等所在地有关资料；内部资料包括企业近年来的发展战略、管理状况、产品研发、销售与利润、广告活动、挑战与机遇等。

6. 整理和分析资料

测评方案实施完毕，就进入最后整理和分析资料阶段。整理和分析资料即对通过调查等途径所搜集的大量信息资料进行分类整理、科学分析。分类方法有多种，根据需要可以按时间顺序、问题性质、专题范围、影响因素等分类。常见的分析方法有综合分析和专题分析两类：综合分析是从企业的整体出发，综合研究企业的广告效果；专题分析是根据广告效果测评课题的要求，在对调查资料汇总以后，对企业广告效果的某一方面进行分析。

7. 撰写广告效果测评报告

测评报告的撰写是整个广告测评活动的最后一个阶段。规范的广告效果测评报告，一般应包括序言、摘要、引言、正文、附录 5 个部分。序言主要介绍广告效果测评活动的基本情况。摘要是扼要地说明广告效果测评的主要结果。引言通常包括测评背景和测评目的两个部分。测评报告的正文包括测评的全部事实，一般包括三部分：第一部分是测评方法，包括测评的地区、对象、样本容量、样本结构、资料采集方法、实施过程中问题处理、资料处理方法及工具访问完成情况等。测评方法的介绍有助于使读者确信测评结果的可靠性。第二部分是测评结果，调研人员常用表格或图形将测评所得资料呈现出来，并在此基础上，对图表中的数据资料所隐含的趋势、关系或规律加以客观描述，也就是对测评的结果作出解释。第三部分是结论和建议，在这一部分，调研人员对广告效果测评提出的问题做明确答复，同时简要地引用有关资料对测评结果加以解释、论证。附录是列入尽可能多的有关资料，包括问卷、原始资料来源、原始数据图表等。

任务二 广告效果测评的内容与方法

导入案例　**点击率高达 35.97%的“润妍”广告**

宝洁公司“润妍”洗润发系列产品在由 Media 999（北京华亚美广告有限公司）代理的网络广告投放中创造了惊人的点击率，其中在“www.zhaodaola.com”网站投放的网络广告的点击率最高达到了 35.97%。

要达到好的网络广告效果，涉及诸多方面的问题：首先，网络广告互动性和精准性的实现前提是对网络广告的受众研究。其次，是针对网络广告目标消费群进行的媒介选择。最后，对网络广告的效果有最直接影响的是网络广告的创意形式。

这次 Media 999 为"润妍"所做的网络广告能够创造高点击率的原因主要是从以下几个方面着重做了文章。首先，这次网络广告的投放选择了一个精确的目标消费群：率真、年轻的便装少女和忙碌而心情平和的成熟女性。其次，针对这一明确的目标消费群，Media 999 在宝洁提供的初始资料的基础上，利用科学的评估方法，对大量媒介资料进行了研究和分析，最终选择了新浪、网易等网站进行投放。最后，在网络广告创意表现上，这次"润妍"的网络广告表现可谓独具匠心，利用了多种软件，采用了新颖的网络广告创意表现形式，如鼠标触动即出现的下拉网幅广告（banner），收到了意想不到的广告效果。这一期的网络广告投放，使"润妍"品牌网站注册人数增加近 15 000 人。

除了以上原因以外，这次"润妍"网络广告创造高点击率与 Media 999 和宝洁公司的互动友好合作不无关系。对此，Media 999 的宝洁工作小组的成员深有感触：和宝洁公司合作，我们感觉很愉快，同时我们也学到了很多东西，而最重要的是在我们双方的碰撞激荡中建立了相互信任和理解的关系。这一点是这次网络广告投放取得比较好的效果的关键因素，也是我们与宝洁公司长期合作的基础。

案例思考

谈谈影响网络广告效果的因素有哪些？分析"润妍"广告高点击率的原因是什么？

一、广告的传播效果测评

广告作品是通过传播媒介与消费者接触的，目标消费者接触到媒介传递的有关信息内容，会发生各种变化。这些由广告自身所产生的影响带来的变化，也就是广告的传播效果。广告传播效果的测评是对广告自身接触消费者后所引起的变化和影响大小进行考察评估。

广告传播效果的测定，能够更科学、更直接、更客观地反映广告作品和广告媒介的传播效力，是核查广告目标实现程度的最佳手段之一。测评广告传播效果，主要包括广告表现效果测评、媒介接触效果测评和心理变化效果测评。

（一）广告表现效果的测评

广告表现的最终形式是广告作品，因此，测评广告表现效果，其实就是对广告作品的优劣进行测评。

1. 广告表现效果的测评内容

（1）广告主题的测评。广告主题是贯穿于广告作品中的红线，要求鲜明、突出、诉求有力、针对性强。测评广告主题，就是围绕广告主题是否明确，能否被认可，诉求重点是否突出，与目标消费者的关注点是否一致，能否引起注意，能否满足消费者的需求等问题来展开的。

（2）广告创意的测评。广告创意的测评主要是对表现广告主题的构思进行检测。看创意有无新意,能否准确、生动地表现突出广告主题,是否引人入胜,感染力如何。不同类型的广告测评,要求也不一样。如平面广告可对其文案和设计草图进行测试,电视广告则可对其脚本创意和故事性进行评价等。对广告创意进行测评,便于充分了解目标受众的有关建议和意见,以便及时调整、修正已有的创意,选择最佳的创意方案,减少广告创作过程中的风险和成本。

(3) 广告完成稿的测评。广告完成稿是指已经设计制作完成,但还未进入媒介投放阶段的广告样品。测试广告完成稿,是对广告主题、创意、制作、表现手法等的进一步检测,有利于最后的修补和完善,以保证广告作品能够完美地与目标消费者接触。

2. 广告创意的测评方法

广告创意测评是指广告作品完成前,对广告创意的构想及设计方案是否可行而进行的检验和测评,目的是检验广告策划中广告的诉求方向是否正确,能否激发消费者的购买欲望。广告创意测评通常采用实验室测验,即邀请被测试者进入实验室参加测试。创意构想可以通过文字、图形或声音符号表现,也可以通过样本广告,如广告设计草图、广告故事样板等来呈现给被测试者,然后,测试者通过了解被测试者对广告商品与创意构想的理解程度,从而确定诉求方向是否正确。

(1) 自由表述法。该方法是询问被测试者的建议和意见,如“你认为如何?”“你是怎么理解的?”但这样得到的答案通常有两个缺点:一是含义不确定,二是冗长。

(2) 联想法。该方法是给定一些创意的符号,如文字、图形、文章等,让被测试者说出所想到的事物。比如,由冬天联想到寒冷,由小鸟联想到唱歌,由打斗联想到受伤等,通过调查对象联想出的这些词组,可预测出消费者实际的态度。

(3) 比较法。该方法是指每次只测试两个广告方案,让被测试者两两对比,选择出最喜欢的一个,再将第一轮选出的方案两两一组,让消费者再次选择,经过一轮一轮的对比筛选,直到消费者最后选定一份最满意的广告方案为止。这种方法可以成功的关键也是要求被测试者要有一定的代表性,能反映实际消费者的心态。

(4) 配合法。该方法是让被测试者选择两个项目群之间如何配合最为恰当的一种方法。例如,多种商品名称和多种创意构思并列在一起,由被测试者确认哪种商品名称和哪种创意构想配合最为恰当。

(5) 同意法。该方法就是请被测试者说出对创意设想的态度。

3. 广告作品的测评方法

就是将广告作品直接展示给被测试者,以探测其反应。这种测评主要是对广告作品的主题和要素进行综合测评。

(1) 残像测评法。这种方法是将广告作品短暂暴露在被测试者面前,然后要求他们回忆看到的广告内容。由于人总是记住刺激强烈的东西,如果被测试者描述的印象正是广告要突出的信息,说明广告主题正确,反之则需要加以修正。

(2) 专家意见综合法。该方法是在广告设计完成之后,邀请广告专家、心理专家和营销专家进行评价,请他们在规定时间内,用书面形式给评审表指标打分,然后综合所有专家的意见作为最终判定标准。运用此法事前要给专家提供一些必要的背景资料，如广告设计方案、产品、企业情况等。通常，聘请的专家人数以 10~15 人为最佳，少了不能全面反映问题，多了则浪费时间。

（3）要点采分法。该方法是将测评标准按细目列成一张表，然后请被测试者对照测评表对广告作品进行打分，以分值高低来判断优劣。评测项目包括以下内容：吸引力、认知性、易读性、说服力、行动率等。吸引力的评价依据是吸引注意力的程度；认知性以被测试者对广告销售重点的认识程度为评价依据；而易读性、说服力、行动率等的评价依据分别是能不能了解广告的全部内容，对广告商品的好感度，以及由广告引起的立即购买行动及潜在的购买准备等。

（4）仪器测试法。它是指运用心理/生理测试仪器进行测评的方法。通过测量被测试者看到（听到）所提供的广告作品时的生理反应，由此推测实际消费者的心理反应。仪器测试法又包括以下几种类别：

① 视向器测试法。它是用一种视向扫描仪记录被测者眼动情况来判断他看到广告作品各个部分的时间长短与顺序，由此分析广告作品的布局、插图及文案的合理性的方法。测试时，从侧面向被测者的瞳孔投射光束，利用眼球运动时折射的光线记录下被测者注视广告作品的眼球移动顺序和在各个部分停留的时间，以及瞳孔的大小变化，以此来判断广告作品的吸引力。

② 测谎器（EDG）测试法。EDG 测试法即通过检流计观察被测试者观看广告作品的情绪对电流变化的影响，据此检测广告作品的可行性。这种技术的最大价值，就是被测试者无法控制无意识的反应，而这种无意识的反应却能作为客观的反应被记录下来。

③ 速视器测试法。它是一种判定广告作品的辨识度、记忆度、理解度，也即判断广告传播信息效力的测量方法。速视器，是一种能在极短的时间内呈现刺激，以检测受众对广告各要素注意程度的装置。通过它，可按要求在 1/100 秒至数秒之间不断延长时间，直至被测试者能看清作品为止。根据被测者注意以及记忆的情况判断广告各要素的效力。

④ 生理电流计测试法。该方法又叫皮肤电反射测验法，即让被检测者看或听广告作品，与此同时，通过监视仪，观察被检测者的不同情绪反应而引起的不同电流变化，以此为根据来检测广告作品的优劣。

（二）广告媒介接触效果的测评

1. 广告媒介接触效果测评的内容

广告媒介接触效果的测评，就是调查消费者对于各种媒介，如报纸、杂志、电台、电视、户外广告等的接触情况。广告媒介的调查通常根据三个测定标准进行：一是媒介分布，如报纸、杂志的发行量；电视广播的到达范围；户外广告的装置情况。二是媒介的受众群，印刷媒介的读者数；电子媒介的视听数；户外广告及其他媒介“视”或者“听”的人数。三是广告的受众群，即对各媒介刊播的广告的接触群体人数。后两者的测量主要是考察媒介受众群与广告受众群之间的关系，以便于做出更精确的媒介计划。测评的内容主要有以下七项：

（1）广告媒介选择是否正确，能否增加总效果，形成合力，是否被所有的目标消费者接触。

(2) 不同媒介的传播优势是否得到互补;重点媒介与辅助媒介的搭配是否合理。

(3) 媒介覆盖影响力的集中点,是否与广告的重点诉求对象一致。

(4) 媒介的一些主要指标如阅读率、视听率,近期有无变化。

(5) 媒介组合的整体传播效果如何,是否降低了相对成本。

(6) 所选择的媒介是否符合目标消费者的使用接触习惯,其产生的影响力大小如何。

(7) 是否考虑了竞争对手的媒介组合情况,此媒介组合是否有竞争力。

2. 不同媒介测评的要素和方法

(1) 印刷媒介的测定方法。印刷媒介主要是报纸、杂志及户外招贴广告。常见的测定内容包括报刊的发行量,读者对象,阅读状况。

测量读者群和广告阅读状况有利于了解广告的认知效果。测定阅读情况,主要通过三个指标表明。

① 注目率。接触过广告的人数与读者人数的比率。测评公式为:

$$注目率=\frac{接触过广告的人数}{阅读报刊的读者人数}\times100\%$$

② 阅读率。通过向接触过广告的人提问广告的主要内容,如主题、商标、插图等元素,测定能记得这些元素的人数所占的比例。阅读程度不同,记住的广告信息也不同,因此,阅读率可以分为粗读率和精读率。粗读率是指接触广告并能记得部分内容的读者比率。精读率是指认真看了广告并能记得广告中一半以上内容的读者的比率。

③ 阅读效率。阅读效率的计算是指不同程度的广告阅读者的人数与支出的广告费用之间的比率。这个方法可以测定出广告投入与取得广告效果之间的成本效益。计算公式为:

$$广告阅读销量=\frac{报刊阅读人数\times每一种程度读者的百分比}{支出的广告费用}\times100\%$$

(2) 电子媒介的测定方法。广告电子媒介通常指的是广播、电视和网络。主要是通过视听率调查来测定广告媒介的接触效果。目前通用的视听率调查方法有以下几种:

① 日记调查法。由被调查者(抽样选出)将每天看到或听到的节目一一填入调查问卷。主要以家庭为单位,把全部成员收看(听)节目的情况分类别填好。一般调查期间为一周或更长一点。在此期间,必须有专门的调查员按期上门督促填好问卷,调查结束后,收回问卷。经过统计分析得出的百分比,就是视听率。

② 电话调查法。顾名思义,就是向目标对象打电话询问正在观看的节目。选定一个时间段(如19:00—20:00),请调查员同时向目标对象打电话,询问他们是否在看电视、看什么节目、有几个人在看等,并记录访问的结果。记录表上要有电话号码及被调查者姓名、性别、年龄段的记录,提问的问题要特别简单,时间不能太长,以免引起厌烦情绪。

③ 机械调查法。较早地采用机械装置进行收视率调查的公司有美国尼尔逊

公司和日本电通广告公司。在目标对象家中安装自动记录装置，按照时间自动在装置内的软件上记录下目标对象所观看的电视台、电视节目等。随着机械装置的不断发展，装置也能够自动识别收看电视者的性别、年龄等信息。机械调查法可以以家庭为单位进行统计，也可以以个人为单位进行统计。

（三）广告心理效果的测评

1. 广告心理效果测评的内容

广告心理效果测评的目的是了解广告播出后对消费者心理的影响程度，内容包括广告知晓度、认知和偏好等。

（1）知晓度的测定指标。广告知晓度是指消费者通过多种媒介了解某则广告的比率和程度。广告知晓度的计算公式为：

$$\text{广告知晓度}=\frac{\text{被调查者中知道该广告的人数}}{\text{被调查者总人数}}$$

（2）记忆效率的测定指标。该指标主要是指针对人们对广告的记忆度，即消费者对广告印象的深刻程度，是否能记住广告内容（品牌、特性、商标等）。

（3）思维状态的测定指标。消费者对广告观念的理解，是消费者对广告思维状态的反映，也是对广告反映事物的本质掌握。思维状态的测定，即测定消费者对广告观念的理解程度与信任程度。

（4）情感激发程度的测量指标。好感度是测定情感激发程度的主要指标，又称为广告的说服力。主要是指人们对广告的兴趣如何，对广告商品有无好感。好感的程度包括消费者对广告商品的忠实度、偏爱度以及品牌印象等。

（5）态度倾向的测定指标。广告是一种信息传播的手段，旨在影响消费者对某种产品、某个品牌、某个生产厂家的态度倾向。对态度倾向的测定，主要包括测定购买动机和行动率这两项指标。购买动机是测定广告对消费者购买行为的影响，即了解消费者购买商品是随意的，还是受广告的影响。行动率有两方面内容，即由广告引起的立即购买行为和由广告唤起的购买准备。

2. 广告心理效果的测评方法

（1）回忆式测评法。回忆式测评主要测评受众对广告的理解程度，它能了解广告的冲击力和对消费者的渗透程度。这种测试就是要查明消费者能够回忆多少广告信息，更主要的是能够查明他们对商品、品牌名称、创意、广告主等内容的理解和联想能力，甚至他们对广告的确信程度。

回忆测评法分为无辅助回忆测评和辅助回忆测评两种。无辅助回忆测评是让消费者独自回忆广告，调查人员不做提示，只是如实记录。有时，测试者给予某种辅助提示，如提示被测试的广告中的商标或广告主名称等，请被测试者回忆说明广告信息内容，这就成了辅助回忆测评。能够回忆起广告的人数的比例越大，说明广告的认知状况越好。

（2）要点评分法。是指请被测试者就已刊播过的广告的重要内容打分，各项得分之和就是该广告的实际效果。打分的具体内容参见表8-1。

表 8-1 广告心理效果评分表

项目	评分依据	分值	评分
吸引力	吸引注意力的程度	20	
认知力	对广告诉求重点的认识程度	20	
说服力	广告引起的兴趣程度	10	
	对广告的好感程度	10	
行动力	由广告引起的立即购买行为	10	
	由广告唤起的购买欲望	10	
传播力	由广告文案的创造性而引起的传播程度	10	
综合力	广告的整体效果	10	
统计		100	

(3) 雪林法。雪林测定法也称为影院综合测验,是美国雪林调查公司根据节目分析法的原理,于 1964 年发明的测定广告心理效果的方法。该方法又分为节目效果测定法、广告效果测定法和基本电视广告测验法三种。

① 节目效果测定法。该方法要求召集一定数量并有代表性的观众到剧场,广告经营者说明测验的标准以后,请观众按照个人的意见对进行测验的广告评分定级。评分的级别通常分“有趣”“一般”“枯燥无味”三个级别。评分测验之后,还要再请观众进一步说明喜欢或讨厌广告中的哪一部分,并阐明理由,或者征求观众对广告节目的意见、建议。广告主、广告经营者对整个测定过程所收集的改进意见进行统计、汇总,以作为今后设计或制作广告节目的重要依据。

② 广告效果测定法。广告效果测定法与节目效果测定法的内容基本相同,也是通过邀请具有代表性的观众到剧场或摄影棚,欣赏进行测定的各种广告片。不同之处是,在未看广告片之前,根据入场者持票号码,要求受试者在组织者提供的商品中选择自己喜欢的商品。这些商品中,既有将在广告片中播放的品牌,也有主要竞争对手的品牌。广告片播放以后,请观众再一次做出选择。广告主通过所得资料进行统计分析,可以综合评定广告的趣味性、传达力、品牌选择倾向和说服力等。

③ 基本电视广告测验法。这种测验法的目的在于客观地评价和判断电视广告片的优劣,力求用标准化的程序测验电视广告的效果。基本电视广告测验的项目主要有趣味反应、回忆程度、理解程度、广告作品诊断、效果评定、购买欲望、广告片的整体效果等。

雪林测定法的优点是客观、全面,能真正反映媒介受众的心理活动状况;其缺点在于仅限于电视广告的效果实验,操作技术性强,成本高,且只能考察消费者初次接触广告时的心理效果。

二、广告的经济效果测评

(一) 广告的经济效果测评的含义

广告的基本功能之一便是扩大销量、增加企业利润,与之对应,体现广告这一基本功能的是广告的经济效果，或称广告的销售效果。虽然广告效果的实现要以广告的传播效果为根基，但企业投放广告就是为了获得直接的经济回报，经济效果才是广告活动最直接的目的。广告的经济效果测评是广告活动的最佳效果体现，它集中反映出企业在广告促销活动中的营销状况。

（二）广告的经济效果测评的内容

广告经济效果测评的内容主要有销售额和利润率，它们是衡量广告经济效果的两个基础指标。在进行广告经济效果测评时，常用的经济效果指标有广告效益指标、市场竞争力指标和相关分析指标三大类。

1. 广告效益指标

广告效益指标是利用成本—收益分析方法测试广告活动经济效益状况的统计分析指标，有正指标和反指标两种形式。正指标是指每支出单位广告费用能够带来的销售或者利润增加量，包括单位（或边际）广告费用销售增加额和单位广告费用利润增加额等指标；反指标是指广告费同销售额或利润额的比率，主要包括单位（或边际）销售费用率和单位（或边际）利润费用率等指标。

2. 市场竞争力指标

市场竞争力指标一般通过市场占有率来反映。市场占有率是企业某种产品在一定时期内的销售量占市场同类产品销售总额的比率，或单位广告费用销售增加额与行业同类产品销售总额的比率，它在一定程度上反映了本企业产品在市场上的地位、竞争力和广告的市场拓展能力。

3. 相关分析指标

一般是通过计算广告费用变量与经济收益变量之间的相关系数等指标，来反映和研究某项广告活动的经济效益情况。相关系数指标的取值在+1 和-1 之间，越接近于+1 表示广告活动越成功；越接近于-1 表示广告活动越失败；系数为 0 表示广告活动没有经济效果。

（三）广告的经济效果测评的方法

1. 实验的方法

（1）实验计划法。探求一个变数对另一个变数的影响，运用实验计划法是最佳途径。理论上最单纯的做法是将两个条件相似的等质市场（规模、人口因素、商品分配情况、竞争关系、广告媒介等不能有太大差异）划分为“实验区”和“控制区”，在实验区内进行广告活动，控制区内则不进行广告活动。在实验进行前，将两个地区的其他影响因素控制在相对稳定的状态下。最后，将两个区的销售结果进行比较，可测出广告的销售效果。这就是实验计划法进行广告销售效果测评的基本原理。

（2）分割测定法。在测试广告经济效果时，应注意其经济效果可能来自广告效果本身，也可能来自媒介的效果，所以要掌握分割测定法。比如，在同时可能接触报纸和有线电视的情况下，就同一媒介的接触者，利用随机的方式分为几个组。在各个组的接触者中，分别插入个别不同的广告作品。然后，以组间的效果差异作为作品效果的差异。

（3）回函测定法。回函测定法是一种征询测量法，常用于个别广告发布后的效果测定。消费者的回复率被假定为广告导致销售效果的客观标准。免费试用样品的数量、商品目录索取量或悬赏的应征来函量均可被用来作为测定的指标。过去所做的效果调查资料与本次指标之间的相关分析，可以用来作为接触、认知、态度改进、行为改变的效果水准的简便推定方法。这两者之间关系所形成的经验法则，可以用来作为行为改变效果的推定根据。

2. 统计分析法

（1）广告费用比率法。广告费用比率是为测定每单位销售额所支付的广告费用而设计的一种相对指标，它表明广告费用支出与销售额之间的对比关系。其计算公式为：

$$广告费用比率=\frac{本期广告费用总额}{本期销售总额}\times 100\%$$

（2）广告效益法。该方法主要核算受广告活动影响的、由单位广告费用所引起的销售额的变化。广告效益，即单位广告费用销售增加率表明本期广告费用总额所引起的销售增加额变化的关系状况。计算公式为：

$$每元广告效益=\frac{本期广告后的销售额-未做广告前的销售额}{广告费用总额}$$

（3）市场占有率法。它是一种测定某品牌产品在一定时期、一定市场的销售额占同类产品销售总额比例的方法，其计算公式为：

$$市场占有率=\frac{某产品的销售额}{同类产品的销售总额}\times 100\%$$

（4）广告销售效果比率法。其计算公式如下：

$$销售（或利润）效果比率=\frac{本期销售（或利润）额增长率}{本期广告费用增长率}\times 100\%$$

（5）测定广告效果指数法。广告效果指数英文名称为 Adverting Effectiveness Index，简称 AEI。这个方法是在抽样调查中，按有没有看过广告和有没有购买广告的商品，将人数按 2×2 表格分割成四个矩阵（表 8-2），将矩阵中的变量代入以下公式，得出广告效果指数。

$$AEI=\frac{1}{n}\left[a-(a+c)\times\frac{b}{b+d}\right]\times 100\%$$

式中 a——看过广告而购买的人数；

b——未看过广告而购买的人数；

c——看过广告而未购买的人数；

d——未看过广告也未购买的人数；

n——被调查的总人数（a+b+c+d）。

表 8-2 唤起购买效果的四分割表

	看过广告	未看过广告	合计人数
购买广告商品	a	b	a+b
未购买广告商品	c	d	c+d
合计人数	a+c	b+d	n

从表 8-2 中可以看出，在没有看过广告的测验中，也有 b/(b+d) 比例的人买了商品，因此，从看到广告而购买的 a 人当中，减去受其他因素影响而购买的 (a+c)×b/(b+d) 的人数，才是真正受广告影响而购买的人数，此人数与总人数的比值就是广告效果指数。

3. 综合测量法

综合测量法是根据以下七项指标来检查广告所取得的经济效果的方法。

（1）受众是否对该企业或该产品已经有了认识或了解。

（2）受众是否在提到该企业的时候就想到他所经营的产品。

（3）是否招徕了新顾客。

（4）受众是否对该企业产生了好感，或对其产品增强了信心。

（5）是否使老顾客知道了企业最近的业务活动概况及其发展计划。

（6）是否在增加了销售的同时还降低了成本。

（7）是否起到了调节价格、调节商品品种、调节营业额的作用。

知识链接

ACI——广告效果测定新标准

中国传媒大学广告学院下属的创研（IMI）市场信息研究所 2008 年发布了《城市居民广告接触度研究报告》。相对于以往采用媒介收视率、收听率、发行量等测评指标的广告效果研究报告，该报告首次使用广告消费指数（Advertising Consumption Index，简称 ACI）的测评指标，从受众广告接触行为的角度，勾勒出城市受众广告接触情况的概貌，厘清了城市受众接触广告的一般情况，使广告效果精准测量取得突破性进展，填补了“广告接触”测量的理论空白。

ACI 在技术上引入了受众广告接触率和接触时间份额两个变量。其计算公式为：

$$ACI=接触率\times接触时间份额\times100$$

所谓广告接触是指被访者看到了广告并且阅读/收看/收听到了其中的内容（也包括被动、非自愿的阅读/收看/收听）。对于出现在视野中但未在脑海中留下任何印象的广告不能算作一条。例如弹出的网络广告，如果没有阅读其信息就直接关闭窗口便不算“接触”。

ACI 从理念上引发了广告效果测定领域的变革，摆脱了传统的电视收视率、报纸阅读率等媒体接触率的测定，也不同于单一产品广告效果测试，而是站在受众的角度上考虑问题，从受众的广告接触行为出发来测定广告消费程度，所得到的测定结果是纯粹的，是受众广告接触情况的真实、客观反映。这就将不同属性、不同类型的广告，纳入统一的测量平台上，使不同媒介的广告效果具有可比性。

三、广告的社会效果测评

（一）广告的社会效果测评的内容

1. 真实性与科学性

广告活动要取得良好的社会效果，必须做到真诚为本、尊重科学。广告宣传如果含有欺骗、浮夸、迷信等内容，就不可能带来良好的社会效果。

2. 合乎法律与道德规范

法律与道德规范是社会价值观念的集中体现，是社会得以健康发展的基础。广告活动必须在法律的框架内、在道德允许的范围内，才能取得良好的社会效果。是否合乎法律与道德规范，这是广告社会效果测评的重要内容。

3. 公正性与公平性

广告是以宣传广告主及其商品、服务为目的的，难免涉及其他企业、个人及其他同类商品、服务。广告活动必须本着公正、公平的原则，自觉维护市场经济秩序。广告主和广告经营者在广告经营活动中不应当排斥、诋毁其他企业和其他产品，不应当利用广告媒介误导消费者。

4. 有利性与有益性

广告活动应当有利于精神文明建设、有益于社会生活。一般来说广告创作应当遵循以下几个原则：有利于引导消费者健康消费，反对奢靡；有利于弘扬中华民族精神和民族文化，增强民族自信心与自豪感；有利于普及推广科学知识，破除和反对封建迷信和伪科学；有利于维护社会公共秩序和树立新的社会风尚；有利于树立健康文明的女性形象；有利于维护未成年人的身心健康和培养儿童良好的思想品德。

（二）广告的社会效果测评的方法

1. 事前测评

事前测评在广告发布之前进行。主要是邀请有关专家学者、消费者代表等，从有关法规、道德、文化等方面，对即将推出的广告可能产生的社会影响做出预测评析，包括广告的诉求内容、表现手法、表达方式、语言等，综合有关意见和建议，发现问题，及时修订改正。

2. 事后测评

事后测评在广告发布之后进行。可采用回函、访问、问卷调查等方法，把广大消费者的意见及时收集整理，分析研究社会公众对广告的态度、看法等，据以了解广告的社会影响程度，为进一步的广告活动决策提供参考意见。

项目小结

广告效果是指广告信息通过广告媒介传播之后产生的所有直接或间接的影响效应，是媒介受众对广告活动的结果性反应。根据广告效果的层次性，将广告效果划分为传播效果、经济效果和社会效果。广告效果的特性主要表现在五个方面，即滞后性、积累性、复合性、间接性和层次性。

广告效果测评就是通过调查、实验、统计等手段，在广告发布的事前、事中、事后的不同阶段，对广告效能所进行的测评。为了确保广告效果测评的科学性和准确性，在测评过程中必须遵循以下五项基本原则，即针对性原则、可靠性原则、综合性原则、整体性原则和经常性原则。

广告传播效果测评主要包括广告表现效果测评、媒介接触效果测评和广告心理效果测评。常用的广告经济效果测评的方法主要有以下几种：实验的方法、统计分析方法和综合测量方法。广告社会效果测评主要采用事前测评和事后测评两种形式。

项目综合训练

★ 话题讨论

1. 某些企业只注重广告的经济效果，这种观点对吗？谈谈你的看法。

2. 选择你熟悉的两种报纸，对比发行范围和发行量、读者构成、注目率、阅读率、精读率。

★ 复习思考题

1. 广告效果的含义是什么？有哪些特征？
2. 广告投入与广告效果之间有什么关系？
3. 广告传播效果测评的内容和方法有哪些？
4. 广告经济效果测评的内容和方法有哪些？
5. 如何运用市场实验法？

★ 案例分析

A牌速食面广告活动效果

A牌速食面的广告活动效果的测评具体如下：

测评时间为秋季的24天，广告的主要媒介是电视。为了争取更多人食用，在活动前半期（14天）开展"试食"促销活动，将每包实价30元的速食面降低到17元，同时广告的重点是令消费者全面了解这种速食面每包售价仅17元。广告活动后半期（10天），停止"试食"促销活动，恢复原来价格，其后被以提高知名度为目的的商品广告取代。

1. 效果测评的目的

在A牌速食面广告发布期间，测评A牌速食面广告对消费心理以及购买行为（零售店的销售量）的影响，从这两方面测评大众传播媒介的广告效果。

2. 效果测评的方法

（1）消费者调查。对进入两家商店的顾客进行访问。在广告活动期间共调查访问两次，第一次调查于广告活动第6天开始实施，第二次调查于活动刚刚结束后（活动开始后的第23天）马上实施。第一次被调查人数为300名，第二次为301名。

（2）销售量调查。用盘存方式调查广告品牌以及竞争品牌的日销售量，调查地点是这两家商店。

3. 广告投入量

活动期间所用的广告媒介包括电视、报纸以及传单，其中电视媒介的使用量最多。电视广告采用插播形式，报纸广告是在某全国性报纸上刊登整版广告一次。

广告包括厂商制作和商店制作两类，活动期间在零售店陈列。

4. 测评结果

(1) 广告认知效果。广告认知效果的测评结果见表 8-3、表 8-4、表 8-5。

表 8-3　广告接触率调查表

项目	第一次调查	第二次调查
接触过	47.3%	47.9%
从电视插播	24.7%	32.9%
从报纸	2.3%	0.7%
从厂商的 POP 广告	4.6%	4.3%
从零售商的 POP 广告	15.7%	10.0%
未接触过	52.7%	52.1%
合计	100.0%	100.0%

表 8-4　广告知名度调查表

项目	第一次调查	第二次调查
知道	29.3%	29.2%
不知道	18.0%	18.7%
合计	47.3%	47.9%

表 8-5　广告内容的记忆力调查表

项目	第一次调查	第二次调查
正确回答	10.3%	17.3%
无记忆	31.7%	30.5%
错误回答	5.3%	0.1%
合计	47.3%	47.9%

(2) 广告销售效果。广告销售效果的测评结果见表 8-6、表 8-7、表 8-8。

表 8-6　购买率调查表

项目	第一次调查	第二次调查
接触过广告且知道商品名称的购买者	14.7%	28.6%
接触过广告且知道商品名称的未购买者	14.6%	0.6%
连广告活动都不知道的购买者	14.6%	18.5%

表 8-7　AEI 法销售效果比较调查表　　单位:人

项目		看过广告	未看广告	合计人数
第一次调查	购买广告商品	44	8	52
	未购买广告商品	98	150	248
	合计人数	142	158	300
第二次调查	购买广告商品	88	20	108
	未购买广告商品	57	136	193
	合计人数	145	156	301

表 8-8　品牌占有率统计表　　单位:%

	t-5	t-4	t-3	t-2	t-1	t	t+1	t+2	t+3	t+4	t+5	t+6
A	—	—	—	—	—	35.8	7.8	9.9	10.8	10.0	6.2	9.8
B	22.0	23.3	34.2	42.1	29.8	17.6	8.1	6.8	10.8	12.0	9.4	9.4
C	—	—	—	—	2.9	6.7	2.6	3.5	3.5	2.0	0.9	1.4
其他	78.0	76.7	65.8	57.9	67.3	39.9	81.5	79.8	74.6	76.0	83.5	79.4

（资料来源:娄炳林,廖洪元.广告理论与实务[M].北京:高等教育出版社,2005.）

问题:

1. 请根据案例提供的数据,评价 A 牌速食面的广告效果。
2. 根据 A 牌速食面的广告效果,企业应该采取哪些对策?

★ 模拟训练

【模拟任务】实验法测评广告效果。

【模拟目的】要求学生掌握广告效果测评的内容和方法,熟悉广告效果测评流程,能够依据给定材料进行广告效果测评。

【模拟内容】

(1) 确定对象。

确定全班学生为果汁饮料目标消费者,随机将其分为 1 组和 2 组,两组人数相同,将 1 组设定为实验组;2 组设定为控制组,两组实验室环境及试验步骤完全相同。

(2) 模拟步骤。

确定主持人,由主持人准备 A、B、C、D、E 五个价格接近、包装大小一样的竞争品牌果汁饮料各若干,其中 D 品牌是要测试的品牌。

实验开始,两组以同样的步骤进行。

① 邀请参与者分别进入实验组和控制组两个实验室。

② 主持者声明:为了感谢大家的参与,为大家准备了五个不同品牌的果汁饮料,每位参加者可以选择一种,选择的将是自己得到的礼物,同时请参与者填写卡片。卡片上的内容包括对各品牌果汁饮料的知名度与美誉度的基本认知及选择某

个品牌的最主要的原因。

③ 实验条件:给参与者提供包含要测量广告的电视节目片段或模拟的报纸及杂志。如果测试的是电视广告,将要测试的广告与其他5~6则广告一起插在30分钟的节目中间播放,控制组播放的一组广告中不包含试验品牌的广告。

④ 看完后请参与者填写事先设计好的问卷。内容包括看到了哪些产品或品牌的广告?其中的果汁饮料广告是什么品牌?口味特征是什么?您觉得它与您知道的什么品牌接近?以前是否食用过?是否喜欢这种口味?描述您对这个品牌果汁饮料的总体印象等。对于控制组,则填写其他产品的同类问卷。

⑤ 为了感谢各位的参与,再给各位一次选择机会,每位可以再选一个您喜欢的品牌,并作为礼品送给挑选者。可以选已经选过的品牌,也可以选新的品牌,并填写卡片:说明选择这个品牌的最主要原因是什么?

(3) 比较实验结果。

① 实验组与控制组事先对果汁饮料各品牌知名度与美誉度比较,验证两组参与者对各品牌认知接近。

② 比较实验组观看广告前后对D品牌认知与态度的变化及选择D品牌人数的变化。基本假设是:广告如果对目标消费者态度产生影响,可能带来对广告品牌选择的变化,这种变化可能是正面的(广告主期望的方向),则第二次选择的该品牌的人数可能多于第一次选择的人数,如果是负面的,则可能少于第一次选择的人数。但是这种变化也可能因为第一次选择品牌的影响,例如有些人可能因为第一次选择了某个品牌第二次尝试选择新品牌,因此用控制组实验前后的变化来消减这种影响。

实验组变化=实验后选择D品牌人数-实验前选择D品牌人数(实验组)

控制组变化=实验后选择D品牌人数-实验前选择D品牌人数(控制组)

广告效果:实验组变化-控制组变化

(4) 结果判断。

这种测量与分析指标可以是品牌认知、品牌美誉度、态度改变及尝试使用等。广告效果如果是正数,表明实验组看到广告后尝试使用广告品牌的人数增加,广告带来了对该品牌果汁饮料态度及行为的正面影响;如果是负数,说明看了广告后,尝试使用的人比没看广告的人减少,可能广告的诉求或表现带来了目标消费者对品牌的负面认知,需要检讨广告中的问题。

【模拟要求】

(1) 提交广告测评报告。

(2) 各小组分别推选一名学生介绍工作任务的完成情况。

(3) 由教师评价、小组自我评价、组间互评等方式共同评价模拟训练的完成情况。

学生自我评价

通过学习项目八，我能够做如下总结：

一、【相关知识】部分总结

1. 领悟的知识要点：____

2. 对指导实践的意义：____

二、【项目综合训练】部分总结

1. “话题讨论”和“复习思考题”训练总结：

（1）明确的主要问题：____

（2）提高的主要认识：____

2. “案例分析”训练总结：

（1）案例分析的思路：____

（2）案例分析的自我评价：____

3. “模拟训练”活动实践总结：

（可以从实践活动的要素、思路、方法、团队协作、完成质量和自我能力提升等方面进行总结）

参考文献

[1] 奥格威.一个广告人的自白[M].林桦,译.北京:中国物价出版社,2003.

[2] 奥格威.奥格威谈广告[M].曾晶,译.北京:机械工业出版社,2003.

[3] 奥格威.广告大师奥格威:未公诸于世的选集[M].庄淑芬,译.北京:机械工业出版社,2003.

[4] 杜森伯里."洞"人心弦:一个广告人的洞见与事件[M].宋洁,译.上海:上海远东出版社,2008.

[5] 路易斯,皮茨.蔚蓝诡计[M].何辉,译.北京:华文出版社,2010.

[6] 王艺湘.广告策划与媒体创意[M].修订版.北京:中国轻工业出版社,2017.

[7] 张惠辛.超广告传播:品牌营销传播的新革命[M].上海:东方出版中心,2007.

[8] 张田树.创业管理 8 堂课[M].北京:金城出版社,2003.

[9] 谢仲文.广告策划教程[M].桂林:广西师范大学出版社,2005.

[10] 李志刚.广告学原理与实务[M].2 版.重庆:重庆大学出版社,2018.

[11] 周立公.现代广告学:理论·策略·技巧[M].2 版.上海:上海财经大学出版社,2010.

[12] 潘君,冯娟.广告策划与创意[M].武汉:中国地质大学出版社,2018.

[13] 罗雁飞.广告学概论[M].武汉:武汉大学出版社,2013.

[14] 崔文丹.广告学[M].2 版.北京:机械工业出版社,2019.

[15] 李志红,蒋宏伟.广告策划与创意[M].北京:中国轻工业出版社,2014.

[16] 王冠韬,王琦.广告策划[M].成都:西南交通大学出版社,2017

[17] 娄炳林,廖洪元.广告理论与实务[M].北京:高等教育出版社,2005.

[18] 孙媛媛,田伟.广告策划实操[M].北京:对外经济贸易大学出版社,2013.

[19] 王玉霞.广告学原理与策划[M].北京:北京理工大学出版社,2017.

[20] 刘茜.应用广告学[M].北京:北京理工大学出版社,2016.

[21] 金星.实用广告学教程[M].上海:复旦大学出版社,2013.

[22] 侯玥.网络广告创意与设计[M].北京:中国传媒大学出版社,2017.

[23] 陈超华.网络广告设计[M].北京:北京邮电大学出版社,2016.

[24] 张建军.网络广告[M].2 版.南京:东南大学出版社,2016.

参考文献